本书内容为：

"人工智能时代山东省返乡创业大学生的创业韧性模型构建与提升策略研究"（2025年度山东省人文社科课题青年重点项目）、"新质生产力视域下大学生思想政治教育创新路径研究"（ZXKT2024038）、"聊城市返乡创业大学生的心理适应与社会支持机制研究"（ZXKT2025090）和"'三全育人'视域下高校'一站式'学生社区建设研究"（ZXKT2025096）四项研究课题的阶段性成果。

U0661747

大学生
心理健康教育的
创新与发展

岳明蕾　杨化刚◎著

中国纺织出版社有限公司

内 容 提 要

本书分析了新时代大学生心理健康教育的现状与挑战，提出大学生心理健康教育的理论创新、路径创新、课程体系创新方向，提倡营造和优化校园心理服务文化，以社会实践为基础、融合多学科知识，全方位、多层次地提升高校心理健康教育工作的质量和效率。

智能化、个性化的心理健康教育需要依托于大数据、人工智能、虚拟现实、增强现实和万物互联等新兴技术的发展。本书旨在深入探讨如何与时俱进地创新大学生心理健康教育模式，以满足新时代的需求，为高校心理健康教育工作者提供参考。

图书在版编目（CIP）数据

大学生心理健康教育的创新与发展 / 岳明蕾，杨化刚著. -- 北京：中国纺织出版社有限公司，2025. 9.

ISBN 978-7-5229-3033-6

Ⅰ. G444

中国国家版本馆CIP数据核字第2025LM7536号

责任编辑：郝珊珊　　林　启　　　责任校对：王蕙莹
责任印制：储志伟

中国纺织出版社有限公司出版发行

地址：北京市朝阳区百子湾东里A407号楼　邮政编码：100124

销售电话：010—67004422　传真：010—87155801

http://www.c-textilep.com

中国纺织出版社天猫旗舰店

官方微博 http://weibo.com/2119887771

天津千鹤文化传播有限公司印刷　各地新华书店经销

2025年9月第1版第1次印刷

开本：710×1000　1/16　印张：14

字数：212千字　定价：98.00元

前 言

在当今社会快速发展的浪潮中，大学生作为国家的未来和希望，其心理健康状况备受瞩目。随着时代的变迁，传统的大学生心理健康教育模式面临诸多新的挑战与机遇。

从社会环境来看，信息爆炸、网络社交、数字化学习等新兴因素深刻影响着大学生的心理状态。海量信息的涌入使大学生心理负荷加重，网络社交平台的普及改变了他们的人际关系模式，而数字化学习环境下的注意力分散问题也不容忽视。同时，数据伦理与隐私保护成为大学生在虚拟世界中面临的全新挑战，个性化教育需求凸显，而在线教育又引发了学习动力的新问题。

从生产力发展角度来看，新质生产力的兴起带来了创新驱动的发展模式。它对劳动力素质提出了更高要求，强调创新思维、跨学科知识整合等能力，这无疑对大学生心理健康教育提出了新的标准和期望。新质生产力的发展动能也促使大学生积极适应变革，培养应对风险和挑战的心理韧性。新质生产力所带来的信息技术的普及、大数据的应用、人工智能（AI）的引入、跨学科的整合，改变了传统的教育模式和方法，促使我们从新的视角去审视和构建大学生心理健康教育体系，推动大学生心理健康教育内容、方法和手段等方面的创新。

在这样的背景下，我们编写了《大学生心理健康教育的创新与发展》一书。本书旨在深入探讨如何与时俱进地创新大学生心理健康教育模式，以满足新时代的需求。

本书通过深入剖析理论、分析现状、借鉴新质生产力视角，期望能够为大学生心理健康教育工作者提供全面、系统的指导，共同助力大学生在新质生产力时代健康成长，成为具有扎实心理健康素养的新时代人才。

在编写过程中，我们参考了大量的文献资料和研究成果，在此向相关作者表示衷心的感谢。同时，由于我们的水平和经验有限，书中难免存在一些不足之处，恳请读者批评指正。

作者

2025 年 4 月

于山东聊城

目 录

第一章　大学生心理健康教育的理论基础

一、心理健康与心理健康教育

（一）心理健康的基本概念与内涵

1.心理健康概述

健康，作为人类永恒追求的目标，其内涵随着历史的演进不断深化与拓展。在远古时代，健康的概念相对简单而朴素，主要聚焦于身体的无病状态。那时，人类生活在恶劣的自然环境中，面临着饥饿、寒冷、疾病和野兽的威胁。在这样的生存条件下，健康被简单地定义为身体没有明显的疼痛或不适，能够正常地进行日常活动，如狩猎、采集和迁徙。这种观念在很长一段时间内占据主导地位，毕竟在医疗条件极其有限、生存环境极为恶劣的年代，身体的健康直接关系到个体能否存活下来。例如，一个能够快速奔跑、有力气搬运重物的人，被认为是非常健康的，因为这些身体素质直接决定了他在狩猎和逃避危险时的生存能力。

进入 19 世纪，随着医学的飞速发展，人类对疾病的认识逐渐深入。解剖学、生理学和病理学的进步使人们能够更精确地了解身体的结构和功能，以及疾病的发生机制。1879 年，德国心理学家冯特在德国莱比锡大学创建了世界上第一个心理学实验室，这一事件标志着心理学成为一门独立学科。这一时期，人们对心理状态对身体健康的影响有了更深刻的认识，健康的概念开始从单纯的生理层面向社会和心理层面延伸。人们逐渐意识到，心理状态对身体健康有着不可忽视的影响。例如，长期处于焦虑、抑郁等负面情绪中的人，其免疫系统可能会受到抑制，从而更容易患上各种身体疾病，如高血压、心脏病等。这一发现促使医学界开始关注心理因素在健康中的作用，健康不再是单一的"无病"状态，而是开始融入心理的维度。

20 世纪，健康的概念迎来了重大转折。1948 年，世界卫生组织（WHO）在其宪章中对健康的定义是："健康不仅仅是没有疾病和衰弱的状态，而是一种在身体、精神和社会上的完好状态。"1968 年，WHO 进一步明确，健康是"身体精神良好，具有社会幸福感"，更加强调了人的社会属性。1978 年，WHO 在《阿拉木图宣言》中提出健康是"基本人权，达到尽可能高的健康水平是全世界一项重要的社会性指标"。从这一点可以看出，健康是人发展的基本目标。《简明不列颠百科全书》1985年中文版对健康的定义是："使个体能长时期地适应环境的身体、情绪、精神及社交方面的能力。"1989年，WHO又提出"身体健康、心理健康、道德健康、社会适应良好"四个方面的健康标准，这一标准具有里程碑意义，它反映了当时社会对心理健康和社会适应能力重要性的认识加深，标志着人们对健康的理解从单纯的生物学视角转向了生物-心理-社会的整体视角。人们开始认识到，健康是个体在身体、心理和社会三个层面的全面完好状态，缺一不可。例如，一个身体强壮但长期处于孤独和焦虑状态的人，不能被认为是完全健康的；同样，一个在社会中无法适应、无法与他人和谐相处的人，即使身体和心理看似正常，也不能被认为是真正健康的。

21世纪，随着社会的快速发展和生活节奏的加快，人们面临着前所未有的压力和挑战。国家对国民心理健康水平日益重视，在制定文件时将心理健康纳入健康的整体定义，强调身体、心理和社会适应的平衡状态。如国家卫生健康委办公厅印发的《中国公民健康素养——基本知识与技能（2024年版）》第1条提到，"健康不仅仅是没有疾病或虚弱，而是身体、心理和社会适应的良好状态。预防是促进健康最有效、最经济的手段。"第36条："重视和维护心理健康，遇到心理问题时应主动寻求帮助。"第37条："每个人都可能出现焦虑和抑郁情绪，正确认识焦虑症和抑郁症。"第38条："通过亲子交流、玩耍促进儿童早期发展。发现心理行为发育问题应及时就医。"整个文件强调了心理健康在健康定义中的重要性，提倡预防为主，主动应对心理问题，提升公众心理健康意识，并重视儿童心理发展，反映了健康观念从生物医学模式向生物-心理-社会模式、从治疗为主向预防为主、从忽视心理问题到主动应对、从单一医疗干预向综合干预的转变。随着全球化的加速、信息技术的迅猛发展、竞争的加剧，个体不仅要应对工作和学习的压力，还要面对复杂的人际关系和快速变化的社会环境。在这样的背景下，健康的概念再次被赋予了新的内涵。现代健康观更加注重心理韧性和幸福感，强调个体不仅要没有疾病和强壮，还要具备应对生活压力、实现自我价值、保持良好人际关系的能力。例如，在职场中，一个心理健康的人能够积极面对工作压力，善于与同事合作，不断追求职业发展，同时也能在家庭生活中找到平衡，享受生活的乐趣。这种全面的健康观念要求我们从多个维度去关注和维护健康，而不仅仅是关注身体的无病状态。

从历史的演变中可以看出，健康的概念是动态发展的，它随着社会、文化和科学技术的进步而不断丰富。在当今社会，健康已经不再是一个单一的、静态的概念，而是一个多维度的、动态的系统。为了更好地适应快速变化的社会环境，实现自我价值，创造美好的生活，我们需要全面理解和践行现代健康观，关注身体、心理和社会适应的全面发展。

2. 心理健康的内涵与外延

（1）内涵

心理健康作为人类发展的重要基石，在社会文明进程中发挥着日益关键的作用。随着时代的发展，心理健康概念不断演变，被赋予了新的时代意义。深入探究心理健康的内涵与外延、内容与标准，并对其进行符合时代内涵的新诠释，对于推动我国心理健康事业的发展、构建心理健康自主知识体系具有重要的理论和实践价值。

心理健康并非单纯维持正常状态以预防、矫正和治疗心理疾病，而是个体有意识地认识自我、悦纳自我，调节情绪，适应社会现实并面向幸福未来的最佳心理状态。其内涵可从狭义与广义两个维度进行解读：

狭义上，心理健康主要聚焦于维持人类心理活动的健康状态，预防心理困扰与行为问题，减少心理障碍与精神疾病。在此视角下，心理健康、心理困扰、心理障碍与精神病构成一个发展的连续体，心理健康与心理疾病分别处于该连续体的两端。这种将心理健康等同于无心理疾病的观点，体现了心理健康概念的精神病理学取向。

广义上，心理健康特指个体在自我感觉良好且与社会契合和谐的状态下，实现心理调节、发展心理效能、保持并提升心理健康水平，进而更好地适应社会，为社会和人类做出贡献。这种积极心理学取向的心理健康概念，将心理健康视为一种适应或幸福状态，并将主观幸福感、心理幸福感与社会幸福感有机统一，极大地丰富了人们对心理健康的深层次理解。

（2）外延

心理健康的外延同样具有狭义与广义之分。狭义上，心理健康涵盖整体状况（身体与心理交互影响）、平均状况（常态或正态分布）、理想状况（意识追求）及现实状况（适应过程）中的一个或多个维度。广义上，心理健康涉及不同领域：在学校教育领域，重点关注儿童青少年的心理健康；在卫生健康领域，关注全体国民的精神卫生与心理健康；在社会建设领域，首要任务是健全群体心理健康服务体系与危机干预机制。具体而言，在儿童层面，要培养其获得健康与幸福的能力；在国民层面，要提升大众的心理健康意识与水平；在群体层面，要培育积极向上的社会心态。上述三个方面分别对应"健康中国""平安中国"和"幸福中国"的建设目标。

3.心理健康的内容与标准

（1）内容

心理健康的内容广泛而丰富，可从不同学科、对象、目标、任务等角度进行细分。鉴于人类心理在活动中形成与发展，本书仅从人类高级心理活动的类型展开探讨：

学习活动方面：心理健康的人能够正常开展学习活动，获取智力与能力并应用于进一步学习中，形成成就感与获得感的良性循环。

人际交往活动方面：心理健康的人善于处理复杂人际关系，其处理能力直接反映其心理健康水平。

自我活动方面：心理健康的人能够了解自己、悦纳自己，正确客观地认识自我，进行自我反思并积极寻求改进方法。

适应活动方面：适应能力是衡量心理健康的综合指标，体现人们通过改变自身角色、规则来缓解情境压力的能力。人类的适应主要包括生活适应和社会适应两个方面。

（2）衡量健康的标准

与学习相关的心理健康标准包括自我满足、体脑协调性、环境适应和学习习惯；与人际相关的心理健康标准包括认同感、信任感、合群性和独立性；与自我相关的心理健康标准包括社会自我、家庭自我、情绪自我和人际自我；与适应相关的心理健康标准包括亲社会行为和生活自理。这些标准并非一成不变，而应与时俱进，不断接受时代和实践的检验。

（3）心理健康概念的演变

心理健康概念自提出以来，历经了多次发展和演变。1946年，第三届国际心理卫生大会将心理健康界定为"在身体、智能以及情感上与他人的心理健康不相矛盾的范围内，将个人心境发展成最佳的状态"。1948年，WHO则将其定义为"人们在学习、生活和工作中的一种安宁平静的稳定状态"。这两个定义初步确立了心理健康的基本框架，即无心理疾病与积极心理状态的统一。

2001年，WHO将心理健康重新定义为"一种健康或幸福状态，在这种状态下，个体得以实现自我，能够应对正常的生活压力，有效率且富有成果地工作，以及有能力对所在社会做出贡献"。2022 年,《世界精神卫生报告》进一步将其阐释为"一种精神幸福的状态,使人们能应对生活中的压力,发挥自身能力,学习和工作表现良好,并为社群做出贡献"。这一演变历程深刻反映了人类对心理健康认识的不断深化与拓展。

4. 心理健康相关概念的新诠释

新时代背景下,心理健康概念需要不断更新与深化。对心理健康相关概念进行符合时代内涵的新诠释,有助于我们更准确地理解心理健康的本质与价值。

(1)对心理健康本质的新诠释

幸福感与心理健康要素密切相关,心理健康本身就是一种幸福状态。从内涵上审视,心理健康与幸福感相辅相成;从溯源上考察,心理健康需要幸福感的支撑;从目标上解析,心理健康的价值追求是实现幸福感;从结果上考察,心理健康应是幸福感的副产品。简而言之,人类对幸福感的不懈追求是心理健康的本质特征和核心所在。

(2)对心理健康问题的新诠释

心理健康问题具有连续性与阶段性相统一的发展特征,是人与环境相互作用的生态系统,也是由文化潮流、时代变迁等社会心理因素叠加而成的复杂系统。因此,对待心理健康问题不能简单就事论事,而应以学校教育、卫生健康、社会建设三个领域为横坐标,以个体、人际、群体、社会和环境五个维度为纵坐标,进行"综合治理、网格化治理"。

(3)对心理健康课程的新诠释

心理健康课程是一门综合课程,必须围绕综合活动展开,致力于提高学生以心理素质为核心的综合素质;同时,它也是一门德育课程,要围绕德育活动展开,培养学生正确的世界观、人生观、价值观;就目标而言,它是一门成长课程,需围绕成长活动展开,重视并关注学生的可持续发展;就内容而言,它是一门辅导课程,应围绕辅导活动展开,为全面促进学生的"健康与幸福"奠定基础;就实施而言,它是一门实践课程,要围绕实践活动展开,以学生道德认知为"生长点",以健全人格为"着力点"。

(4)对心理健康影响因素的新诠释

社会决定因素作为影响心理健康的非医学因素,对心理健康的影响具有累积和交互效应,并通过直接或间接的方式塑造个体的心理健康。同时,心理健康也能够作用于外部环境,与其形成双向影响环路。基于此,公共政策应着眼于心理健康的可持续发展；科学研究应注重心理健康的社会效果；干预实践则要从社会服务和个人干预两个方面入手，积极改善社会决定因素对心理健康的影响。

心理健康在人类社会发展中具有不可替代的重要作用。随着时代的发展，心理健康概念不断演变，内涵与外延不断丰富拓展。未来，我们应继续深化对心理健康的研究与探索，加强心理健康服务体系建设和规范化管理，加大全民心理健康科普宣传力度，提升心理健康素养。同时，我们还应关注重点人群的心理问题，加强早期发现和及时干预力度，提高突发事件心理危机的干预能力和水平。相信在全社会的共同努力下，我国心理健康事业将迎来更加美好的明天。

（二）大学生心理健康教育

1. 心理健康教育

心理健康教育效能的目标、内容、评价指标以及教育实施效能和教育管理效能共同构成了心理健康教育的丰富内涵。学生是心理健康教育效能的第一受益者，教师是主要贡献者，管理者是核心设计者，学校是汇聚之地。始终追求心理健康教育效能应是开展心理健康教育的初衷。

2. 大学生心理健康教育

大学生心理健康，主要是指在当前的经济社会约束条件下，学生心理与行为是否统一，对自己的心境、学习、社会环境、人际关系等是否满意，有无追求美好生活的愿望及较为可行的实现路径。

大学生心理健康教育则是指高校向学生提供的所有旨在解决学生心理问题、提高学生心理健康水平的教育活动，大学生素质教育的重要组成部分，是落实素质教育工程、培养高素质人才的重要环节。

3. 大学生心理健康教育的发展

我国大学生心理健康教育的发展历程大致经历了以下几个阶段：

（1）自发探索阶段（20世纪80年代中后期至90年代中期）

20世纪80年代中期，北京与上海两地高校率先开启了心理健康服务的探索。1982年，北京师范大学率先设立心理测量与咨询服务中心，随后北京大学心理学系于1984年建立学生心理咨询室。至80年代中后期，上海交通大学与华东师范大学相继成立心理健康指导机构。1988年6月，上海交通大学举办首届高校咨询教育理论与实践研讨会，建立了中国高校心理咨询研究会筹委会，推动高校心理咨询从松散走向有组织。1989年，原国家教委组织的全国性抽样调查揭示，在

12.6 万名大学生中，存在心理健康问题的比例高达 20.23%。北京市的统计数据更令人警醒：1992 年对 16 所高校的调查显示，因心理障碍而休学、退学的学生分别占比 37.9% 和 64.4%；该年度高校学生非正常死亡案例中，有 9 例系自杀身亡，占死亡总数的 52.9%。这些数据深刻反映出心理健康问题的严峻性。1990 年，随着全国高校大学生心理咨询专业委员会的成立，心理健康教育工作逐步走向体系化发展。此阶段心理健康教育主要以心理咨询形式在学校中应运而生，目的是解决学生心理问题。心理学研究者、教育工作者及德育工作者围绕心理健康教育的理论框架与实践路径展开深入研讨，研究议题涵盖其与德育工作的协同机制、教育价值定位、实施模式构建、评估标准制定以及课程体系优化等核心问题，为后续发展奠定了坚实的理论基础。

（2）萌芽破土阶段（20 世纪 90 年代后期至 2004 年）

1994 年 8 月，党中央颁布《中共中央关于进一步加强和改进学校德育工作的若干意见》，首次从国家层面明确要求在各级学校开展心理健康教育，强调通过多元化教育手段提升学生心理素质，培育健全人格，增强其抗挫折能力与环境适应能力。1994 年后，党中央、国务院高度重视和关心大学生的心理健康和成长发展，相关政策体系不断完善。1999 年，教育部社科司召开会议研讨大学生心理健康教育。2001 年，教育部颁布《关于加强普通高等学校大学生心理健康教育工作的意见》，将该工作定位为落实素质教育、促进学生全面发展的重要举措，并纳入高校德育工作体系。2002 年，《普通高等学校大学生心理健康教育工作实施纲要（试行）》出台，系统规定了工作指导思想、任务目标、实施路径及保障机制。此阶段心理健康教育逐渐被纳入学校教育体系，从单一的心理咨询向多样化教育活动发展。

（3）快速发展阶段（2005 年至 2010 年）

2004 年，中共中央、国务院颁布《关于进一步加强和改进大学生思想政治教育的意见》，把心理健康教育视为思想政治教育的重要组成部分。2005 年，教育部、卫生部、共青团中央联合颁布《关于进一步加强和改进大学生心理健康教育的意见》，教育部成立高校心理健康教育专家指导委员会，每年举办全国大学生心理健康教育工作会议。此阶段心理健康教育课程逐渐推广，学校重视程度提高，教育活动更加多样化。

（4）专业化推进阶段（2011 年至今）

2011 年，教育部办公厅颁布《普通高等学校学生心理健康教育工作基本建设标准（试行）》等文件，该标准从体制机制建设、师资队伍建设、教学体系建设、活动体系建设、心理咨询服务体系建设、心理危机预防与干预体系建设以及工作条件建设等方面，对高校心理健康教育工作提出了基本建设标准，推进高校开设大学生心理健康教育必修课程，强调高校要建设心理健康教育和咨询机构等；同年印发《普通高等学校学生心理健康教育课程教学基本要求》，进一步发挥课堂教学在大学生心理健康教育工作中的主渠道作用，推进大学生心理健康教育工作科学化建设，标志着我国高校心理健康教育工作正式迈入标准化、规范化、制度化的全新发展阶段。

此后，国家又出台了一系列政策法规和指导文件，为高校心理健康教育工作提供了指导方向。2016年10月，《"健康中国2030"规划纲要》要求加强心理健康服务体系建设和规范化管理。2016年底，22个部委联合印发《关于加强心理健康服务的指导意见》。2017年2月，中共中央、国务院印发《关于加强和改进新形势下高校思想政治工作的意见》，再次提出要加强人文关怀和心理疏导，促进大学生身心和人格健康发展。此阶段在心理健康教育队伍的专职化和工作的专业化方面取得了较大的进步。2018年，中共教育部党组印发《高等学校学生心理健康教育指导纲要》，要求形成教育教学、实践活动、咨询服务、预防干预"四位一体"的工作格局，构建心理健康教育新内涵、新模式、新载体；2022年，党的二十大报告提出要"重视心理健康和精神卫生"；2023年，《教育部思想政治工作司2023年工作要点》明确提出要"进一步加强心理健康教育"和"加强心理健康教育师资队伍建设"。教育部等17部门印发了《全面加强和改进新时代学生心理健康工作专项行动计划（2023—2025年）》，标志着加强学生心理健康工作上升为一项国家战略。

与此同时，国家对高校辅导员队伍的心理育人能力也提出了新要求。2013年，中共教育部党组印发《普通高等学校辅导员培训规划（2013—2017年）》，明确提出辅导员需要提升职业能力；2017年，《普通高等学校辅导员队伍建设规定》（中华人民共和国教育部令第43号）明确将"心理健康教育与咨询工作"纳入辅导员九大工作职责，要求辅导员协助学校心理健康教育机构开展心理健康教育，对学生心理问题进行初步排查和疏导，组织开展心理健康知识普及宣传活动，培育学生理性平和、乐观向上的健康心态。2023年，《教育部办公厅关于做好2023年高校思想政治工作队伍培训研修中心重点建设工作的通知》要求"全面提升辅导员心理健康教育工作等素质能力"。新时代提出新要求，高校需要不断创新心理健康教育途径和方法，提升辅导员心理健康教育职业能力。

4.大学生心理健康教育中心的任务

在我国，大学生心理健康问题日益受到社会各界的高度重视。为培育契合社会发展需求的高素质人才，强化大学生心理健康教育势在必行。当下，众多高校已成立心理健康教育中心，其核心职责主要包括以下几方面。

推广心理学知识：提升大学生心理健康水平，需引导他们学习心理学知识，认清自身心理成长规律与特性，掌握心理调适技巧，实现情绪的自主调控。现在多数高校设有心理健康教育课程，为大学生提供系统化心理健康教育。同时，借助广播、电视、网络、校刊、校报等多种渠道，广泛传播心理健康知识。

推进大学生心理咨询工作：学校须健全体制机制，完善心理健康教育与咨询的值班、预约、转介、重点反馈等制度。通过个体咨询、团体辅导、电话咨询、网络咨询等多种途径，为学生提供及时、有效的心理健康指导与咨询服务，确保学生有心理疏导需求时能第一时间获得帮助。管理平台的教师必须具备专业心理疏导技能，能与大学生高效沟通，及时调整其不良心理状态，防止造成更严重损害。此外，要根据不同学段、不同专业学生特点精准施策，因材施教，在关爱帮扶中开展教育引导。

把心理健康课程纳入常规课程体系：为更好地调控大学生心理状态，助力他们全面了解心理健康知识，学校应将心理健康课程列为常规课程，各专业各院系学生须完成规定课时。心理课程旨在帮助大学生深入了解自身心理状况，以普及心理健康知识为主，可借助趣味活动缓解学生心理压力，激发他们学习心理学知识的兴趣。

借助多元传播渠道强化宣传：除开设心理健康课程外，学校应利用一切可利用的形式加强宣传普及。通过举办心理健康教育月、"5·25大学生心理健康节"等主题教育活动，组织文体娱乐活动和心理素质拓展活动，提升心理健康教育的吸引力与感染力。拓展传播渠道，将校报、广播、校园电视台、学校网站等打造成宣传心理健康知识的阵地，广泛宣传心理健康的重要性，介绍心理调节方法，唤醒大学生自我维护心理健康的意识。创新宣传方式，积极抢占网络心理健康教育新领域，打造兼具思想性、知识性、趣味性、服务性的心理健康教育网站和新媒体平台，利用门户网站、微信、微博、手机客户端等媒介宣传心理健康知识，倡导健康生活方式，增强心理保健能力。发挥学生主体作用，支持学生成立心理健康教育社团，开展相关活动，增长心理健康知识，提升心理调适能力，鼓励学生进行心理健康自助和互助。

5.大学生心理健康教育的途径及作用

大学生心理健康教育需立足时代特征、区域差异及院校特色，构建科学化实施路径。其教育模式既保持相对独立性，形成完整教育体系，又深度融入学校主流教育体系，既作为主题教育的有力支撑，又发挥独特育人功能，在促进学生心理发展、人格完善及道德修养方面具有不可替代的作用。具体可采用以下几个途径：

（1）新生入学适应性教育

自新生入校起，即开展系统性心理健康知识普及工作。通过主题展板、专题刊物、主题班会、适应性训练营等载体，以专题讲座形式传授心理健康基础知识，帮助新生快速适应校园环境，建立良性人际关系，掌握基础生活技能，初步形成自我认知与情绪调节能力，有效预防环境适应障碍。

（2）心理筛查与档案建设

建立新生心理普查长效机制，构建全覆盖心理健康档案。通过标准化测评工具实施全员筛查，对重点人群实施分级干预，建立"普查—建档—干预—跟踪"闭环管理体系，确保心理关怀精准到位，同时严格保障学生隐私权益。

（3）课程体系规范化建设

心理健康教育课程已形成必修课与选修课相结合的立体架构。《大学生心理健康教育》作为公共必修课，成为学生获取心理学基础知识的主渠道。当前课程体系在教学内容设计、教学方法创新、教材选用机制等方面日趋完善，多数高校已实现专职教师授课、专用教材配套、必修选修互补的规范化运作模式，并通过专题讲座补充课堂教学。

（4）隐性教育环境营造

构建"课堂＋实践"双轨育人机制，充分发挥环境育人功能。利用校园媒体矩阵（广播、刊物、宣传栏）、学生社团活动、朋辈辅导体系（心理委员、朋辈咨询员）等载体，开展心理情景剧展演、趣味运动会、心理知识竞赛等特色活动，形成浸润式教育生态。

（5）专业心理咨询体系

建立标准化心理咨询门诊制度，配备具有专业资质（临床心理医师、注册心理咨询师、心理学教师等）的专职人员，在专用咨询场所提供个性化服务。服务范围涵盖学业发展、人际关系、职业规划、情感困惑等全维度心理议题，配备心理测评系统、沙盘治疗设备、生物反馈仪等专业工具，严格遵循保密原则，实行校内公益服务机制。

（6）新媒体技术融合应用

顺应数字化转型趋势，拓展"互联网＋心理健康"服务矩阵。整合网络平台（App、在线咨询）、虚拟现实（VR）心理训练、户外拓展等多元载体，形成线上线下融合的服务网络。所有活动均须在专业教师指导下开展，确保服务科学性。

（7）应急处置机制

针对重大心理危机事件，建立"校内外联动"处置预案。既可邀请领域专家入校开展专题干预，也可在充分告知前提下，协助转介至专业医疗机构，构建"校内干预＋校外转介"的双通道保障体系。

大学生心理健康教育的作用包括以下几个方面：

心理健康是大学生顺利完成学业的关键支撑。大学生的学习主要依靠智力活动完成，但也需要大脑功能的正常运转。长期的学习容易使大学生感到疲劳和紧张。拥有健康的心理有助于大学生在学习中保持高度的注意力，能够在紧张疲惫时进行有效调节，还能激发学习兴趣，挖掘自身潜力，提升学习效率。反之，大学生若长期处于心理不健康的状态，会导致大脑功能紊乱，无法正常发挥智力水平，甚至影响学业的顺利完成。

心理健康是大学生迈向独立与成熟的必要条件。刚进入大学的学子处于人生发展的"断乳期"，是人生新征程的起点，面临着独立与成熟的挑战。一方面，他们渴望在心理上摆脱对家长和老师的依赖；另一方面，由于缺乏社会经验，他们在面对挫折和失败时容易陷入烦恼和困惑。这时，健康的心理能够帮助他们调整不良心态，逐步克服成长中的矛盾与冲突，走出焦虑、烦恼乃至抑郁的阴影，实现真正的独立与成熟。

心理健康是大学生全面发展的基础保障。大学生是国家未来的栋梁之材。在大学阶段，他们不仅要学习科学文化知识，还要提升社会适应能力，掌握持续学习的技能，实现全面发展。而这一切都离不开健康的心理支持。只有保持健康的心理状态，大学生才能充分挖掘自身潜力，发挥创造力，促进综合素质的提升，不断成长进步，为未来顺利步入社会奠定坚实的基础。

二、大学生心理发展的特点与规律

大学生处于青春期向成年早期过渡的关键阶段，这一时期的心理变化复杂多样，呈现出动态性、矛盾性和可塑性三大显著特点。深入探究大学生心理发展的规律，对于高校实施有效的心理健康教育、促进学生全面发展具有极为重要的现实意义。本节将从认知、情感、人格等多维度剖析大学生心理发展的特点，并结合阶段性规律及群体差异展开深入探讨。

（一）大学生心理发展的多维度特点

1. 认知发展：理性与批判并存

（1）逻辑思维与批判性增强

大学生的抽象逻辑思维逐渐趋于成熟，他们能够对复杂的问题进行系统性的分析，并在此基础上形成较为独立的见解。然而，由于社会阅历和实践经验相对匮乏，他们在思考问题时容易受到主观因素的影响，产生片面的观点。例如，在学术讨论中，部分学生可能会因为过度依赖个人直觉或有限的参考资料，而对不同的观点缺乏全面客观的考量。

研究表明，大学生的观察力、想象力和记忆力在这一阶段均达到顶峰状态。尤其在专业学习领域，他们对于复杂概念的整合能力有着显著的提升。以理工科学生为例，他们在学习高等数学、专业理论课程时，能够通过逻辑推理和抽象思维，将众多知识点串联起来，构建起较为完整的知识体系，从而更有效地解决专业问题。

（2）创新思维与实践脱节

当代大学生普遍具有较为活跃的创新思维，他们渴望突破传统观念的束缚，探索新的想法和方法。但是，部分学生在将创新思维转化为实际成果时却面临诸多困难。一方面，高校提供的实践机会相对有限，导致学生难以将理论知识应用到实际情境中进行验证和拓展；另一方面，一些学生在学习过程中过度依赖书本知识，缺乏对实际问题的深入理解和实践经验的积累，这使他们的创新思维在实践中难以落地生根。

例如，在一些创新创业大赛中，部分团队提出的项目创意新颖独特，但在实际操作过程中，由于对市场环境、技术可行性等因素考虑不周，最终难以实现预期的目标。这凸显了在大学生教育中加强实践教学环节、提高学生实践能力的紧迫性。

2. 情感发展：波动性与社会化交织

（1）情绪丰富但稳定性不足

大学生的情感体验丰富而强烈，他们对生活中的各种事件都有着敏锐的感知和深刻的情绪反应。然而，由于这一阶段的学生正处于心理过渡期，其情绪稳定性相对较差。学业上的压力、人际关系中的矛盾冲突等因素，都可能轻易引发他们的焦虑、抑郁等负面情绪。

研究发现，情绪调节能力与抗挫折心理能力之间存在着显著的正相关关系。那些具备较强自我疏导能力的学生，能够更快地从挫折中恢复过来，保持较高的心理健康水平；而自我调节能力较弱的学生，则更容易陷入情绪困境，甚至出现心理问题。例如，在面对考试失利时，一些学生能够积极调整心态，分析失败原因，制订新的学习计划；而另一些学生则可能因过度焦虑而陷入自我否定的消极情绪中，影响后续的学习和生活。

（2）社会情感逐渐成熟

随着社交范围的不断扩大，大学生的情感表达逐渐从以自我为中心向更具共情与包容的层面转变。他们开始关注他人的情感体验，能够理解和尊重拥有不同观点和来自不同背景的人，这有助于他们建立更广泛的社交网络和良好的人际关系。

然而，社会情感的成熟并非一蹴而就，仍需要通过大量的实践来不断深化。例如，在团队合作项目中，学生需要学习如何与不同性格、不同专业背景的成员进行有效沟通和协作，如何在冲突中寻求共识，如何在合作中发挥自己的优势并弥补他人的不足。这些经历将有助于他们进一步提升社会情感认知水平，为今后进入社会打下坚实的基础。

3. 人格发展：整合性与矛盾性共存

（1）自我意识增强但整合困难

大学生的自我意识在这一阶段得到了显著增强，他们渴望摆脱对家庭和学校的依赖，追求独立自主的生活和思想。为了构建完整的自我同一性，他们会积极探索职业方向、价值观以及人生目标等诸多方面。然而，在探索过程中，理想与现实之间的冲突常常使他们陷入迷茫和困惑。

相关调查显示，大约30%的大学生存在自我认知模糊的问题，主要表现为过度自卑或自负。过度自卑的学生可能因为对自己能力的低估而错失发展机会；而过度自负的学生则可能因忽视自身不足而在人际交往和学习工作中遭遇挫折。例如，在职业规划方面，一些学生可能对自己的兴趣和特长缺乏清晰的认识，盲目跟从他人选择热门专业或职业方向，最终导致在职业发展道路上遇到诸多困难。

（2）价值观多元化与认同危机

在全球化浪潮和网络文化的强烈冲击下，大学生的价值观呈现出多元化的趋势。各种文化思潮的涌入使他们接触到了丰富多样的价值观念，这有助于拓宽他们的视野和思维。但与此同时，部分学生对社会主义核心价值观的认同出现了碎片化现象，难以将其内化为自身坚定的信念和行为准则。

部分学生可能在面对复杂的社会现象和多元的价值选择时，感到困惑和无所适从，甚至出现价值观的迷失。因此，高校教育者肩负着重要的责任，通过开展形式多样的教育活动，引导学生正确认识和理解社会主义核心价值观，帮助他们实现从认知到情感认同，再到行为实践的转化，从而树立正确的世界观、人生观、价值观。

（二）大学生心理发展的阶段性规律

1. 年级差异主导的三阶段模型

（1）适应准备阶段（大一）

对于刚刚踏入大学校园的新生而言，他们面临着环境适应、学习模式转变以及人际关系重建等多方面的挑战。离开了熟悉的家庭环境和高中同学，他们需要在短时间内适应全新的生活节奏和学习要求。大约有40%的学生会在这一阶段经历所谓的"心理失衡期"，出现焦虑、孤独等情绪困扰。

在这一关键时期，培养学生的心理弹性显得尤为重要。心理弹性是指个体在面对逆境和压力时，能够积极适应并恢复的能力。高校可以通过开展新生入学教育、组织班级团体活动、提供心理咨询服务等多种方式，帮助学生缓解焦虑情绪，增强心理韧性，尽快适应大学生活。

（2）稳定发展阶段（大二至大三）

经过大一的适应期后，学生在大二至大三期间进入了相对稳定的全面发展阶段。他们开始积极参与社团活动、科研实践以及各种校园文化活动，通过这些途径探索自己的兴趣爱好，发展个人能力。

然而，这一阶段的学生也并非一帆风顺。随着学业难度的加深，如专业课程的复杂性增加、学习任务的加重，部分学生可能会因学业压力而感到焦虑。同时，在情感方面，恋爱关系中的冲突、与朋友之间的矛盾等问题也可能导致他们出现情绪低落等阶段性低潮。

（3）职业定向阶段（大四）

大四时期，学生的关注重点逐渐转向就业或升学选择。面对激烈的就业市场竞争或升学考试的压力，他们的心理冲突显著加剧。研究表明，毕业生的焦虑水平普遍高于其他年级的学生。其中，女生在就业过程中可能面临更多的性别歧视，职业选择范围相对较窄，其感知到的就业压力更为强烈。

高校应针对大四学生的心理特点和需求，提供全方位的职业规划指导和就业心理支持。例如，开展就业形势分析讲座、举办招聘会、提供简历制作和面试技巧培训等，帮助他们增强就业竞争力，缓解心理压力，顺利实现从校园到职场的过渡。

2. 群体差异：专业与环境的交互影响

（1）学科背景差异

不同学科背景的大学生在心理发展上呈现出明显的差异。理工科学生通常由于课业繁重、学习任务密集，面临着较大的学业压力，这使他们更容易出现强迫症状，如过度追求完美、对细节过于关注等。在面对问题时，他们往往倾向于采用逻辑分析和理性解决问题的方式。

而文科学生则相对更关注人际交往和情感表达，在人际敏感和情感问题方面表现出更高的关注度。他们在处理问题时，更注重从人文关怀和情感体验的角度出发。例如，在团队合作中，文科学生可能更善于倾听他人意见，关注团队成员的情感状态，从而促进团队的和谐发展。

值得注意的是，心理学专业的学生由于在课程学习中接受了系统的心理训练，如情绪调节技巧、心理测量方法等，因此他们在情绪调节能力方面相对优于其他专业的学生。这一优势使他们在面对生活中的压力和挫折时，能够更好地应对和调整自己的情绪状态。

（2）环境适应差异

城乡生源学生的心理适应能力也存在一定分化。农村学生在初入大学时，由于习惯了农村相对简单的生活环境和人际关系，面对城市大学校园中复杂多样的文化现象和社交场合，往往更容易因文化冲击而产生自卑心理。例如，在与城市同学的交流中，他们可能会因为自己的口音、穿着打扮或生活习惯等方面的差异而感到不自信。

但是，随着时间的推移和通过社会支持系统的帮助，如同学的关心、老师的鼓励以及校园文化的融入，农村学生能够逐步缓解自卑情结，增强自信心，适应大学生活。高校应关注城乡生源学生的差异，为农村学生提供更多的支持和帮助，如开展适应性训练、设立专项奖学金等，促进他们的全面发展。

（三）心理发展规律的实践启示

1.分阶段干预策略

针对大学生心理发展的不同阶段特点，高校应制定相应的分阶段干预策略。在大一阶段，重点强化适应性训练。例如，通过开展团体心理辅导活动，帮助新生建立良好的人际关系，增强归属感；组织时间管理讲座，指导学生合理安排学习和生活时间，尽快适应大学的学习节奏；设置校园环境熟悉活动，让学生了解校园资源和设施，减少由环境陌生带来的焦虑感。

在大二至大三阶段，注重压力管理。高校可以引入正念训练课程，引导学生关注当下，学会放松身心，缓解学业和情感压力；开展心理健康知识讲座，普及压力应对技巧和情绪调节方法；建立学生互助小组，让学生在小组中分享自己的压力体验和应对经验，互相支持和鼓励。

在大四阶段，重点提供职业规划与就业心理支持。开设职业规划课程，帮助学生了解就业市场动态，明确职业发展方向；设立就业心理咨询服务，为学生提供个性化的心理辅导，帮助他们应对求职过程中的焦虑、挫折等问题；组织校友分享会，邀请已毕业的优秀校友分享就业经验和职场心得，为学生提供实际的指导和借鉴。

2.差异化心理健康教育

高校应充分考虑不同专业学生的心理特点和需求，设计差异化的心理健康教育课程体系。对于理工科学生，除了常规的心理健康课程外，可以增设情绪管理模块，帮助他们学会识别和调节自己的情绪，应对学业压力带来的焦虑和烦躁情绪；开展团队协作训练活动，提高他们的人际沟通能力和团队合作精神，弥补其在人际交往方面的相对不足。

对于人文社科类学生，可以开设冲突解决工作坊，通过案例分析、角色扮演等方式，让他们掌握有效的冲突解决技巧，提升在复杂人际关系中应对冲突的能力；组织文化体验活动，引导学生深入了解不同文化背景下的价值观和行为模式，增强文化适应能力和包容心。

大学生心理发展是一个充满动态变化且蕴含无限可能的平衡过程。高校教育工作者应深刻认识到大学生心理发展的多维特点和阶段性规律，结合认知、情感、人格等多方面的特点以及不同年级、不同专业、不同生源背景等群体差异，构建起集预防、干预、发展于一体的心理支持体系，为大学生提供全方位、个性化的心理健康服务，助力他们顺利完成从"心理适应"到"自我实现"的跨越，培养出具有健康心理素质、能够适应社会需求、实现个人价值的高素质人才，为他们的未来发展奠定坚实的心理基础，使其在人生的道路上更加从容自信地面对各种挑战和机遇，实现自己的人生目标和价值追求。

三、大学生心理健康教育的理论依据

大学生心理健康教育作为高校教育体系中的重要组成部分，其实践离不开科学理论的有力支撑。人本主义心理学、积极心理学等理论为大学生心理健康教育提供了方法论支持，还为大学生心理问题的预防与干预指明了方向。本节将系统梳理这些主要理论的内涵及其在大学生心理健康教育中的应用价值。

（一）主要理论依据及其核心观点

1. 人本主义心理学：以潜能激发与自我实现为核心

（1）理论基础

人本主义心理学的兴起，标志着心理学研究视角从对心理疾病的治疗转向对人的潜能和价值的关注。马斯洛和罗杰斯等学者是人本主义心理学的主要代表，他们强调人的内在潜能与自我实现倾向。马斯洛提出的需求层次理论，详细阐述了从生理需求、安全需求到社交需求、尊重需求，直至自我实现需求的人类动机层级结构，为理解人的行为动机提供了深刻的洞察。他认为，当个体的基本需求得到满足后，自我实现将成为其最主要的动力，推动个体不断追求自身的成长与发展。罗杰斯则着重强调了个体的主观体验和自我概念在心理发展中的重要性，主张通过建立一种无条件积极关注、共情和真诚的咨访关系，帮助个体发现内在力量，解决心理冲突，实现自我整合与成长。

（2）核心主张

自我概念与价值条件化：罗杰斯提出，心理问题的根源往往在于社会评价与真实经验的冲突，即"价值条件化"。在成长过程中，个体可能会过度依赖外界的评价来定义自己的价值，从而导致自我概念与真实体验之间的分裂。例如，一个学生可能因为家人和老师对其学业成绩的高期望，而将自身的价值完全与成绩挂钩，一旦成绩不理想，就会产生强烈的自我否定情绪。心理健康的关键在于整合自我概念与真实体验，使个体能够基于真实的自我感受和需求来构建积极的自我认知，而不是被外界的评价标准所束缚。

来访者中心疗法：来访者中心疗法是罗杰斯提出的一种心理治疗方法，其核心理念是强调咨询师要以共情、尊重和非指导性态度对待来访者。共情要求咨询师能够站在来访者的角度，深刻理解其内心的感受和想法，而不是仅仅凭借自己的经验或主观判断去分析问题。尊重意味着对来访者的个性、价值观和生活选择予以充分的认可，无论其观念是否与社会主流标准一致。非指导性态度则是指咨询师不直接为来访者提供解决方案，而是通过恰当的引导和启发，帮助来访者自主探索问题的根源和可能的解决途径。这种方法充分尊重了个体的自主性和内在潜能，相信个体自身具备解决问题的能力，只是需要一个安全、支持的环境来激发这种能力。

2. 积极心理学：聚焦优势与幸福感的提升

（1）理论基础

积极心理学由塞利格曼提出，旨在通过研究人类的优点、美德和幸福，帮助个体实现更美好的生活。塞利格曼认为，传统心理学过于关注心理疾病的治疗，而忽视了对人类积极品质的培养。因此，他倡导将心理学的研究重点转向积极情绪、积极人格特质及积极社会行为等方面，以促进个体的心理健康和幸福感。积极心理学关注的积极情绪包括快乐、满足、希望等，这些情绪不仅能够提升个体的主观幸福感，还能增强其认知功能和应对压力的能力。积极人格特质则涵盖了乐观、感恩、韧性、创造力等品质，这些特质是个体在面对生活中的各种挑战时能够保持良好心理状态的重要基础。积极社会行为强调个体与他人之间的积极互动，包括良好的人际关系、合作能力、利他行为等，这些行为有助于构建和谐的社会环境，为个体的心理健康提供支持。

（2）核心主张

积极情绪扩展理论：积极情绪扩展理论是积极心理学的重要理论之一，其核心观点是积极情绪能够拓展个体的认知灵活性和行为倾向性，从而为个体带来更广泛的认知与行为资源。例如，当个体处于快乐的情绪状态时，思维更发散，更愿意尝试新的事物和方法，也更能够从不同的角度看待问题。这种拓展作用有助于个体在面对复杂多变的环境时，做出更适应性的反应，增强其抗压能力和问题解决能力。研究表明，保持较高水平积极情绪的个体，在面对挫折和困难时，更有可能采取积极应对策略，如寻求社会支持、重新规划目标等，而不是陷入消极情绪中无法自拔。

优势导向教育：优势导向教育是积极心理学在教育领域的具体应用，其核心理念是通过识别和强化学生的个人优势，促进其自我效能感与社会适应力。每个学生都有自己独特的优点和长处，如创造力、合作能力、领导能力等。通过科学的评估方法和个性化的教育引导，帮助学生发现并发挥这些优势，可以使他们在学习和生活中取得更好的成绩，并且增强自信心和内在动力。例如，对于具有创造力优势的学生，学校可以提供更多的实践机会和创新项目，鼓励他们发挥想象力，提出独特的解决方案。同时，优势导向教育还强调，通过培养学生的个人优势，可以带动其整体素质的提升，促进其在德、智、体、美、劳等方面的全面发展。

3. 其他理论补充

认知行为理论：认知行为理论在心理健康教育的实践中也得到了广泛应用，尽管它并非本节重点阐述的理论。其核心观点是，个体的情绪和行为问题主要由其认知过程中的不合理信念和思维模式导致。例如，一些学生在面对就业焦虑时，可能会产生"完美主义倾向"，认为自己必须找到一份完美的工作，否则就是失败者。这种不合理信念会导致他们在求职过程中过度焦虑、自我否定，甚至出现逃避行为。通过认知重构技术，帮助学生识别和挑战这些不合理信念，将其转变为更合理、更现实的认知模式，如"工作需要逐步探索和尝试，每一份工作都有其价值和学习机会"。同时，结合行为训练，如放松训练、角色扮演等，让学生在实践中逐步改变不良行为习惯，提高应对压力和解决问题的能力。

五育融合理论：五育融合理论为心理健康教育提供了一个全新的视角，强调德、智、体、美、劳五育之间的协同作用，以促进学生的全面发展和心理健康。在德育方面，通过价值观引导，帮助学生树立正确的世界观、人生观、价值观，增强其心理稳定性和道德判断力。例如，开展爱国主义教育、社会责任感教育等活动，培养学生的家国情怀和社会责任感，使其在面对个人得失与社会利益的冲突时，能够做出正确的选择。在体育方面，体育锻炼不仅能够增强学生的身体素质，还能有效提升心理韧性。通过参加各种体育活动和竞赛，学生可以学会面对胜负、克服困难，培养坚韧不拔的意志品质。美育则通过陶冶情操，提升学生的审美能力和情感表达能力，帮助他们更好地理解自己和他人的情感，增强心理适应能力。劳动教育更是培养学生吃苦耐劳精神和实践能力的重要途径，通过参与劳动实践活动，学生能够体会劳动的价值和意义，在付出努力和收获成果的过程中增强自信心和成就感。

（二）相关理论在大学生心理健康教育中的应用

1. 人本主义理论的应用实践

（1）就业焦虑干预

在大学校园里，就业焦虑已成为一种常见现象，在大四学生中表现得尤为突出。许多学生在面对毕业和就业的双重压力时，容易因理想与现实的落差而产生焦虑情绪。人本主义心理学中的"来访者中心疗法"为干预就业焦虑提供了有效的途径。通过非评判性倾听和共情，咨询师能够深入理解学生内心，为他们创造一个安全、支持的表达空间。例如，一位学生因为专业对口工作难找而感到焦虑不安，咨询师在倾听过程中，不对学生的专业选择或就业期望进行评判，而是通过共情回应，如"我能感受到你对就业的担忧，也理解你对专业的执着"，让学生感受到被理解和接纳。在此基础上，引导学生探索真实的自我，包括自己的职业兴趣、能力优势、价值观等，帮助其重构自我认知，从而缓解由"物质化自我意象"导致的矛盾。在职业规划辅导中，不再是单纯地根据社会评价来推荐热门职业或高薪岗位，而是注重引导学生发现自己的内在潜力和兴趣所在，鼓励他们根据自身的实际情况制定合理的职业发展目标。

（2）心理健康课程设计

人本主义理论在心理健康课程设计中也有着广泛的应用。通过团体辅导活动，如心理剧、角色扮演等，为学生营造一个安全的表达环境，促进他们的自我觉察与接纳。心理剧是一种富有创意的团体辅导形式，学生可以在其中扮演不同的角色，模拟生活中的各种情境，如课堂学习、宿舍生活、职场面试等。通过这种方式，学生能够更直观地体验到自己在不同情境中的情绪反应和行为模式，进而加深对自我的认识。例如，在一场关于宿舍人际关系的心理剧中，学生通过扮演室友角色，体会到每个室友的性格特点和生活压力，从而更好地理解他人，学会换位思考和沟通技巧。角色扮演则可以针对特定的心理问题，如社交恐惧、考试焦虑等进行设计。学生在模拟场景中尝试不同的应对方式，逐渐找到适合自己的解决方案，并在过程中增强自信心和应对能力。此外，心理健康课程还可以采用小组讨论、案例分析等形式，鼓励学生积极分享自己的经验和感受，相互支持和启发，共同成长。

2. 积极心理学的实践路径

（1）课程体系创新

积极心理学提倡通过课程体系创新，培养学生的积极情绪和优势品质。许多高校已经在这方面进行了有益的探索和实践。例如，开设"感恩日记""优势识别"等模块化课程，引导学生关注生活中的积极方面，发现自身的优势和长处。在"感恩日记"课程中，学生每天记录一件令自己感到感恩的事情，通过这种方式，培养对生活中美好事物的敏锐感知能力，增强内心的幸福感。研究发现，坚持撰写感恩日记的学生，在一段时间后，能够更加积极乐观地看待生活中的困难和挫折，对生活的满意度显著提高。

"优势识别"课程则通过科学的心理测评工具和个性化的辅导，帮助学生发现自己的优势领域。例如，通过优势识别测验，学生可以了解到自己在创造力、领导力、人际关系等方面的优势，并在课程中通过实际项目和活动，进一步发挥和提升这些优势。同时，结合 VR 技术模拟社交场景，如南京财经大学开展的 VR 心理训练，为学生提供了安全、可控的练习环境，让他们在虚拟场景中锻炼情绪管理能力、社交技能等。在虚拟的求职面试场景中，学生可以提前体验面试过程中的各种情境，学习如何应对面试官的提问、控制紧张情绪等。研究显示，参与此类课程的学生积极情绪提升了 30%，自我效能感增强了 40%，这表明课程在促进学生心理健康方面取得了显著成效。

（2）校园文化营造

积极心理学还强调通过校园文化营造，构建积极的社会支持网络。校园是学生成长的重要环境，通过组织各种积极向上的活动，如志愿服务、艺术创作等，可以为学生提供更多的机会去体验积极情绪和发挥优势。例如，某高校开展的"阳光心态"项目，通过举办感恩分享会、志愿服务活动等形式，营造了积极乐观的校园氛围。在感恩分享会中，学生分享自己生活中的感恩故事，传递正能量，增强彼此之间的情感联系和支持。志愿服务活动则让学生走出校园，关心社会，帮助他人，从而体会到自身的价值和意义，提升幸福感和满足感。同时，艺术创作活动也为学生提供了一个表达情感和发挥创造力的平台，通过绘画、音乐、舞蹈等形式，学生可以将内心的情绪转化为艺术作品，在创作过程中释放压力，获得心理上的平衡和愉悦。

3. 理论整合与创新

（1）技术赋能与人文关怀结合

在当今数字化时代，技术手段为心理健康教育提供了新的机遇和挑战。将技术赋能与人文关怀相结合，可以实现更精准、更高效的心理健康服务。例如，南京财经大学采用 AI 心理分析平台进行情绪预警，通过大数据分析，对学生的日常行为数据、社交数据等进行分析，及时发现可能存在心理问题的学生。一旦发现异常情绪波动或心理危机迹象，平台将自动发出预警，通知学校的心理健康教育教师或辅导员介入和干预。这种"AI初筛—专家会诊"的闭环模式，不仅提高了心理问题的发现效率，还能够为学生提供个性化的心理支持方案。同时，在干预过程中，教师和辅导员依然秉持人文关怀的理念，与学生进行面对面的沟通和交流，深入了解其内心世界，给予情感上的支持和理解，确保心理服务的温度和深度。

（2）五育并举的协同机制

五育并举的协同机制是心理健康教育的创新实践模式，它将心理健康教育融入德育、体育、美育、劳动教育等各个环节，形成全方位、多层次的心理健康教育体系。在德育方面，通过开展主题教育活动、榜样示范等方式，引导学生树立正确的价值观和人生目标，增强心理稳定性和抗压能力。例如，组织学生参观爱国主义教育基地、聆听道德模范事迹报告等活动，激发学生的爱国情怀和社会责任感，让他们在追求崇高目标的过程中，找到内心的力量和动力。在体育方面，学校可以开展多样化的体育课程和体育竞赛活动，如篮球联赛、马拉松比赛等，培养学生的团队合作精神和坚韧不拔的意志品质。在体育锻炼过程中，学生不仅能够增强体质，还能学会面对竞争和挫折，提高心理韧性。美育则通过艺术展览、音乐欣赏、舞蹈表演等形式，陶冶学生情操，提升审美能力和情感表达能力，帮助他们更好地理解和管理自己的情感。劳动教育更是注重培养学生的实践能力和吃苦耐劳精神，通过组织学生参加校园劳动、社区服务等实践活动，让学生在劳动中体会付出的意义和价值，增强自信心和成就感。例如，学校可以开展校园绿化活动，让学生参与种植花草树木的过程，从中体验到生命的成长和劳动的乐趣，培养珍惜劳动成果的意识和团队协作能力。

（三）理论指导下的教育启示

1. 个性化干预策略

基于人本主义的"个体差异"原则，心理健康教育应充分考虑不同年级、专业学生的心理特点，设计分阶段干预方案。大一新生主要面临环境适应、学习模式转变及人际关系重建等问题，因此，干预重点应放在帮助他们尽快适应大学生活上。例如，开展新生适应性训练，包括校园环境熟悉活动、学习方法指导讲座、班级团体辅导等，通过这些活动，让新生了解大学的学习要求和生活节奏，建立良好的人际关系，增强归属感。对于大二至大三学生，他们在学业和情感方面可能会遇到各种挑战，如专业课程难度加大、恋爱关系中遭遇冲突等。针对这些问题，可以提供学业辅导服务、情感咨询服务等，帮助学生提升学习能力和情感管理能力。对于大四学生，心理健康教育应主要聚焦于就业或升学选择带来的心理压力，开展就业心理辅导、职业规划讲座等活动，帮助他们调整心态，增强就业竞争力。

同时，针对不同专业的学生，也应设计个性化的心理健康教育方案。例如，理工科学生由于课程繁重、实验任务多，可能会面临较大的学业压力和焦虑情绪，因此，可以开设专门的学业压力管理课程，教授他们时间管理技巧、情绪调节方法等。文科学生可能更关注人际关系和自我表达，可以为他们开展沟通技巧培训、艺术表达工作坊等活动，提升他们的人际交往能力和情感表达能力。

2. 师资能力建设

教师作为心理健康教育的实施者，其专业素养和能力水平直接关系到教育效果。因此，加强教师的人本主义与积极心理学培训至关重要。首先，通过组织教师参加相关理论培训课程、学术研讨会等活动，帮助他们深入理解人本主义和积极心理学的核心理念和方法，掌握共情沟通、优势挖掘等技能。例如，邀请知名专家学者来校举办专题讲座，介绍人本主义心理学和积极心理学的最新研究成果和实践经验，拓宽教师的视野和思路。其次，在教学实践中，鼓励教师采用"心理剧授课""案例研讨"等教学方法，将理论知识与实际案例相结合，提高教学的趣味性和实效性。"心理剧授课"是将心理剧引入课堂教学中，教师和学生共同创作心理剧，通过角色扮演和剧情演绎，展示生活中的各种心理问题及其解决过程。这种方法能够激发学生的学习兴趣，让他们在参与中深入理解心理知识，同时也锻炼了教师的实践教学能力。

此外，学校还可以建立教师心理健康教育实践共同体，定期组织教师开展教学经验交流、案例分析研讨等活动，促进教师之间的相互学习和共同成长。通过分享各自在心理健康教育实践中的成功经验和遇到的问题，教师们可以互相启发，共同探索解决方案，不断提升心理健康教育水平。

3. 评价体系优化

引入过程性评价是优化心理健康教育评价体系的重要方向。传统的心理健康教育评价往往过于注重结果，如通过心理测试分数、课程考试成绩等来评估学生的心理健康状况，而忽视了学生在心理健康教育过程中的成长和进步。过程性评价则强调对学生成长过程的关注，通过多种方式全面反映学生心理成长轨迹。例如，情绪日记是一种简单而有效的过程性评价方法，学生可以定期记录自己在日常生活中的情绪体验和变化，教师通过分析学生的情绪日记，了解学生的情绪动态和心理需求，及时给予反馈和指导。

同伴互评也是过程性评价的重要组成部分，通过组织学生进行小组活动和合作项目，让学生在相互交流和合作中评价彼此的心理健康表现和团队合作能力。例如，在团体辅导活动中，学生可以在活动结束后对小组成员的参与度、沟通能力、支持性等方面进行评价，同时也可以对自己的表现进行反思和总结。这种方式不仅能够增强学生的自我认知和自我管理能力，还能够促进学生之间的相互理解和相互支持。此外，教师还可以通过观察学生在课堂上的表现、参与活动的积极性、与同学的互动情况等方面，对学生进行综合评价，及时发现学生在心理健康教育过程中取得的进步和存在的问题，以便调整教学策略，更好地满足学生的心理需求。

大学生心理健康教育在高校中起着至关重要的作用，其实践应以人本主义的"潜能激发"和积极心理学的"优势培养"为核心，结合技术手段与五育融合，构建"理论—实践—评价"一体化体系。通过这一系统的心理健康教育体系，我们不仅可以有效地缓解大学生的心理危机，帮助他们应对学习、生活和人际关系中的各种挑战，更为重要的是，能够推动他们从"适应生存"向"自我实现"跨越。这种转变意味着学生不仅能够适应外部环境的要求，更能够充分发挥自身的潜能，追求内心的满足和幸福，实现个人价值与社会价值的有机统一，为他们的终身发展奠定坚实的心理基础。

第二章 大学生心理健康教育的现状与挑战

一、大学生心理健康现状分析

随着社会的快速发展和竞争的加剧，大学生的心理健康问题呈现出多维度、复杂化的特点。多项研究表明，约 16%~30% 的大学生存在不同程度的心理问题，主要集中于个人发展压力（如学业规划、就业竞争）和现实生活适应（如经济负担、人际关系）两大方面，其中焦虑、抑郁、社交障碍等问题尤为突出。值得注意的是，心理问题的群体差异性显著：贫困生因经济压力更易产生自卑和焦虑；女生在情感困扰和社交焦虑上的比例较高；学业落后学生则面临自我认同危机。此外，西部高校学生的心理健康水平普遍低于全国常模，90 项症状自评量表（SCL-90）得分显示其躯体化、焦虑等症状更为严重，提示地域经济差异对心理状态的影响。

大学生心理健康教育体系也存在不足。尽管《教育部办公厅关于加强学生心理健康管理工作的通知》（教思政厅函〔2021〕10 号）指出：要加强保障管理，加大综合支撑力度，配齐建强骨干队伍，"高校按师生比不低于 1∶4000 比例配备心理健康教育专职教师且每校至少配备 2 名"，并将心理健康经费纳入高校固定预算。但部分高校教育资源分布不均，心理咨询师资匮乏，经费投入随意性强。教育理念上，传统的大学生心理健康教育模式偏重"治疗"而非"预防"。

二、心理健康教育的传统模式与局限性

传统的心理健康教育模式往往注重心理问题的发生和应对，而忽视了预防和全面发展的重要性。这种模式通常以课堂教育和心理咨询为主要手段，教学内容较为单一，难以满足学生多样化的需求，且往往缺乏个性化的指导和支持，难以针对每个学生的具体情况提供有效的帮助，可能会导致学生的抵触情绪和学习疲劳。

（一）课堂教育

课堂教育是传授心理健康知识和技能的主要途径。国家高度重视大学生心理健康教育工作，《教育部关于加强普通高等学校大学生心理健康教育工作的意见》

（教社政〔2001〕1号）文件指出：各地教育工作部门和高等学校要将心理健康教育的有关内容纳入德育工作计划。在思想道德修养课中，科学安排有关心理健康教育的内容。高等学校应创造条件，开设大学生心理健康教育的选修课程或专题讲座、报告等。《高校思想政治工作质量提升工程实施纲要》（教党〔2017〕62号）明确指出：大力促进心理育人，加强知识教育，把心理健康教育课程纳入学校整体教学计划，组织编写大学生心理健康教育示范教材，开发建设《大学生心理健康》等在线课程，实现心理健康知识教育全覆盖。教育部《高等学校学生心理健康教育指导纲要》（教党〔2018〕41号）进一步指出：把心理健康教育课程纳入学校整体教学计划，规范课程设置，对新生开设心理健康教育公共必修课，大力倡导面向全体学生开设心理健康教育选修和辅修课程，实现大学生心理健康教育全覆盖。此后，《关于加强学生心理健康管理工作的通知》（教思政厅函〔2021〕10号）、《全面加强和改进新时代学生心理健康工作专项行动计划（2023—2025年）》（教体艺〔2023〕1号）等多个文件对心理健康课程的设置进行了明确规范。

然而，在课程具体的设计和实施过程中往往存在一些明显的局限性。比如，课程内容通常以理论知识为主，侧重于向学生传授心理健康的概念、原理和相关理论框架。这种理论主导的课程设置，使学生在学习过程中难以将所学知识与实际生活紧密联系起来，导致知识的内化和应用受到限制。此外，课程缺乏实践性和趣味性，教学方法较为单一。传统的课堂授课方式主要采用知识讲授、案例讨论、视频播放等形式。在知识讲授过程中，教师往往以教材为蓝本，系统地讲解心理健康知识，但这种方式容易导致课堂氛围枯燥，学生被动接受知识，缺乏主动参与和思考的机会。案例讨论虽然能够引导学生对具体问题进行分析和思考，但往往局限于理论层面的探讨，缺乏实际操作和体验的环节。视频播放虽然能够通过直观的影像资料吸引学生的注意力，但同样存在学生被动观看、缺乏互动的问题。由于互动性不足，学生的课堂参与度并不高。尤其是课堂人数较多时，这些问题更明显。教师难以对每个学生进行有效的课堂监控，导致部分学生容易出现走神、玩手机等现象。

（二）心理咨询

一般来讲，高校心理咨询服务主要采用面对面的方式进行。面对面咨询允许心理咨询老师与来访者进行直接的沟通和交流，这种直接性可以传递双方的语言信息和非语言信息（如面部表情、肢体语言等），但也存在某些局限性。

一方面，以面对面为主的咨询方式要求学生主动预约，但部分学生因社交焦虑或病耻感等心理负担而回避求助。在面对学校的大学生心理健康教育中心时，很多学生担心自己的心理问题会被告诉辅导员，进而被告诉家长。在一些网络平台上经常能看到有学生对类似问题的提问。

另一方面，有时心理咨询效果不佳。受到时间和空间的限制，学生需要在特定的时间和地点接受咨询，这可能会影响咨询的连续性和效果。同时，由于咨询师的专业水平和经验差异，以及学生对咨询师的信任程度不同，心理咨询的效果也会因人而异。

此外，心理咨询资源有限，无法满足所有学生的需求。尽管大部分高校都能够按照国家规定的 1∶4000 的要求建立专职心理咨询老师队伍，但依然难以满足所有学生的需求，导致学生预约咨询困难，可能需要等待一周甚至更久，这种供需失衡导致心理问题难以得到及时和长期的干预。部分高校对学生每学期或每年的咨询次数进行了限定，比如每学期或每年仅有不超过 8 次的免费咨询机会。

（三）心理健康讲座

传统模式中，学校会定期举办心理健康讲座，邀请专家或专业人士为学生讲解心理健康知识。然而，这些讲座往往形式单一，内容较为抽象，缺乏互动性和实践性，学生在听完讲座后难以将所学知识应用到实际生活中。例如，一些心理健康讲座只是单纯地讲解理论知识，没有结合学生的实际问题和需求进行深入探讨和互动，导致学生对讲座内容的理解和掌握不够深入。

（四）心理健康教育与思想政治教育的融合

在传统模式中，心理健康教育与思想政治教育的融合往往较为简单和生硬，缺乏深度融合和有机结合，致使育人效果大打折扣，出现"1+1 ＜ 2"的现象。

1. 课程设置方面

心理健康教育与思想政治教育的课程往往是独立的，缺乏有机的联系和整合。例如，心理健康教育课程可能主要关注学生的心理问题和心理调适方法，而思想政治教育课程则侧重于政治理论和思想道德教育。融入方式一般是在思想政治课程中增设心理健康单元，或在心理辅导活动中插入思政案例，形成"三明治"式课程结构。例如，将"挫折应对"心理专题与"艰苦奋斗精神"思政内容直接并列，既缺乏理论逻辑的贯通性，又缺失实践转化的衔接点。不少学生认为这两类内容"像是不同老师在授课",难以形成系统的认知和理解,认知系统出现"价值判断"与"心理调适"的割裂。

2. 教学方法和策略方面

心理健康教育通常采用心理咨询、心理辅导、心理训练等方法,侧重"认知重构—情感疏导—行为训练"的循环体系;而思想政治教育则主要通过课堂讲授、讨论、辩论等方式进行,习惯采用"理论灌输—榜样示范—行为规训"的线性模式。在实际教学中,两者的方法往往没有得到有效的结合和创新。例如,在思想政治教育中,教师可能只是简单地引用一些心理健康教育的知识点,而没有真正将心理健康教育的方法融入教学过程中;在心理健康教育中,教师可能只是关注学生的心理问题,而忽视了思想政治教育的引导作用。两者教学策略上的差异和教学内容的生硬结合,难以激发学生的学习兴趣和积极性。

3. 教育目标方面

在教育目标上,心理健康教育与思想政治教育的融合也存在简单化的问题。心理健康教育的目标主要是帮助学生解决心理问题,提高心理素质和心理健康水平;而思想政治教育的目标则是培养学生的政治意识、思想道德素质和社会责任感,两者的目标往往是独立的,缺乏有机的结合和协同。心理健康教育可能只关注学生的心理问题,而忽视了思想政治教育的目标;思想政治教育则可能只注重学生的政治意识和思想道德素质的培养,而忽视了学生的心理健康需求。比如,在讲解"职业价值观"时,思政教师强调"社会需要优先",心理教师则主张"个人兴趣主导",导致学生陷入价值认知冲突。

4. 教育资源方面

心理健康教育通常由专业的心理咨询师和心理健康教育教师承担,而思想政治教育则由思政教师负责。两者在教育资源的配置和使用上缺乏有效的整合和共享。心理健康教育和思想政治教育的师资队伍往往是独立的,缺乏交流和合作;两者的教学设施和资源也往往是分开的,没有形成有效的共享机制。这不仅造成了教育资源的浪费,也难以实现两者教学上的深度融合和有机结合。

这也折射出目前的心理健康教育模式存在着三大认知误区:一是将心理健康教育窄化为"问题干预",忽视其"人格塑造"功能以及与思想政治教育的契合点;二是把价值引领简化为"观念灌输",未能发掘心理发展规律对价值观形成的支撑作用;三是用"标准化生产"思维替代"个性化培育"理念,导致教育过程出现"削足适履"的异化现象。某重点大学的教改实验显示,当采用"情境浸润式"融合模式后，学生的价值认同度提升 27%，心理适应力提高 34%，这一结果印证了深度融合理念的可行性。

三、大学生心理问题的多样化与复杂化

当前，大学生心理问题的多样化与复杂化趋势日益明显，除了常见的焦虑、抑郁等问题外，还出现了许多新的心理问题，如网络成瘾、人际关系困扰、自我认知与价值观困惑等。这些问题不仅影响学生的心理健康，还可能对其学业、职业和人际关系产生负面影响。例如，网络成瘾问题在大学生中较为普遍，许多学生沉迷于网络游戏、社交媒体等，出现学习成绩下降、逃课、休学等问题。数字化时代，学生通过虚拟社交逃避现实压力，可能会导致线下社交能力退化，即在虚拟社交中活跃却在现实场景，如课堂发言、团队合作中过度紧张，语言表达能力和情绪调节能力退化。

在多元社会思潮的猛烈冲击下，传统价值观遭遇了前所未有的挑战，导致大学生在自我认知和价值观方面也面临着更多的困惑和挑战。部分学生面对价值观冲突，无法良好地整合自我，陷入"空心化"困境。有相当一部分学生将"成功"狭隘地等同于"高薪收入"，仅有极少数学生能够坚守本心，追求个人兴趣与生命的意义所在。这种日益显著的功利化倾向，加剧了学生们情感层面的空虚与迷茫。

第三章　新质生产力视角下的心理健康教育

一、新质生产力的定义与发展

新质生产力是生产力发展的一个新形态，是在新技术背景下，以科技创新为主导，以数字化、网络化、智能化等为特征的生产力。它以知识、技术、信息等高级生产要素为主导，强调创新驱动、高效协调、绿色生态和人的全面发展。自2023年9月，习近平总书记在黑龙江考察期间首次提出新质生产力概念，强调"整合科技创新资源，引领发展战略性新兴产业和未来产业，加快形成新质生产力"，到2024年1月中共中央政治局第十一次集体学习时再次强调，再到2024年政府工作报告将"大力推进现代化产业体系建设，加快发展新质生产力"列为年度工作任务之首，新质生产力在我国新发展阶段国家竞争中的战略地位日益凸显，逐渐成为推动高质量发展的重要着力点。

新质生产力的发展历程体现了生产力从传统向现代的转变。在传统生产力阶段，以传统农业、手工业和农村集体经济等为主，生产活动主要依赖于人力、物力等资源的大量投入，生产方式相对单一，技术含量较低，生产效率也受到限制。随着科技的不断进步，特别是信息技术的飞速发展，生产力逐渐向数字化、智能化方向转变，催生了新质生产力。新质生产力的出现，显著提高了生产效率。比如随着光伏技术的不断进步，太阳能电池板的转换效率大幅提高，生产成本显著降低，清洁能源在全球能源结构中的占比不断提升，推动了新能源产业的快速发展。另外，新质生产力催生了大量新兴产业，为经济增长注入了新动力。如5G通信技术的普及，为物联网、远程医疗、智能交通等新兴产业的发展提供了技术支撑，创造了新的市场需求和就业机会。新质生产力还推动了传统产业的转型升级。以制造业为例，AI、大数据、云计算等技术的应用，使企业能够实现智能化生产和精准管理，提高产品质量和生产效率，降低生产成本。2024年我国新能源汽车产销量突破了1300万辆，占全球比重超过70%，连续10年全球排名第一。2025年前2个月新能源汽车产销量同比增长均超50%。

新能源汽车产业是我国众多新兴产业加快培育壮大的缩影。国家统计局数据显示，2024年，全国规模以上工业增加值比上年增长5.8%；规模以上高技术制造业、装备制造业增加值占规模以上工业增加值的比重分别升至16.3%和34.6%，比上年分别提高 0.6% 和 1%。主要数字产品集成电路、服务机器人、液晶显示屏、智能手机的产量都保持两位数以上的增长速度。新一代信息技术、新能源、新材料、高端装备等不断催生新的增长点。以新能源汽车产业为例，电池和储能技术的进步使电池的能量密度和充电速度大幅提升，促进了该产业的快速发展。新质生产力的发展为各行各业带来了新的机遇和挑战。它为企业提供了技术创新和市场拓展的空间。例如，新能源汽车产业的崛起，不仅带动了电池、电机等核心零部件产业的发展，还促进了充电桩、换电站等基础设施建设，形成了庞大的产业链和产业集群。

新质生产力也对企业的技术创新能力、人才结构等提出了更高的要求。企业需要不断加大研发投入，培养和引进高素质的技术人才，以适应新的生产方式和市场需求。同时，新质生产力的发展也对就业结构产生了影响。一些传统岗位可能因自动化和智能化技术的应用而减少，但同时也催生了大量新兴职业和岗位类型。2022 年 7 月，人力资源和社会保障部新修订的《中华人民共和国职业分类大典》新增了 13 个新职业，包括人工智能工程技术人员、物联网工程技术人员、大数据工程技术人员、云计算工程技术人员、数字化管理师、建筑信息模型技术员、电子竞技运营师、电子竞技员、无人机驾驶员、农业经理人、物联网安装调试员、工业机器人系统操作员、工业机器人系统运维员。随着科技的迅猛发展和全球化的加深，AI 正逐渐成为职场中不可或缺的一部分。《全球人工智能产业发展白皮书（2024 年度）》显示，2023 年全球人工智能产业规模达 7078 亿美元，同比增长 19.3%；我国人工智能核心产业规模达 5787 亿元，同比增长 13.9%。2019 年至 2023 年，我国人工智能核心产业规模呈快速上升趋势，2023 年人工智能核心产业规模是 2019 年的 2.62 倍。截至 2023 年，全国共有 3.43 万家人工智能企业，这要求劳动者不断提升自身技能，适应新的就业环境。

二、新质生产力与传统生产力的区别

新质生产力与传统生产力在多个方面存在显著区别。具体如下：

（一）创新驱动

新质生产力依赖于科技创新，尤其是前沿技术和颠覆性技术的应用，如人工智能、大数据、云计算等。这些技术的应用使生产方式更加智能化、高效化。例如，在智能制造领域，AI 技术被广泛应用于生产过程的监控、预测性维护和质量控制。通过机器学习算法，系统可以实时分析生产数据，预测设备故障，优化生产流程，从而显著提高生产效率和产品质量。大数据技术则在金融领域发挥着重要作用，通过分析海量的金融交易数据，金融机构能够更准确地进行风险评估和信用评分，提高金融服务的效率和安全性。而云计算技术为各行业提供了强大的计算能力和数据存储服务，使企业能够更灵活地应对市场变化，快速部署新应用和服务。

相比之下，传统生产力则主要依赖于常规技术，这些技术通常具有较低的技术门槛，创新动力相对不足。例如，在传统的制造业中，生产流程往往依赖于固定的生产线和人工操作，缺乏智能化的监控和优化手段，因此生产效率较低，产品质量不稳定。在金融领域，传统的方法在处理大量数据时效率低下，难以快速响应市场变化，限制了金融服务的创新和发展。此外，传统生产力在面对市场竞争时，往往只能通过降低成本或提高产量来维持竞争力，利润率相对较低。这种依赖于常规技术的生产方式，难以满足现代社会对高效、智能和创新的需求，因此，新质生产力的出现和发展显得尤为重要。

（二）生产要素

新质生产力以知识、技术、信息等高级生产要素为主导，强调数据驱动决策、智能化生产方式以及知识资本的高效转化。在新质生产力中，数据被视为关键的生产要素，通过对海量数据的采集、分析和应用，企业和组织能够更精准地决策，优化生产流程和市场策略。例如，在智能制造领域，企业通过部署传感器和工业互联网，实时采集生产设备的数据，利用 AI 算法对这些数据进行分析，可以预测设备故障、优化生产计划，甚至实现自主决策。这种生产模式减少了停机时间，提高了生产线的利用率和灵活性，同时降低了资源浪费和运营成本。

智能化生产方式是新质生产力的另一重要特征。以 AI 为代表的技术正在推动决策自动化和执行效率的极大提升。例如，智能算法能够实时分析复杂数据，为企业提供更精准的市场洞察和运营建议，从而极大缩短决策周期。此外，新质生产力注重知识资本的高效转化，人类的创造力和技术知识通过数字化载体被高效转化为经济价值。

相比之下，传统生产力则主要依赖于人力、物力等基本生产要素，生产方式较为单一，技术含量较低。传统生产力中的劳动对象以自然界中纯天然的物质和经劳动者简单加工后的原料为主，生产工具以简易的机器设备和工具为主，生产过程需要耗费大量的能源，且需要借助劳动者的操作才能实现。这种生产方式在面对复杂多变的市场需求时，往往难以快速做出响应和调整，而且生产效率低下，产品质量不稳定。

（三）劳动力素质要求

传统生产力对劳动力素质要求相对较低，主要依赖于简单的劳动技能。新质生产力对劳动力素质要求更高，需要能够开发和利用更多的生产要素，具备创新思维和专业技能。具体来讲，体现在知识水平、专业技能、创新能力、学习能力四个方面。

1. 新质生产力对劳动力素质的要求

新质生产力要求劳动者具备较高的知识水平，不仅包括专业领域的深厚知识，还需要跨学科的综合知识。例如，在人工智能领域，研发人员需要掌握计算机科学、数学、统计学等多学科知识，才能进行算法设计、模型训练等工作。

新质生产力需要劳动者熟练掌握先进的技术和工具，如大数据分析、云计算、智能制造设备等的操作和维护技能。以智能制造为例，技术人员要能够操作和编程数控机床、工业机器人等智能设备，实现生产过程的自动化和智能化。

新质生产力强调创新，劳动者要有创造性思维和创新能力，能够不断探索新技术、新方法，推动产品和服务的创新。比如在生物医药领域，研发人员需要不断创新，开发新的药物和治疗方法，以满足人们对健康的更高需求。

由于技术更新换代快，新质生产力要求劳动者具备较强的学习能力，能够快速学习和掌握新知识、新技能，以适应不断变化的工作环境。例如，随着互联网技术的快速发展，互联网行业的从业者需要不断学习新的编程语言、开发框架等，才能保持竞争力。

2. 传统生产力对劳动力素质的要求

传统生产力对劳动者的知识水平要求相对较低，一般只需要掌握基本的读写算能力即可。例如，在传统的农业社会，农民主要依靠经验和体力进行耕种，对文化知识的要求不高。

传统生产力需要劳动者掌握特定行业的传统技能，如手工制作、机械操作等。以传统的制造业为例，工人需要熟练掌握车床、铣床等机械设备的操作技能，进行零件加工和装配。

传统生产力对劳动者的创新能力要求较低，劳动者主要按照既定的流程和标准进行生产，创新空间相对较小。例如，在传统的纺织业，工人主要按照规定的工艺和图案进行织布，很少需要进行创新设计。

由于技术变化缓慢，传统生产力对劳动者的学习能力要求不高，劳动者一旦掌握了某项技能，可以在较长时间内保持稳定的工作状态。例如，在传统的建筑行业，工人学会了砌砖、抹灰等基本技能后，可以在很长一段时间内从事相同的工作。

（四）生产要素配置

新质生产力的生产要素配置展现出高度的创新性，它不再局限于传统的生产模式和思维定式，而是积极引入前沿技术和先进理念，对各类生产要素进行重新审视和优化组合。例如，在智能制造领域，企业通过引入人工智能和物联网技术，将生产设备、生产流程和供应链等要素进行深度融合和智能化管理，实现了生产过程的自动化、智能化和柔性化，极大地提高了生产效率和产品质量，同时降低了生产成本和资源消耗。在数字经济领域，企业通过大数据分析和云计算技术，对市场需求、消费者行为和竞争态势等信息进行精准分析和预测，从而优化资源配置，制订更加合理的生产计划和营销策略，实现了资源的最大化利用和企业效益的最大化。

相比之下，传统生产力的生产要素配置显得更为僵化，缺乏创新性和灵活性。传统生产力往往依赖于人力、物力等基本生产要素，生产方式较为单一，技术含量较低，对生产要素的利用效率也相对较低。例如，在传统制造业中，企业往往按照固定的生产流程和工艺进行生产，生产设备和生产人员的配置相对固定，缺乏对生产要素的动态调整和优化组合，导致生产效率低下，产品质量不稳定，资源浪费现象较为严重。在传统农业中，农民往往依赖自然条件和传统经验进行生产，对土地、水资源等生产要素的利用效率较低，缺乏对生产要素的科学配置和管理，导致农业生产效益低下，农民收入增长缓慢。

（五）发展动能

新质生产力以全要素生产率提升为核心标志，强调质的跃升，追求高质量发展。全要素生产率是指经济增长中除去生产要素量的投入带来的部分之外的经济增长的贡献水平。新质生产力的发展，主要通过技术革命性突破、生产要素创新性配置、产业深度转型升级来实现全要素生产率的大幅提升。这种提升，体现了经济发展质量和效益的提高，是新质生产力的核心标志。

　　传统生产力则更多依赖于量的增加和规模的扩张，发展方式较为粗放。在传统生产力模式下，经济增长主要依靠大量的劳动力、资本和自然资源的投入，通过扩大生产规模来实现。这种方式往往导致资源的浪费和环境的破坏，经济效益和竞争力相对较低。相比之下，新质生产力注重质的提升，通过技术创新和生产要素市场化配置，实现经济高质量发展。

三、新质生产力对高等教育和心理健康的影响

（一）新质生产力对高等教育的影响

　　习近平总书记强调："要根据科技发展新趋势，优化高等学校学科设置、人才培养模式，为发展新质生产力、推动高质量发展培养急需人才。"这一要求为高校指明了人才培养与教育模式革新上的新方向。

　　1. 高等教育需培养高素质人才

　　高等教育需要培养具有创新精神和实践能力的人才。创新是推动新质生产力发展的核心动力，学生需要具备发现问题、解决问题的能力，能够在实际工作中应用所学知识。例如，开设创新课程、举办创新创业大赛，鼓励学生参与科研项目和实践活动，培养创新思维和实践能力。

　　新质生产力的发展涉及多个领域的交叉融合，如信息技术、生物技术、新能源技术等。因此，高等教育需要打破学科壁垒，培养跨学科人才。高校可以设立跨学科专业和课程，鼓励学生进行跨学科选修和研究，培养他们的综合素养和跨领域解决问题的能力。

　　2. 高校应加强与产学研深度融合

　　高校应与产业界紧密合作，共同推动技术创新和成果转化。加强与企业的合作，建立产学研合作机制，如共建研发中心、实习实训基地等，为学生提供实践机会，同时也为企业提供技术支持和人才保障。积极响应地方产业需求，为地方经济发展服务。如高校可以与地方政府合作，开展科技成果转化、技术培训等活动，推动地方产业升级和新质生产力的发展；通过校企合作缩短人才培养与产业需求的距离，例如中央财经大学与金融机构共建"金融科技创新实验室"，推动

金融科技创新及应用更上一层楼。

3.高校应推进教育改革，不断创新

教育数字化是推动教育强国建设的核心引擎。2025年政府工作报告将"深入实施科教兴国战略，提升国家创新体系整体效能"列为年度十大工作任务之一。教育部部长怀进鹏表示，人工智能为教育改革和发展带来重大机遇，教育部将发布人工智能教育白皮书，为学生提供更好的数字化时代、智能化时代的素养和能力。因此，高等教育需要不断推进教育改革，创新教育模式和方法，以满足新质生产力发展的需求。

持续推进专业优化调整，升级优化专业结构。2025年初山东大学宣布停招27个本科专业，撤销10个专业，同时积极面向国家重大战略需求，加快培育布局国家急需专业，加强国家急需人才培养，先后培育增设了工程软件、密码科学与工程等19个战略新兴专业。

创新教育模式和方法，采用线上线下混合式教学、项目式学习、翻转课堂等新型教学模式，提高教学效果和学生的学习积极性。更新教育内容，及时引入新质生产力相关的前沿知识和技术，如人工智能、大数据、区块链等，使学生能够掌握最新的知识和技能，适应未来的职业需求。

（二）新质生产力对心理健康的影响

新质生产力在重塑社会经济结构的同时，也对大学生的心理健康产生了极大的影响。

1.消极影响

（1）加剧了学生的学业压力

新质生产力推动下的技术迭代加速了知识更新速度。例如，人工智能、量子计算等领域的突破要求大学生持续学习跨学科知识，导致认知超载。将近一半的大学生将学业压力列为首要压力源，这种压力不仅表现为时间投入的增加，更源于对前沿技术适应能力的焦虑。例如，部分工科学生因难以掌握新型编程工具而自我效能感下降。

（2）导致就业竞争异化与职业认同危机

知识更新速度加快和就业市场竞争激烈，导致大学生普遍面临"技能恐慌"。中国大学生在线2024年调查显示，68%的学生认为"新技术的要求使得学习压力增大"，而52%的学生担忧"传统专业在数字化转型中被淘汰"。以战略性新兴产业为例，其对"高技能＋高创新"人才的需求导致传统专业学生面临结构性失业风险。数据显示，65％的毕业生存在就业焦虑，80.5％的大学生通过"考证热"试图提升竞争力。同时，民办高校学生因专业设置滞后于产业需求，就业满意度显著低于公立院校。这种竞争压力与职业路径的不确定性，易诱发抑郁情绪。

（3）导致大学生人际关系疏离

数字技术的深度渗透改变了大学生的社交模式。部分学生过度依赖虚拟社交平台，导致现实人际关系疏离。而且算法推荐技术形成的"信息茧房"加剧了认知偏差，学生倾向于只关注与自己兴趣、信念或价值观相契合的信息，忽视或排除不同的声音和观点，从而降低对事物的判断力。

2.积极影响

大数据与 AI 技术的发展可以提升心理健康教育效果，赋能智能化心理监测与精准干预，为心理健康筛查提供了新工具。比如通过分析校园卡消费、图书馆借阅、考试成绩、上网时长等海量行为数据，探究学生学习、生活和心理等方面的相关关系，挖掘异常数据，识别潜在心理危机，实现心理问题的早期发现和干预；或者利用自然语言处理（NLP）技术分析学生社交媒体文本，实现抑郁倾向的早期发现。这些技术的运用可突破传统量表筛查的滞后性，使干预窗口前移。

利用 AI 技术，可以为学生提供个性化的心理辅导方案。比如虚拟现实暴露疗法（VRET）可以用于缓解社交恐惧，生物反馈技术可通过监测心率变异性和脑电波，帮助学生调节情绪。叙事治疗与团体辅导可显著提升学生的心理韧性。

新质生产力对大学生心理健康的影响呈现"压力—赋能"的辩证关系。高校需以技术为杠杆，构建"监测—干预—发展"三位一体的心理健康服务体系，同时通过产教融合缓解结构性焦虑。唯有将心理韧性培养嵌入人才培养全流程，方能实现"生产力跃迁"与"心理资本积累"的协同发展。

第四章　新质生产力视角下的心理学发展

一、现代心理学的发展趋势

（一）从传统到现代的转变

传统心理学研究在方法上存在一定的局限性，主要依赖于问卷调查、访谈和实验室实验等手段。这些方法虽然能够提供有价值的数据，但在数据收集的广度和深度上存在局限。例如，问卷调查可能受到被调查者主观因素的影响，导致数据的准确性和可靠性受到质疑。此外，传统心理学研究往往侧重于单一学科的视角，缺乏与其他学科的交叉融合，这使在解决复杂的心理问题时，难以从多维度进行深入分析和全面理解。

随着社会的发展和科技的进步，现代心理学逐渐呈现出多元化的发展趋势。在研究方法上，心理学家开始结合多种技术手段，如大数据分析、脑成像技术和VR技术等，以获取更全面、更深入的心理数据。例如，通过脑成像技术，研究人员可以直观地观察到大脑在不同心理活动状态下的神经活动模式，从而更准确地揭示心理现象的生理基础。在理论构建方面，现代心理学不再局限于单一的理论框架，而是融合了多种理论观点，形成了更为综合和系统的理论体系。例如，认知行为疗法（CBT）就是将认知理论和行为理论相结合，通过改变个体的认知模式和行为反应来治疗心理障碍，这种方法在治疗抑郁症、焦虑症等方面取得了显著的成效。

（二）形成多种范式并存的学科格局

当代心理学已突破单一理论主导的研究范式，形成建构主义、后现代主义、认知主义、人本主义等多元理论体系交叉渗透的学术生态。在教育心理学领域，这一趋势尤为显著。

认知主义与建构主义的协同：在跨学科学习（如STEM教育）中，认知主义强调知识结构的系统性（如约翰·斯威勒的认知负荷理论指导课程设计），而建构主义倡导情境化知识生成（如基于项目的学习模式）。二者的融合催生了"认知脚手架"策略——教师通过结构化知识框架降低认知负荷（认知主义原则），同时创设真实问题情境促进学生主动建构（建构主义实践），形成"引导式发现学习"新范式。

人本主义与积极心理学的共振：人本主义强调自我实现潜能（如罗杰斯的"来访者中心疗法"），积极心理学则通过 PERMA 模型（积极情绪、投入、人际关系、意义感、成就感）量化发展路径。二者的结合推动心理咨询从病理修复转向优势挖掘，例如在生涯规划辅导中，既运用人本主义的非指导性倾听，又引入积极心理学的"品格优势测评"工具。

（三）心理学的数字化与智能化

大数据与心理学研究的结合为心理学的发展带来了新的机遇。通过对海量数据的收集和分析，心理学家能够发现隐藏在数据背后的潜在心理规律。例如，通过分析社交媒体上的用户数据，研究人员可以了解人们的情绪变化趋势、社交行为模式以及心理需求等信息。一项研究分析了数百万条微博数据，发现用户在工作日和周末的情绪表达存在显著差异，这为研究工作压力对情绪的影响提供了新的视角。此外，大数据还可以用于心理健康的监测和预警。通过对个体的网络行为、消费记录等多维度数据进行分析，可以构建心理健康风险预测模型，及时发现潜在的心理问题，为早期干预提供依据。

人工智能在心理评估与干预中的应用也日益广泛。智能心理评估工具利用人工智能算法，能够快速、准确地对个体的心理状态进行评估。例如，一些基于机器学习的心理测评软件可以通过分析用户的行为数据、语音语调等信息，判断用户是否存在抑郁、焦虑等心理问题，并提供相应的评估报告。在心理干预方面，人工智能驱动的聊天机器人可以为用户提供实时的心理支持和咨询服务。这些聊天机器人能够模拟人类的心理咨询师，与用户进行自然语言交流，提供情绪疏导、认知重构等心理干预措施。

（四）心理学的跨文化与全球化视角

在跨文化研究中，心理学家发现不同文化背景下的人们在心理特征和行为模式上存在显著差异。例如，在集体主义文化中，人们更注重群体的利益与和谐，倾向于通过与他人的关系来定义自我；而在个人主义文化中，个体更强调个人的独立性和自主性，关注自我实现和个人目标的达成。这种文化差异不仅影响着人们的价值观、人格特质等方面，还对心理健康问题的表现形式和应对方式产生重要影响。例如，在一些东方文化中，由于家庭和社会对个体的期望较高，人们在面对心理问题时更倾向于寻求家庭成员或朋友的支持，而不是向专业的心理咨询师求助。

全球化为心理学研究提供了更广阔的视野和丰富的研究资源。不同国家和地区的心理学家通过国际合作项目，共同开展研究，分享研究方法和数据，促进了心理学研究的快速发展。例如，一项由多个国家的心理学家参与的跨国研究，旨在探讨全球化背景下移民的心理适应问题。研究团队通过在不同国家收集数据，分析了移民在文化适应过程中所面临的心理挑战以及影响其心理健康的因素，为制定移民心理健康政策提供了科学依据。

二、新质生产力对心理学理论创新的推动作用

（一）新质生产力对心理学研究方法的影响

新质生产力的发展为心理学研究方法带来了深刻的变革。脑成像技术作为新质生产力的重要组成部分，使心理学家能够直接观察大脑的活动，从而更深入地理解心理过程的神经机制。例如，功能性磁共振成像（fMRI）技术被广泛应用于研究记忆、情感、决策等心理过程。通过 fMRI 扫描，研究人员可以发现特定心理任务中的脑区激活情况，揭示不同脑区如何协同以完成复杂的心理任务。此外，VR 技术也为心理学研究提供了新的工具。在心理治疗领域，VR 技术被用于治疗焦虑障碍、创伤后应激障碍（PTSD）等心理障碍。通过创建逼真的虚拟场景，患者可以在安全的环境中面对和处理他们的恐惧和创伤，从而提高治疗的效果。

数据分析方法的创新也是新质生产力对心理学研究方法影响的重要方面。随着大数据时代的到来，传统的数据分析方法已经无法满足对海量数据的处理需求。机器学习和数据挖掘等先进的数据分析技术应运而生，并被应用于心理学研究中。例如，通过机器学习算法，研究人员可以对大规模的心理测评数据进行分类和预测，从数据中挖掘出隐藏的模式和关系，发现潜在的心理问题和风险因素。这些方法不仅提高了数据分析的效率和准确性，还能够为心理学理论的创新提供依据。

（二）新质生产力对心理学理论的挑战

传统心理学理论在解释新质生产力背景下的心理现象时面临挑战。例如，传统的工作动机理论主要关注薪酬、工作环境等因素对员工工作动机的影响，但在

新质生产力环境下，员工的工作动机可能受到更多因素的影响，如工作意义感、个人成长机会、团队协作氛围等。这些新因素的出现使得传统理论无法全面解释员工在新工作环境中的动机变化。此外，新质生产力带来的社会变革也对传统心理学理论提出了挑战。例如，随着信息技术的发展，人们的社交方式发生了巨大变化，传统的社会支持理论在解释网络社交中的社会支持时显得力不从心。

新质生产力的发展为心理学理论创新提供了丰富的研究素材和新的研究视角。例如，在研究网络成瘾这一新兴心理问题时，心理学家可以从信息技术、社会文化、个体心理等多个角度进行综合分析，构建新的理论模型来解释网络成瘾的成因、机制和干预方法。同时，新质生产力还催生了许多新的心理现象和问题，如远程工作的心理健康问题、人工智能对就业心理的影响等，这些都为心理学理论的创新提供了广阔的空间。

（三）心理学理论的创新方向

在新质生产力的推动下，心理学理论的创新方向主要集中在心理干预与治疗新方法的开发以及心理学与新质生产力融合的理论构建上。例如，基于 VR 技术的心理治疗程序被开发出来，用于治疗焦虑障碍、PTSD 等心理障碍。这些程序通过创建高度逼真的虚拟场景，让患者在虚拟环境中接受系统脱敏治疗，取得了良好的治疗效果。此外，心理学家还开始构建适应数字化工作环境的心理健康理论模型。例如，研究如何在远程工作和灵活工作模式下，通过改变组织文化和管理策略来促进员工的心理健康和工作满意度。

三、心理学的跨学科发展与应用

（一）心理学与神经科学的结合

认知神经科学作为心理学与神经科学交叉的领域，近年来取得了显著的发展。神经心理学研究通过研究大脑结构和功能与行为和心理过程的关系，为心理学提供了生物学基础。例如，通过对阿尔茨海默病患者的大脑研究，发现海马体的萎缩与患者的记忆障碍密切相关，这不仅加深了对阿尔茨海默病病理机制的理解，也为开发新的治疗方法提供了方向。此外，神经科学的研究方法和技术也为心理学研究提供了有力的支持。例如，经颅磁刺激（TMS）技术可以非侵入性地刺激大脑特定区域，从而研究这些区域在认知和情感过程中的作用。

（二）心理学在教育领域的应用

学生心理健康与学习效果的关系是教育心理学研究的重要课题。研究表明，学生良好的心理健康状况有助于提高学习动机、增强学习策略的运用能力，从而提升学习成绩。因此，学校越来越重视心理健康教育，通过开设心理健康课程、开展心理咨询等方式来促进学生的心理健康发展。心理学在教学方法与教育政策制定中也发挥着重要作用。例如，根据认知负荷理论，教师在设计教学内容时应考虑学生的认知负荷，避免信息过载，从而提高教学效果。此外，在教育政策制定方面，心理学研究可以为政策制定者提供科学依据，如通过政策干预来减少学生的考试焦虑等心理问题。

（三）心理学在社会与组织中的应用

在工作场所，心理健康与员工绩效密切相关。员工的心理健康状况不仅影响其工作满意度和工作投入度，还与工作效率、创造力等绩效指标密切相关。因此，企业开始关注员工的心理健康，通过提供心理咨询服务、开展压力管理培训等方式来提高员工的心理素质。社会心理学在公共政策与社会治理中的应用也日益广泛。例如，在公共卫生危机中，政府可以通过运用社会心理学原理来提高公众的健康意识，促进行为改变。如在新冠疫情期间，通过宣传和教育，引导公众正确佩戴口罩、保持社交距离等，有效控制了疫情的传播。

（四）跨学科研究的挑战与未来展望

跨学科研究在心理学科的发展中虽然取得了显著成果，但也面临着一些挑战。不同学科之间的研究方法、理论框架和学术语言存在差异，这可能导致在研究过程中出现沟通障碍和协作困难。此外，跨学科研究往往需要更多的资源和时间投入，这对研究团队的组织和管理提出了更高的要求。未来，心理学科的跨学科发展将继续深化，随着科技的不断进步和社会的持续发展，心理学与其他学科的交叉领域将不断拓展和创新。例如，心理学与人工智能的结合将更加紧密，共同探索人类智能的本质和人工智能对人类心理的影响。同时，跨学科研究团队的建设将更加注重成员之间的互补性和协作性，通过加强培训和交流，提高团队的跨学科研究能力。

第五章　新质生产力视角下的大学生心理健康教育理论创新

一、人本主义心理学与大学生心理健康

（一）理论背景与基础

人本主义心理学思潮的兴起，标志着心理学领域从行为主义的"机械反应观"和精神分析的"病理导向"中挣脱出来，重新将人的主体性置于研究核心。卡尔·罗杰斯提出的"无条件积极关注"理念，不仅颠覆了传统治疗关系中"专家—患者"的权力结构，更为教育领域播撒了革命性的种子——当我们将每个学生视为具有自我导向潜能的完整生命体时，心理健康教育便从"矫正偏差"升华为"培育可能"。这一理论的核心在于关注每个大学生的独特心理特征和发展需求，强调教育者应根据学生的个性差异提供有针对性的支持和引导，以促进学生的全面发展和心理健康。

人本主义心理学强调人的尊严、价值和潜能，认为每个人都具有自我实现的倾向，只要提供适宜环境和条件，个体就能够实现自我成长和自我完善。其中，"以人为中心"是人本主义心理学的重要代表理论之一。卡尔·罗杰斯主张尊重个体的主观体验，认为个体对自己问题的理解和解决是治疗过程的核心。在教育领域，这一理念转化为教育者应成为学生的引导者和支持者，而非单纯的传授者。教育者的任务是创造一个安全、自由、包容的学习环境，激发学生的内在动力，鼓励他们进行自我探索和自我表达，从而实现自我价值和全面发展。

埃里克森心理社会发展理论指出，18~25岁个体正处于"亲密对孤独"的关键阶段，其自我同一性的建构需要教育者提供"安全基地"（secure base）。那些能在入学三个月内与辅导员建立信任关系的大一新生，在学年末的心理韧性更强。这与"真诚、共情、接纳"三原则的教育理念相一致，当学生感受到自己被"完整地看见"而非"片面地评价"时，内在成长动力才会被真正激活。

新时代对我们的启示是我们不仅应关注学生的当前状态，还应重视其未来的发展潜力。教育的最终目标是培养具有独立人格、创新思维和社会责任感的个体，使学生能够在面对生活中的各种挑战时，具备良好的心理素质和应对能力。因此，该理论要求教育者在实践中充分考虑学生的个性特点、兴趣爱好、学习风

格和生活经历等因素，为每个学生量身定制教育方案，满足他们的个性化需求，促进每个学生在自己独特的道路上健康成长。

（二）教育实践应用

1. 个体差异的重视

每个学生在认知风格、学习动机、情绪调节等方面存在显著差异。这些差异不仅反映了学生在学习过程中的不同表现，也影响着他们对教育的反应和心理健康状况。因此，教师需要敏锐地察觉这些差异，并据此调整教学方法和心理辅导策略，以更好地满足每个学生的需求。

在认知风格方面，不同的学生对信息处理的方式各不相同。有些学生擅长视觉学习，他们更倾向于通过图像、图表、视频等视觉材料来获取和理解知识。对于这类学生，教师可以采用多媒体教学手段，如展示生动的图片和动画，播放相关的教育视频等，以增强教学内容的直观性和吸引力，提高学生的学习效果。而另一些学生可能在听觉或动觉学习上表现更佳。听觉型学习者更善于通过倾听教师的讲解、参与小组讨论或收听学习音频来掌握知识。教师可以通过组织课堂讨论、邀请学生进行口头报告、提供有声读物等方式，满足他们的学习偏好。动觉型学习者则需要通过身体的活动和操作来加深对知识的理解，如进行实验操作、角色扮演、实地考察等。针对这类学生，教师可以设计更多互动性强的教学活动，让他们在实践中学习和成长。

每个学生在学习动机上的需求也有区别。不同学生的学习动机可能源于内在兴趣、外部奖励、个人目标或社会期望等多种因素。内在动机强烈的学生通常对学习本身充满热情，能够主动探索知识，积极参与学习活动。教师可以通过提供具有挑战性和趣味性的学习任务、鼓励学生自主选择学习项目、及时给予积极反馈等方式，进一步激发和维持他们的内在动机。而对于那些更多依赖外部动机的学生，教师则需要合理运用评价机制、设立明确的学习目标、给予适当的奖励和表彰，以引导他们逐步培养内在学习动力，同时满足他们的外部激励需求。

情绪调节能力的差异也会影响学生的学习和心理健康。一些学生能够较好地识别、理解和管理自己的情绪，能够在面对压力和挫折时保持积极的心态和稳定的情绪。然而，另一些学生可能在情绪调节方面存在困难，容易出现焦虑、抑郁、愤怒等负面情绪。教育者可以通过开展情绪智力培训课程、组织情绪管理小组活动、提供个别化的心理辅导等方式，帮助学生提高情绪觉察能力，学习有效的情绪调节策略，如深呼吸、冥想、积极的自我对话等，以增强他们的情绪适应能力和心理韧性。

2. 自我概念与成长

自我概念是个体对自己身份、能力、价值观、兴趣爱好等多方面的认知和评价，它在个体的心理健康和人格发展中起着核心作用。以个体为中心的心理健康教育理论强调帮助学生建立积极的自我概念，包括自我认知、自我接纳和自我价值感的培养。这一过程不仅有助于学生更好地了解自己，还能增强他们的自信心和自我效能感，为他们的成长和发展奠定坚实的基础。

自我认知是自我概念的基础，它要求学生对自己的兴趣、优势、不足和价值观等方面有清晰的了解。学校可以开设自我探索课程和工作坊，采用多种方法帮助学生进行自我认知。例如，通过职业兴趣测评、性格测试等心理测评工具，学生可以初步了解自己的兴趣倾向和性格特点；通过撰写自我反思日记、进行人生规划报告等方式，学生能够更深入地思考自己的价值观和人生目标。此外，教师和辅导员也可以通过观察和交流，为学生提供个性化的反馈和建议，引导他们更全面地认识自己。

自我接纳是指个体能够以积极的态度对待自己的优点和不足，而不是过度苛求自己或否定自己的价值。在教育实践中，教师应鼓励学生以宽容和理解的心态看待自己的失败和不足，将其视为成长的机会而非对自我价值的否定。例如，在学生考试成绩不理想时，教师可以引导他们分析原因，制订改进计划，同时强调学习过程而非结果的重要性。通过这种方式，帮助学生建立一种健康的自我接纳观念，使他们能够在面对挫折时保持积极的自我形象和自尊心。

自我价值感的培养是自我概念发展的重要目标，它涉及学生对自己在社会和集体中的意义和贡献的认识。学校可以通过组织各种社团活动、志愿者服务、社会实践等项目，为学生提供展示自己才能和实现自我价值的机会。例如，鼓励学生参与社区服务活动，让他们在帮助他人的过程中体验到自己的价值和意义；开展创新创业项目，让学生在团队合作中发挥自己的优势，感受到自己的创造力和影响力。通过这些活动，学生能够逐渐建立起稳固的自我价值感，增强自信心和内在动力。

3. 个性化心理辅导

这种辅导服务不局限于传统的心理咨询，还涵盖了学生学习和生活的各个方面，旨在满足学生在不同阶段和不同领域的个性化需求。

个性化心理辅导包括一对一的心理咨询，为学生提供一个安全、私密的空间，让他们能够自由地表达内心的想法和困扰，并在专业心理咨询师的引导下，深入探讨问题的根源，共同制订解决方案。这种个性化的咨询方式能够针对学生的具体问题进行深入分析和干预，如学业压力、人际关系问题、情感困扰、职业规划等，帮助学生更好地应对挑战，促进心理健康。

个性化心理辅导还包括学习策略指导和职业规划咨询等内容。在学习策略指导方面，心理咨询老师可以根据学生的学科特点、学习风格和学习目标，为他们提供个性化的学习方法和技巧，如时间管理策略、笔记记录方法、考试准备技巧等，帮助学生提高学习效率和成绩。在职业规划咨询方面，通过与学生进行深入交流，了解他们的兴趣爱好、专业技能和职业期望，为他们提供职业发展方向的建议、求职技巧培训、简历制作指导等服务，帮助学生明确职业目标，做好进入职场的准备。

二、生态系统理论与大学生心理健康

（一）生态系统理论概述

生态系统理论由布朗芬布伦纳提出，该理论强调个体的发展和心理健康状况并非孤立存在，而是受到多种嵌套的环境系统相互交织的影响。这些环境系统包括微观系统、中观系统、宏观系统和时序系统，它们共同构成了个体成长和发展的复杂生态背景。

微观系统是与个体直接接触的环境层面，涵盖了家庭、学校、同龄人团体等具体情境。在家庭环境中，父母的教养方式、家庭成员之间的互动模式以及家庭氛围等都会对个体产生深远的影响。例如，一个充满关爱、支持和鼓励的家庭环境有助于培养孩子的自信心和安全感；相反，冷漠、冲突频繁的家庭环境可能导致孩子出现心理问题。在学校环境中，教师的教学方法、课堂氛围、师生关系以及同伴关系等都是影响学生心理健康的重要因素。同龄人团体则通过同伴间的交流、支持和认同，对个体的态度、行为和价值观形成起到关键作用。

中观系统关注的是微观系统之间的相互关系和联系。它探讨了不同微观环境如何相互作用、协同或冲突地影响个体的发展。例如，学校与家庭之间的沟通与合作是中观系统的重要组成部分。当学校和家庭能够保持良好的联系，共同为学生制定教育目标和支持策略时，学生能够在一致的环境中更好地成长。反之，如果学校和家庭之间存在矛盾或缺乏沟通，学生可能会感到困惑和压力，进而影响其心理健康和学习效果。

宏观系统则着眼于更广泛的社会文化、政策等大环境对个体的影响。社会文化通过其价值观、规范、信仰和习俗等要素，塑造着个体的行为模式和心理特征。例如，在一些集体主义文化中，人们更注重群体的利益与和谐，个体的心理健康与群体关系密切相关；而在个人主义文化中，个体更强调自我实现和个人目标的达成。政策层面，政府制定的教育政策、心理健康政策等也会对个体的发展机会和资源分配产生重要影响。

时序系统关注个体在不同生命阶段所面临的发展任务、转变和生活事件对心理健康的影响。个体在成长过程中会经历多个发展阶段，每个阶段都有其独特的心理和社会任务。例如，儿童期主要关注自我认知和基本社会技能的培养；青春期则面临身份认同和自我探索的任务；成年期则需要处理职业发展、亲密关系等复杂问题。这些转变过程中的挑战和机遇都会对个体的心理健康产生深远的影响。

（二）生态系统理论视角下的大学生心理健康影响因素

1. 微观系统影响

在大学校园中，学生的学习环境、宿舍生活以及同伴关系对其心理健康产生直接影响。大学校园作为一个相对独立的微观系统，包含了丰富的学习资源、多样化的社交机会和多样的文化活动，这些都为学生的成长提供了广阔的空间。然而，不同的学生在适应和利用这些资源时会表现出显著的个体差异。

学习环境方面，课程设置、教学方法、师生互动等都是影响学生心理健康的重要因素。例如，过于强调竞争和成绩的课程体系可能导致学生出现焦虑和压力过大的情况；而鼓励合作学习、注重学生兴趣培养的教学方法则有助于提升学生的学习积极性和心理健康水平。此外，图书馆、实验室等学习设施的完善程度以及校园网络资源的丰富性也会影响学生的学习体验和心理状态。

宿舍生活是大学生日常生活中不可或缺的一部分，它构成了学生微观系统中的重要社交环境。一个支持性和包容性的宿舍氛围有助于学生建立良好的人际关系，增强心理安全感。在这样的环境中，学生可以自由地表达自己的想法和感受，获得室友的情感支持和实际帮助。相反，如果宿舍中存在人际关系紧张或缺乏沟通的情况，学生可能会感到孤独、焦虑甚至抑郁。

同伴关系在大学生心理健康中也扮演着重要角色。大学生正处于形成自我认同和建立社会关系的关键时期，与同龄人的互动对他们的价值观、行为模式和情绪状态产生深远影响。积极的同伴关系可以为学生提供情感支持、社交技能训练和归属感，帮助他们更好地应对学习和生活中的挑战。然而，不良的同伴关系，如排挤、欺凌、过度竞争等，可能导致学生出现心理问题，如社交恐惧、焦虑和自卑。

2. 中观系统影响

中观系统在大学生心理健康中扮演着重要角色，它涉及学校与家庭、学校与社区等微观系统之间的相互关系。学校与家庭之间的良好沟通与合作能够为学生提供一致的支持和教育，帮助他们更好地适应大学生活。例如，当学生在学习或心理方面遇到困难时，学校能够及时与家长取得联系，共同商讨解决方案，为学生提供来自学校和家庭的双重支持。

学校与社区的合作也是中观系统的重要组成部分。社区资源的引入可以丰富学校的教育内容和形式，为学生提供更多实践和学习的机会。例如，学校可以与社区合作开展社会实践项目、志愿者服务活动等，让学生在接触社会的过程中增强社会责任感和心理韧性。同时，社区也可以为学校提供实习基地、专家讲座等资源，促进学生的全面发展。

然而，如果学校与家庭之间存在矛盾或缺乏沟通，学生可能会感到困惑，产生压力。例如，家长对学生的期望与学校教育目标不一致，可能导致学生在学业和职业规划上感到迷茫和焦虑。此外，学校与社区之间的合作不畅也可能限制学生的发展机会，影响其心理健康。

3. 宏观系统影响

宏观系统对大学生心理健康有着深远的影响，它涵盖了社会文化、政策法规等大环境因素。社会文化通过其价值观、规范和习俗等要素，塑造着大学生的行为模式和心理特征。在一个过于强调竞争和物质成就的社会环境中，学生可能过度关注学业成绩和职业发展，而忽视了心理健康和个人兴趣的培养。

政策法规层面，政府制定的教育政策、就业政策、心理健康政策等都会对大学生的发展机会和资源分配产生重要影响。例如，合理的教育经费投入可以改善学校的教学设施和师资力量，为学生提供更好的学习条件；积极的就业政策可以缓解学生的就业压力，增强其对未来发展的信心；完善的心理健康政策可以保障学生获得及时、有效的心理辅导和服务。

此外，宏观系统中的社会支持网络也对大学生心理健康具有重要意义。一个完善的社会支持体系，包括社区服务、心理咨询机构、公益组织等，可以为学生提供多渠道的帮助和支持。例如，在面对心理危机时，学生能够及时获得专业心理咨询机构的帮助；在适应社会生活过程中，社区服务和公益组织可以提供必要的指导和资源。

4. 时序系统影响

大学生正处于从青春期向成年期过渡的关键时期，面临着身份认同、职业规划、情感关系等诸多发展任务。这些转变过程中的挑战和机遇都会对他们的心理健康产生影响。在大学阶段，学生需要逐步建立自我认同，明确自己的价值观、兴趣爱好和人生目标。这一过程充满了探索和尝试，可能会伴随着迷茫和困惑。

职业规划是大学生面临的另一项重要发展任务。随着社会竞争的加剧和就业市场的变化，学生需要在大学期间就开始思考自己的职业方向，提升相关技能和竞争力。然而，对于许多学生来说，职业规划是一个复杂而充满压力的过程。他们可能面临专业选择与个人兴趣不符、就业市场不确定等困难，从而产生焦虑和不安。

情感关系也是大学生心理健康的重要影响因素之一。在大学期间，学生可能会经历恋爱关系的建立、维持和结束，这些情感经历对其心理状态有着重要影响。健康、稳定的恋爱关系可以为学生提供情感支持和归属感，促进其心理健康；而不健康的恋爱关系或情感挫折可能导致学生出现情绪问题，如抑郁、焦虑等。

（三）基于生态系统理论的心理健康教育策略

1. 多系统协同干预

基于生态系统理论，大学生心理健康教育应整合多个系统的力量，形成全方位的支持网络。学校可以加强与家庭的合作，定期举办家长培训和沟通会议，让家长了解学生在大学期间的心理发展特点和需求，共同关注学生的心理健康状况。

例如，学校可以设立家长开放日，邀请家长参观校园、旁听课程，了解学生的学习和生活环境；定期组织家长心理讲座，邀请专家为家长讲解大学生心理健康知识和家庭教育方法；建立家校沟通平台，通过线上方式及时分享学生的学习成绩、校园活动和心理健康状况等信息，促进家校之间的互动和合作。

此外，学校还可以与社区、企业等外部机构建立合作关系，整合社会资源，为学生提供更多的实践机会和支持。例如，与社区合作开展社会实践项目，让学生在服务社区的过程中增强社会责任感和心理韧性；与企业合作建立实习基地，为学生提供职业体验和就业指导，缓解就业压力。

2. 营造支持性校园环境

学校应致力于营造一个积极、健康、包容的校园文化氛围。通过开展丰富多彩的校园活动、加强心理健康宣传教育、优化校园物理环境等方式，为学生提供良好的学习和生活环境，减少压力源，促进学生的心理健康发展。

校园文化活动是营造支持性校园环境的重要手段之一。学校可以组织各类文体活动、学术讲座、社团活动等，丰富学生的课余生活，满足不同学生的兴趣爱好和需求。这些活动不仅能够帮助学生缓解学习压力，还能促进学生之间的交流与合作，增强归属感和集体荣誉感。

心理健康宣传教育也是营造支持性校园环境的重要方面。学校可以通过校园广播、宣传栏、微信公众号等多种渠道，普及心理健康知识，提高学生的心理健康意识。例如，定期发布心理健康文章、心理调适技巧、心理危机预警等信息，让学生在日常生活中能够及时获取相关知识，增强自我心理保健能力。

此外，优化校园物理环境也是营造支持性校园环境的重要内容。学校应关注校园的整体规划和设计，创造舒适、美观、安全的学习和生活环境。例如，建设绿化的校园景观、提供安静的学习空间、改善宿舍设施等，让学生在良好的环境中更好地学习和生活。

3. 政策支持与资源保障

政府部门和教育机构应制定和完善相关政策，为大学生心理健康教育提供充足的资源保障。例如，增加对高校心理健康教育工作的经费投入，改善心理咨询与辅导设施，提高心理健康教育教师的待遇等。

政府可以出台专门针对大学生心理健康教育的政策文件，明确各级政府部门、教育机构和社会组织在心理健康教育中的职责和任务。通过政策引导，推动全社会共同关注和支持大学生心理健康教育工作。例如，设立专项经费支持高校开展心理健康教育项目、培训专业教师队伍、建设心理健康教育基地等；制定心理健康教育质量标准和评估指标，对高校的心理健康教育工作进行监督和评估，确保教育效果。

高校也应加强自身建设，优化资源配置，为心理健康教育提供坚实的基础。例如，高校应建立健全心理健康教育工作机制，设立专门的心理健康教育机构或部门，配备足够的专业教师和工作人员；加强心理健康教育课程体系建设，将心理健康教育纳入必修课程或选修课程体系，确保学生能够接受系统的心理健康教育。

三、大学生积极心理品质

大学生作为社会创新的重要力量与未来社会的构建者，其积极心理品质的培养显得尤为重要。这些品质包括创新思维、情绪管理能力、团队协作能力以及社会责任感等，它们将直接影响大学生是否能够适应未来社会的发展需求，并在创新发展中发挥引领作用。因此，深入探索新质生产力视域下大学生积极心理品质的培育路径，不仅有助于促进大学生个体的全面发展，培育具备创新精神和实践能力的高素质人才，更有助于高校实现立德树人的根本目标，并对构建和谐社会产生积极影响。

（一）新质生产力与大学生积极心理品质的定义与特性

1. 新质生产力的阐释

新质生产力，其核心在于人的创造力，主要生产要素涵盖知识、技术、信息与文化等多个方面。它遵循创新、协调、绿色、开放、共享的新发展理念，凸显了人在生产过程中的核心地位，并倡导人的全面发展，追求人与自然、社会和谐共生的目标。新质生产力不仅要求劳动者具备扎实的专业知识与技能，还特别强调个体在创新思维、终身学习能力、跨文化交际能力等方面的软实力，以应对快速变化的工作环境和社会需求。

2. 大学生积极心理品质的内涵解析

作为积极心理学的开创者之一，马丁·塞利格曼在《持续的幸福》一书中提出幸福五要素理论，认为积极情绪、投入程度、人际关系、意义和成就是活出幸福人生的五个要素。

大学生积极心理品质，指的是在面对日常生活、学业任务及未来职业挑战时，所展现出的积极心理特质和能力。这些特质和能力主要涵盖自我认知的清晰度、自我调节的灵活性、自我激励的持续性、人际沟通的有效性、团队合作的默契度、创新思维的活跃性、情绪管理的成熟度以及心理韧性的坚固性等多个方面。这些品质共同构成了大学生在面对各种挑战时保持积极心态和高效应对的基石，能极大地促进创造性思维与问题解决能力的发展，对大学生的创新实践具有深远影响；同时，积极心理品质的培养对于个体的心理健康与幸福感同样至关重要。它不仅能够构建持久的个人资源，促进个体的健康与活力，增强个体在面对挑战时的适应性和恢复力，还能推动个体的个人成长与社会贡献。

（二）新质生产力视角下大学生积极心理品质培育面临的新挑战

新质生产力，作为一种高效能、高质量的生产力形态，体现了创新性、数字化、跨越性和高质量的时代特征，标志着全球正迈向以技术创新和知识信息为主导的新纪元。这种转变不仅极大地推动了产业结构的优化与升级，而且使高校在人才的综合素质和积极心理品质培养方面面临新挑战。

1. 社会变迁与多元价值观的冲击

随着社会经济的迅猛发展和信息技术的普及，大学生的价值观和生活方式正经历着深刻的变化。信息爆炸的时代背景下，大学生面临着前所未有的信息洪流，这在一定程度上导致了价值观的混乱和迷茫。面对这样的社会背景，如何有效地培育大学生的积极心理品质，引导他们树立正确的价值观，成为教育工作者必须思考和解决的问题。

2. 教育模式适应性的新挑战

新质生产力所强调的创新、协调、绿色、开放、共享理念，意味着在培养大学生积极心理品质的过程中，需要更加灵活多样、与时俱进的教育方法。传统的以课堂讲授和知识灌输为主的教育模式已难以满足新质生产力对人才培养的需求。因此，改革和创新教育模式，使其更好地适应新质生产力的发展要求，成为我们面临的另一重要挑战。

3. 心理健康问题日益加重

在当今竞争激烈的社会环境中，大学生普遍面临学业、就业以及复杂人际关系的压力，这些压力日益加剧，使心理健康问题愈发凸显。鉴于此，在积极心理品质的培育过程中，如何精确识别并有效应对大学生的心理健康问题，进而预防心理疾病的发生，成为一个不容忽视的关键环节。

4. 教育者素质与能力的全新要求

在新质生产力的背景下，对教育者的专业素养和能力要求呈现出新的高度。除了专业知识和教学技能外，教育者还需拥有出色的心理素质和人际沟通技巧，以有效承担起培育大学生积极心理品质的重要职责。

面对前述的挑战和问题，高校与社会各界需协同努力，采取一系列举措以促进大学生积极心理品质的培养。如改革教育体制，优化教育资源配置，提升教育者的专业素养与心理素质，打造高素质的教师队伍尤其是辅导员队伍，增强心理健康教育等，为社会培养更多具备创新精神、强烈责任感和卓越适应能力的杰出人才。

（三）新质生产力对大学生积极心理品质培育的新要求

新质生产力的概念为积极心理品质的培育注入了新的活力。在这一背景下，大学生积极心理品质的培育不仅关乎个体成长的内在需求，更承载着实现高校育人目标及满足社会期待的双重使命。

1. 强化创新能力的塑造

新质生产力将创新视为社会发展的核心驱动力。因此，学校应着重培养学生的创新意识和创新能力，鼓励他们勇于突破传统思维的束缚，探索新的方法和思路。在新质生产力的推动下，创新思维被赋予了推动科技进步与社会进步的重要角色。大学生需要具备批判性思考、问题解决和创造性想象等能力，以便能够快速适应新兴技术和行业变革，成为创新领域的引领者。

2. 增强团队协作能力

在新质生产力的背景下，团队合作和跨领域协作愈发凸显其重要性。因此，大学生心理教育应当聚焦于提升学生的人际沟通与团队协作能力。通过组织多样化的团队项目和活动，旨在培养学生的沟通、协调与合作技能，进而提升其解决复杂问题的能力。在全球化的职场环境中，良好的团队协作与人际交往能力已成为核心竞争力。因此，大学生还需掌握跨文化沟通的技巧，学会团队协作，以便在多元化的团队中有效协同，共同创造价值。

3. 优化情绪调控与增强心理韧性

大学生面临的压力与挑战日益加剧，因此，学校应当引导学生学会有效管理情绪，培养心理韧性，以更好地应对生活中的挫折与不确定性。在复杂多变的学习与工作环境中，大学生需掌握一系列情绪管理技巧，如自我调节和压力缓解，从而维持良好的心理状态，增强应对挑战的能力。

4. 自我认知与自我成长

在新质生产力的背景下，个体需持续进行自我更新和发展。学校应当引导大学生进行深度的自我认知，帮助他们明晰个人的兴趣所在、优势特长以及职业发展的潜在方向，进而实现个人价值的最大化。

5. 社会责任感的塑造与提升

新质生产力强调可持续发展、绿色发展和共享性。大学生是新技术革命的生力军、未来社会的建设者，这要求学校注重培养大学生的社会责任感和奉献精神。在培养积极心理品质的过程中，应特别注重学生社会责任感、环保意识和伦理道德的培育，让学生深刻认识到自己在社会中的角色与责任，激发他们的家国情怀，展现时代新人的担当与情怀。

6. 全球化视角的深化

新质生产力是在全球化浪潮中孕育而生的，要求大学生拓宽国际视野，提升跨文化交流能力。学校应当致力于帮助学生开阔眼界，深入理解不同文化背景下的价值观，进而增强其国际环境中的竞争力。

7. 终身学习态度的建立

新质生产力强调了个体需要持续学习以适应社会和技术环境的快速变迁。因此应当引导学生树立终身学习的理念，培养他们的学习兴趣和持续学习的能力，激发内在学习动力，不断追求个人成长和发展。

（四）新质生产力视角下大学生积极心理品质培育路径的思考

在新质生产力的背景下，高校在培育大学生积极心理品质方面应坚持"以学生为中心"，确立全环境立德树人教育理念，持续推进教育教学、实践活动、咨询服务、预防干预以及工作保障"五位一体"的心理健康教育工作体系构建，全方位确保学生的健康成长与全面发展。

1. 革新教育理念，构建契合新质生产力的心理健康教育模式

在新时代背景下，培育大学生的积极心理品质应坚持育心、育德与育人三位一体的原则。我们需坚持育心与育德并行，确保学生心理健康素质与思想道德素质、科学文化素质同步提升。教育的核心在于立德，而立德的关键在于育心。高校应将"培根铸魂、启智润心、育人育才"的理念贯穿心理教育的全过程，深入挖掘心理教育的德育内涵，充分发挥其德育功能，实现育心与育德的和谐统一。

在育心方面，着重培养学生的平常心、进取心和感恩之心。面对成长过程中的困惑与挑战，及时给予人文关怀和心理疏导，帮助学生建立自尊、自信、自律的品格，增强他们的适应力、意志力和抗逆力。在育德方面，引导学生树立大德、公德和美德，培养他们成为有高尚道德情操的社会公民，自觉将个人理想融入国家发展大局，追求个人价值与社会价值的统一。在育人方面，致力于培养有用之才、有才之人、有爱之士，塑造具有创新精神、实践能力和社会责任感的时代新人。引导学生树立正确的世界观、人生观、价值观，激励他们以奋斗的姿态

迎接人生的挑战，努力成为德才兼备、全面发展的高素质人才。

2. 心理健康教育工作体系的全面完善

在新时代背景下，大学生积极心理品质的培育应坚持三全育人、五育并举的原则。树立系统化的教育观念，形成横向覆盖、纵向深入、多方协同的一体化育人格局。高校应将心理育人融入各类育人工作之中，如课程教学、服务支持、实践活动、网络教育等，确保积极心理品质培育贯穿于学生的学习、生活、社会实践及校园文化活动的各个方面。同时做好家校社协同育人，全面、准确地把握学生的心理动态，及时发现并解决学生的心理问题，确保"三全育人"理念落到实处。

（1）课程体系优化与课程建设深化，为心理健康教育奠定坚实基础

将"大学生心理健康教育"纳入学校人才培养方案和整体教学计划，增设心理健康选修课程，构建一套全面涵盖心理健康、创新思维、人际沟通、团队合作等多个维度的课程体系。在教学方式上，注重理论与实践的紧密结合，充分利用线上和线下教学资源，将知识传授、心理体验与行为训练融为一体，最大限度地发挥心理健康教育课程的主渠道作用，为学生的全面发展奠定坚实基础。

开设"积极心理品质训练营"团体活动课程。将积极心理学的核心理念与实用技术融入团体心理活动中，围绕"积极优势挖掘、积极情绪培养、积极关系构建、积极应对能力提升、积极成长动力激发及积极组织文化塑造"这六大核心主题展开。通过精心设计的模拟真实场景，全面提升大学生的主观幸福感、创造力、自我效能感和心理韧性，培养其人际沟通能力和团队合作能力，为全面发展奠定坚实基础。

强化创新创业教育，培养学生创新思维和问题解决能力。设立创新创业孵化室，提供充足的资金支持和专业的导师辅导，激发学生的创新潜能，培育其创业精神。同时，这也有助于学生在实践中提升抗压能力和情绪管理技巧。

成立积极心理学教学团队，基于社会发展的趋势、学校特色以及学生的个性化需求，不断探索和更新课程内容与形式。团队定期开展课程调研和集体备课活动，以确保课程资源的共享和质量的持续提升。

（2）深化实践活动，优化育人成效

丰富和深化实践活动体系，组织开展一系列集专业性、趣味性和知识性于一体的心理健康教育活动，构建包括大学生心理健康月、5·25 心理健康节、"世界精神卫生日"以及校园心理情景剧大赛等为主体的心理健康教育活动框架。此外，开展"人际关系""生命教育"等主题的团体心理辅导，组织 OH 卡牌、曼陀

罗绘画、读书会等体验式活动，提升大学生心理健康素养。

坚持德智体美劳协同育心，构建"以德育心、以智慧心、以体强心、以美润心、以劳健心"的"五育"成长闭环，鼓励学生参与志愿服务、社会实践等社会公益活动，引导学生坚定理想信念，厚植爱国情怀，培养社会责任感与奉献精神。在培育过程中融入教育家精神、科学家精神和工匠精神，鼓励他们系统学习心理健康知识与技能；通过体育锻炼调节情绪、缓解压力、增强体质；在美育实践中提升审美素养和创造力；通过劳动实践锤炼意志品质、养成良好习惯，培养大学生的创新精神、团队合作能力和心理韧性，同时提高人际交往与团队协作能力。

（3）创新咨询方式，提升心理咨询服务质量

加强心理健康教育专兼职教师队伍建设，完善心理咨询的值班、预约、转介和重点反馈等制度，畅通咨询服务渠道，坚持精细化咨询服务，向学生提供及时、有效的心理咨询与指导服务。

（4）构建完善的危机预防与干预体系

构建"学校—院系—班级—宿舍"四级预警防控网络，强化心理危机预防和快速反应机制。学校心理健康中心应配置专职心理咨询教师，同时设立校级学生组织，以实现专业指导与学生自主管理相结合；在各院系层面，应设立负责心理健康教育工作的辅导员和学生骨干，确保心理健康工作在各院系的深入开展；在班级层面，应设立班级心理委员，推行《班级心理健康状况晴雨表》的月汇报制度；宿舍层面，每个宿舍应配备一名宿舍心理信息员，并定期开展心理委员和宿舍心理信息员等学生骨干的培训，打通危机预警干预的"最后一公里"。

实施分类教育服务与精准心理帮扶。依托心理普查系统，对新生进行心理普查，对老生进行定期复测，对普查结果异常的学生及时进行面谈和二次心理评估，并建立重点学生心理档案。同时，应准确把握关键时间节点开展常态化的危机排查工作。对于存在心理危机的学生，应建立"一生一策"的心理健康档案，并根据学生的具体情况定期开展关怀与帮扶工作，确保心理危机得到及时有效干预。

（5）构建工作平台，强化技术支撑

将心理健康教育经费纳入学校年度财政预算，以确保经费的充足供给。加强网络宣传，凸显"互联网+"时代特征，依托学校网站、微信公众平台、B站、小红书、抖音等平台，提升全媒体心理育人水平，引领学生健康成长。

持续优化心理功能室的建设和场地环境，打造功能完善的学习和实践空间。

可建设接待阅读大厅、团体活动室、正念训练室、积极心理体验中心等心理功能区域，并配备心理沙盘、图书资源、心理自助仪、团体辅导箱、心理测评系统、智能互动宣泄系统、音乐放松系统、VR智能运动身心调节系统及心理素质教育云平台等软硬件设备，全面满足师生在心理教育方面的学习研讨、心理咨询、团体训练和科研教研等多元化需求，为积极心理品质培育提供坚实的物质和技术保障。

3. 打造心理育人特色品牌，汇聚协同育人资源

在校园内建立心理工作室，强化校内外协同育人机制。利用工作室为学生提供心理健康的辅导、咨询以及体验式的心理健康教育活动，帮助他们解决心理问题，增强心理保健意识。通过辅导员沙龙、工作坊、培训等形式，提高辅导员的心理健康教育职业技能。此外，开展理论研究，推动学校心理健康教育的科学化、专业化发展。

通过校馆合作共建积极心理培育基地、策划心育文化活动、孵化心理健康服务项目、搭建媒体宣传平台等一系列措施，充分挖掘并整合本土化的积极心理教育资源。结合学校心理健康教育工作室的专业优势，形成独具特色的"校外基地＋校内工作室"协同育人模式，为大学生积极心理品质的培育提供有力支持。

4. 利用大数据赋能心理健康监测与精准干预

利用现代化信息技术手段，比如人工智能、大数据、云计算等构建智能化、个性化、精准化的积极心理品质培育模式。通过大数据技术对学生的行为模式和心理状态进行深入分析，进一步提升心理健康教育的精准度，为学生提供个性化的心理健康指导与干预方案，确保心理健康教育更具针对性和实效性。

5. 跨文化心理素质的提升

高校应注重校园氛围的营造，增强学生的跨文化沟通与适应能力，促进对多元文化的深入理解和相互尊重。可采取拓宽学习渠道、创建实践路径、引入外籍人才、强化民族意识、开设小语种选修课等途径，引导学生在领悟中国传统文化精髓的同时，增加东西方文化对比，养成对不同文化欣赏与批判兼顾的态度。

6. 结合生态文明思想，探索自然教育与艺术表达在心理品质培育中的作用

深入学习并贯彻习近平生态文明思想，积极探索自然教育及艺术表达与大学生积极心理品质培育的内在联系。将自然和艺术元素融入心理健康教育课程，结合自然环境开展心理健康普及教育活动，创建自然养心的专属空间。同时，依托"一站式"学生社区平台，举办多样化的自然艺术活动，促进大学生积极心理品质的全面培育。

四、"三全育人、五育并举"与大学生心理健康教育

（一）"三全育人、五育并举"理念的内涵与意义

1. "三全育人"理念解读

"三全育人"即全员育人、全程育人、全方位育人。全员育人强调学校全体教职员工都肩负着育人的责任，无论是专任教师、行政人员还是后勤服务人员，都应在各自的工作岗位上关注学生的成长和发展，将育人理念贯穿于日常工作的各个环节。全程育人是指从学生入学到毕业的整个过程，都要进行持续的、连贯的教育和引导，关注学生在不同阶段的身心发展特点和需求，为学生提供全方位的支持和帮助。全方位育人则涵盖了学生学习、生活的各个方面，包括课堂教学、课外活动、社会实践、校园文化等多个领域，通过多种途径和方式，促进学生的全面发展。

2. "五育并举"理念内涵

"五育并举"即德育、智育、体育、美育、劳动教育协同发展。德育是培养学生正确的世界观、人生观、价值观，引导学生树立良好的道德品质和行为准则；智育是传授知识和技能，培养学生的认知能力和学习能力；体育是增强学生的体质，培养学生的体育精神和健康意识；美育是培养学生的审美能力和艺术修养，提高学生的文化素养和审美情趣；劳动教育是培养学生热爱劳动、尊重劳动的意识，提高学生的劳动技能和实践能力。"五育并举"强调各育之间的相互联系、相互促进，共同构成学生全面发展的教育体系。

3. "三全育人、五育并举"理念对大学生心理健康教育的意义

"三全育人、五育并举"理念为大学生心理健康教育提供了新的视角和思路。它强调教育的整体性和系统性，将心理健康教育融入学校教育的各个方面，使心理健康教育不再局限于单一的课程或辅导，而是贯穿于学生成长的全过程，涉及学校的各个部门和全体教职员工。这种理念有助于营造良好的育人环境，促进学生的全面发展，提高心理健康教育的实效性和针对性。同时，"五育并举"中的各育都与心理健康密切相关。德育可以培养学生积极向上的价值观和心态，智育可以提高学生的认知能力和应对问题的能力，体育可以增强学生的身体素质和心理韧性，美育可以培养学生的审美情趣和情感表达能力，劳动教育可以让学生在实践中体验成就感和责任感，从而促进学生的心理健康发展。

（二）"三全育人、五育并举"理念下大学生心理健康教育的目标与原则

1. 教育目标

促进学生全面发展：将心理健康教育与"五育"有机结合，培养学生良好的心理素质和健全人格，使学生在德、智、体、美、劳等方面得到全面发展，提高学生的综合素质和适应社会的能力。

提升学生心理调适能力：帮助学生掌握有效的心理调适方法和技巧，提高学生应对各种压力和挑战的能力，使学生能够在面对学习、生活中的困难和挫折时保持积极乐观的心态，增强心理韧性。

构建和谐校园心理环境：通过"三全育人"理念的实施，营造良好的校园心理氛围，促进师生之间、学生之间的良好沟通和互动，减少校园心理问题的发生，构建和谐稳定的校园环境。

2. 教育原则

全员参与原则：全体教职员工都要树立育人的意识，将心理健康教育融入自己的工作中，形成全员育人的良好氛围。无论是教师在课堂教学中，还是行政人员在管理服务中，抑或是后勤人员在后勤保障中，都要关注学生的心理健康，为学生提供必要的心理支持和帮助。

全程关注原则：从学生入学到毕业的整个过程，都要持续关注学生的心理健康状况，根据学生不同阶段的特点和需求，提供有针对性的心理健康教育服务。例如，在新生入学阶段，重点帮助学生适应新环境；在学习压力较大的阶段，提供应对压力的指导；在毕业就业阶段，提供职业心理辅导等。

全方位渗透原则：将心理健康教育渗透到学校教育教学的各个方面，包括课程教学、课外活动、社会实践、校园文化建设等。通过多样化的途径和方式，将心理健康教育融入学生的日常生活，让学生在潜移默化中受到心理健康教育的影响。

协同育人原则：加强学校、家庭、社会的协同合作，形成育人合力。学校要发挥主导作用，加强与家庭、社会的沟通与合作，共同关注学生的心理健康，为学生创造良好的成长环境。

（三）"三全育人、五育并举"理念融入大学生心理健康教育的实践路径

1. 全员育人视角下的心理健康教育实施

（1）教师队伍的心理健康教育能力建设

开展心理健康教育培训：定期组织教师参加心理健康教育培训，提高教师对学生心理健康问题的识别能力和辅导能力。培训内容可以包括心理健康基础知识、常见心理问题的表现与应对、心理咨询技巧等。

鼓励教师将心理健康教育融入学科教学：引导教师在学科教学中渗透心理健康教育，挖掘学科教学中的心理健康教育资源。例如，在语文教学中，可以通过文学作品的赏析，培养学生的审美情趣和情感表达能力；在体育教学中，可以通过团队运动项目，培养学生的合作意识和竞争精神。

（2）行政与后勤人员的心理健康教育支持作用

提高行政人员的心理健康教育服务意识：行政人员要树立以学生为中心的服务理念，关注学生的需求和感受，在管理工作中体现人文关怀。例如，在学生事务管理中，要耐心解答学生的问题，及时处理学生的诉求，为学生提供便捷高效的服务。

加强后勤人员与学生的沟通与互动：后勤人员要与学生建立良好的沟通渠道，关心学生的生活情况，及时了解学生的心理需求。例如，宿舍管理人员要关注学生的宿舍生活，及时发现在宿舍中存在的问题，并给予学生帮助和支持。

2. 全程育人视角下的心理健康教育实施

（1）入学阶段的心理健康教育

开展入学适应教育：通过举办入学适应讲座、团体辅导等活动，帮助新生了解大学生活的特点和要求，尽快适应新的学习和生活环境。同时，关注新生的心理状态，及时发现和解决新生在入学过程中可能出现的心理问题。

建立新生心理健康档案：对新生进行全面的心理健康测评，建立心理健康档案，为后续的心理健康教育工作提供依据。通过对心理健康档案的分析，了解新生的心理健康状况和特点，为个性化心理健康教育提供参考。

（2）学习阶段的心理健康教育

结合课程教学开展心理健康教育：在各学科教学中渗透心理健康教育，根据不同学科的特点和学生的需求，设计相应的心理健康教育内容和活动。例如，在思想政治理论课中，可以结合道德、法律等内容，培养学生的社会责任感和法治

意识；在专业课程教学中，可以引导学生树立正确的学习态度和职业理想。

开展心理健康专题讲座和培训：根据学生在不同学习阶段的需求，定期举办心理健康专题讲座和培训，如压力应对、情绪管理、人际交往等方面的讲座，帮助学生掌握应对学习和生活压力的方法和技巧。

加强心理健康辅导与咨询：建立心理健康辅导与咨询服务平台，为学生提供及时、有效的心理辅导和咨询服务。学生可以通过线上或线下的方式，向专业的心理咨询师寻求帮助，解决自己在学习和生活中遇到的心理问题。

（3）毕业阶段的心理健康教育

开展就业心理辅导：针对毕业生面临的就业压力和职业选择问题，开展就业心理辅导。通过举办就业指导讲座、模拟面试等活动，帮助毕业生了解就业市场的需求和趋势，掌握求职技巧和职业规划方法，提高毕业生的就业竞争力和心理适应能力。

进行职业心理调适指导：帮助毕业生树立正确的职业观和价值观，引导毕业生正确对待就业过程中的挫折和失败，调整就业心态，保持积极乐观的态度。

3. 全方位育人视角下的心理健康教育实施

（1）课堂教学中的心理健康教育渗透

优化课程设置：在课程体系中增加心理健康教育相关课程，如心理健康教育必修课、选修课等，确保学生能够系统地学习心理健康知识。同时，优化课程内容，将心理健康教育与各学科知识有机结合，提高课程的针对性和实效性。

创新教学方法：采用多样化的教学方法，如案例教学、小组讨论、角色扮演等，激发学生的学习兴趣和参与度。通过生动有趣的教学方式，让学生更好地理解和掌握心理健康知识，提高学生的心理调适能力。

（2）课外活动中的心理健康教育开展

组织丰富多彩的文体活动：举办各类文体活动，如运动会、文艺晚会、社团活动等，丰富学生的课余生活，缓解学生的学习压力。同时，在活动中培养学生的团队合作精神、竞争意识和创新能力，促进学生的心理健康发展。

开展社会实践活动：组织学生参加社会实践活动，如志愿服务、社会调研、实习等，让学生在实践中锻炼自己的能力，增强社会责任感和使命感。社会实践活动还可以帮助学生拓宽视野，了解社会现实，提高学生的心理适应能力和社会交往能力。

（3）校园文化建设中的心理健康教育融入

营造积极向上的校园文化氛围：通过校园广播、宣传栏、校园网站等多种渠道，传播心理健康知识和理念，营造积极向上、健康和谐的校园文化氛围。例如，定期发布心理健康小贴士，举办心理健康文化节等活动，提高学生对心理健康的关注度。

打造特色校园文化品牌：结合学校的办学特色和学生的需求，打造具有特色的校园文化品牌，如心理健康主题雕塑、心理健康文化长廊等，让学生在校园环境中感受到心理健康教育的氛围，不知不觉地受到影响。

4. "五育并举"理念下各育与心理健康教育的融合实践

（1）德育与心理健康教育的融合

培养学生正确的价值观和道德品质：通过思想政治理论课、主题班会、社会实践等活动，引导学生树立正确的世界观、人生观、价值观，培养学生的社会责任感和道德意识。良好的道德品质和价值观有助于学生形成积极向上的心态，提高心理调适能力。

开展品德教育与心理辅导相结合的活动：将品德教育与心理辅导有机结合，通过案例分析、角色扮演等方式，引导学生正确处理人际关系，培养学生的良好品德和心理素质。例如，在处理学生之间的矛盾冲突时，不仅要引导学生认识错误、承担责任，还要关注学生的情绪状态，帮助学生正确表达自己的情感和需求。

（2）智育与心理健康教育的融合

提高学生的学习能力和认知水平：通过优化教学方法、改进教学内容等方式，提高学生的学习能力和认知水平，帮助学生更好地掌握知识和技能。良好的学习能力和认知水平可以增强学生的自信心和成就感，促进学生的心理健康发展。

培养学生的学习兴趣和学习动力：关注学生的学习兴趣和学习动力，采用多样化的教学手段和评价方式，激发学生的学习积极性。例如，开展探究式学习、项目式学习等活动，让学生在自主学习和实践探索中体验学习的乐趣，提高学习动力。

（3）体育与心理健康教育的融合

增强学生的体质和心理韧性：通过体育课程、课外体育活动等方式，增强学生的体质，提高学生的身体素质和运动能力。体育锻炼还可以释放压力、调节情绪，培养学生的心理韧性和意志品质。

开展体育竞赛与团队建设活动：组织体育竞赛和团队建设活动，培养学生的团队合作精神和竞争意识。在体育竞赛中，学生可以学会面对失败和挫折，提高心理调适能力；在团队建设活动中，学生可以增强人际交往能力和沟通能力，促进心理健康。

（4）美育与心理健康教育的融合

培养学生的审美情趣和情感表达能力：通过音乐、美术、舞蹈等艺术课程和活动，培养学生的审美情趣和艺术修养，提高学生的情感表达能力。美育可以让学生在欣赏和创造美的过程中，感受生活的美好，缓解心理压力，促进心理健康发展。

开展艺术治疗与心理辅导活动：将艺术治疗与心理辅导相结合，通过绘画、音乐、舞蹈等艺术形式，帮助学生表达内心的情感和想法，释放心理压力。艺术治疗可以为学生提供一种非语言的沟通和表达方式，尤其适用于那些不善于用语言表达自己情感的学生。

（5）劳动教育与心理健康教育的融合

培养学生的劳动意识和劳动技能：通过劳动教育课程、实践活动等方式，培养学生的劳动意识和劳动技能，让学生体验劳动的乐趣和价值。劳动教育可以让学生在实践中学会承担责任、尊重劳动成果，提高学生的自我效能感和自信心。

开展劳动体验与心理成长活动：组织学生参加各种劳动体验活动，如农田劳动、社区服务等，让学生在劳动中锻炼自己的意志品质，培养学生的责任感和奉献精神。劳动体验活动还可以帮助学生学会面对困难和挑战，提高心理调适能力。

（四）"三全育人、五育并举"理念下大学生心理健康教育面临的挑战与应对策略

1. 面临的挑战

观念转变的挑战：部分教育工作者和学生对"三全育人、五育并举"理念以及心理健康教育的重要性认识不足，仍然存在重智育轻德育、忽视心理健康教育的观念。这种观念的转变需要一个过程，需要加强宣传和教育，提高全体人员的认识。

协同育人的挑战：实现"三全育人、五育并举"需要学校、家庭、社会的密切配合和协同合作。然而，在实际工作中，学校、家庭、社会之间的沟通和协作还存在一些问题，如信息沟通不畅、职责分工不明确等，影响了心理健康教育的整体效果。

专业师资短缺的挑战：将"三全育人、五育并举"理念融入心理健康教育，

对教师的综合素质和专业能力提出了更高的要求。目前，既具备心理健康教育专业知识，又熟悉"五育"内容的高校教师相对短缺，难以满足心理健康教育创新发展的需求。

评价体系不完善的挑战：现有的心理健康教育评价体系主要侧重于学生的心理测评结果和心理咨询效果，缺乏对"三全育人、五育并举"理念下心理健康教育全过程、全方位的评价。需要建立科学合理、全面系统的评价体系，以准确评估心理健康教育的质量和效果。

2. 应对策略

加强宣传教育：通过举办专题讲座、培训、宣传活动等方式，加强对"三全育人、五育并举"理念和心理健康教育重要性的宣传和教育，提高全体教育工作者和学生的认识。同时，树立先进典型，发挥示范引领作用，营造良好的教育氛围。

完善协同育人机制：建立健全学校、家庭、社会协同育人的沟通协调机制，明确各方的职责和分工，加强信息交流和资源共享。例如，学校可以定期组织家长会、家访等活动，加强与家长的沟通与合作；与社会各界建立合作关系，为学生提供更多的实践机会和社会支持。

加强师资队伍建设：通过引进、培养等方式，加强心理健康教育师资队伍建设。一方面，引进具有心理学专业背景和丰富实践经验的人才，充实心理健康教育教师队伍；另一方面，加强对现有教师的培训和专业发展支持，提高教师的心理健康教育专业水平和"五育"融合能力。

构建科学合理的评价体系：建立涵盖"三全育人、五育并举"理念下心理健康教育全过程、全方位的评价体系。评价指标应包括学生的学习成绩、思想道德品质、身体素质、审美情趣、劳动技能等多个方面，以及心理健康教育工作的实施过程和效果。同时，采用多元化的评价方法，如学生自评、互评、教师评价、家长评价等，确保评价结果的客观、公正。

"三全育人、五育并举"理念为大学生心理健康教育带来了新的机遇和发展空间。通过将这一理念融入心理健康教育的各个环节，我们可以构建更加全面、系统、有效的大学生心理健康教育体系，促进学生的全面发展和健康成长。同时，我们也要清醒地认识到面临的挑战，采取有效的应对策略，不断推动大学生心理健康教育的创新发展。

五、创新驱动的心理健康教育模式

（一）创新驱动的心理健康教育模式的内涵与特点

1. 内涵

创新驱动的心理健康教育模式是一种以创新为核心理念和方法的心理健康教育实践方式。它强调教育者应积极主动地探索和应用新的教育理念、方法和技术，打破传统心理健康教育的局限，以更全面、深入和有效的方式促进学生的心理健康发展。这种模式注重从多个维度进行创新，包括教育内容、教学方法、技术支持、服务模式等，旨在满足当代大学生日益多样化和复杂化的心理健康需求。

在当今快速变化的社会环境中，大学生面临着诸多新的挑战和压力，如信息爆炸、就业竞争、人际关系的虚拟化等，这些都对他们的心理健康产生了深远的影响。传统的心理健康教育模式在应对这些新问题时往往显得力不从心，因此需要引入创新的元素和方法，以适应新时代的要求。

2. 特点

（1）跨学科融合

创新驱动的心理健康教育模式突破了单一学科的界限，将心理学、教育学、神经科学、信息技术等多学科的知识和技术进行整合，形成综合的心理健康教育方案。这种跨学科的融合使教育者能够从多个角度深入理解学生的心理发展机制和需求，从而设计出更具针对性和实效性的教育项目。

例如，结合神经科学的研究成果，开发基于脑科学的学习和心理干预项目。神经科学研究揭示了大脑在学习过程中的神经可塑性以及不同认知功能的神经基础，这为优化教学方法和心理辅导技术提供了生物学依据。通过将这些研究成果应用于教育实践，可以帮助学生提高学习效率和心理调适能力。

（2）技术应用

该模式充分利用现代信息技术的优势，如大数据分析、AI、VR 等，创新心理健康教育的方式和手段。在大数据时代，学生的行为数据、学业成绩、社交信息等海量数据为心理健康教育提供了丰富的信息资源。通过大数据分析技术，可以对这些数据进行挖掘和分析，构建心理健康的预警模型，及时发现潜在的心理问题并进行干预。

AI 技术在心理健康教育中的应用也日益广泛。例如，智能心理评估工具能够快速、准确地对学生的心理状态进行评估，并提供个性化的反馈和建议。VR 技术则为心理治疗和干预提供了沉浸式的体验环境，使学生能够在模拟的情境中面对和解决心理问题，增强干预的效果。

（3）个性化定制

认识到每个学生的心理特点和发展需求的差异性，创新驱动的心理健康教育模式倡导为学生提供个性化的心理健康教育计划。通过心理测评、访谈等方式，深入了解学生的兴趣爱好、性格特点、学习目标以及潜在的心理问题，从而为每个学生量身定制适合的心理健康课程、活动和咨询服务。

这种个性化的教育方式能够更好地满足学生的个体需求，提高他们对心理健康教育的参与度和接受度。例如，对于具有艺术天赋的学生，可以推荐他们参加艺术治疗相关的活动；对于科技爱好者，可以提供基于信息技术的心理健康学习资源和工具。

（4）预防为主

创新驱动的心理健康教育模式将重点从事后干预转向事前预防，强调通过开展心理健康知识普及、心理素质训练等活动，增强学生的心理韧性和应对能力，预防心理问题的发生。预防为主的理念认为，培养学生的积极心理品质和健康的生活方式，能够从根本上提高他们的心理健康水平，减少心理障碍和心理危机的出现。

例如，学校可以定期举办心理健康讲座、工作坊，向学生传授情绪管理、压力应对、人际关系处理等方面的知识和技能；开展户外拓展训练、团队合作活动等，增强学生的心理承受能力和适应能力。通过这些预防性的措施，营造一个积极、健康、支持性的校园心理环境。

（二）具体创新模式与实践案例

1. 跨学科融合模式

（1）理论基础与实践意义

跨学科融合模式是创新驱动心理健康教育的重要实践方式之一，它基于这样的认识：学生的心理健康问题往往不是单一因素造成的，而是多种因素相互作用的结果。因此，单一学科的理论和方法难以全面地解释和解决这些问题，需要整合多学科的知识和技术，形成综合的教育干预策略。

在实践中，跨学科融合模式能够为学生提供更全面、深入的心理健康教育服务。例如，心理学提供了关于心理问题的诊断、评估和干预的理论与方法；教育学关注教学过程、学习环境对学生心理发展的影响；神经科学揭示了大脑的结构和功能与心理活动的关系；信息技术则为心理健康教育提供了新的工具和平台。通过将这些学科的理论与方法相结合，可以设计出更具针对性和实效性的心理健康教育项目。

（2）实践案例

整合心理学、教育学和神经科学的理论与技术，开展基于跨学科融合的心理健康教育项目，可以提高学生的心理调适能力和学习效率。具体实施步骤如下：

首先，心理学专业教师负责对学生进行心理健康状况的全面评估，包括焦虑、抑郁、压力水平等方面的测评，以确定学生的心理需求和潜在问题。同时，运用心理访谈技术深入了解学生的个人经历、家庭背景、社交关系等因素，为后续的干预提供依据。

其次，教育学专家根据学生的心理特点和学习需求，设计个性化的学习计划和教学方法。例如，对于那些学习动机不足的学生，采用激励教学法，通过设定明确的学习目标、提供及时的反馈和奖励，激发学生的学习兴趣和内在动力。同时，优化课堂教学环境，营造积极互动的学习氛围，促进学生的参与和合作。

最后，神经科学的研究成果被应用于指导学生的学习策略和生活方式。例如，根据大脑的节律和认知特点，为学生提供科学的学习时间管理建议，如采用番茄工作法提高学习效率；介绍大脑营养和睡眠对心理健康的重要作用，引导学生养成健康的饮食和作息习惯。

通过这一跨学科融合的心理健康教育项目，学生在心理健康水平、学习效率和生活质量等方面均取得了显著的改善。结果显示，参与项目的学生焦虑、抑郁水平明显降低，学习动力和成绩有所提升，且对校园生活的满意度也大幅提高。

2.技术应用模式

（1）技术在心理健康教育中的优势

首先，技术的应用能够提高心理健康教育的效率和覆盖面。例如，通过网络平台和移动应用，学生可以随时随地获取心理健康知识和咨询服务，不受时间和空间的限制。

其次，技术能够提供更加客观、准确的心理评估和数据分析。例如，大数据分析技术可以对学生的大量行为数据进行挖掘和分析，发现潜在的心理问题和风险因素，为早期干预提供依据。

最后，技术还能够为学生提供沉浸式的学习和干预体验，增强心理健康教育的趣味性和吸引力。

（2）实践案例

利用大数据分析技术构建学生心理健康的预警与干预系统。学校通过校园网络平台、智能设备等渠道收集学生的行为数据，包括学生的上网记录、作业完成情况、考勤信息、社交互动等多维度数据。然后，运用机器学习算法对这些数据进行分析和建模，识别出与心理健康问题相关的特征和模式。例如，通过分析学生的上网时间、访问的网站类型等数据，发现存在网络成瘾倾向的学生；通过考勤数据和作业完成情况，筛选出面临适应问题的学生。

一旦系统发出预警，学校的心理健康教师会及时介入，对这些学生进行进一步的评估和干预。例如，对于被识别出有焦虑症状的学生，教师会安排一对一的心理咨询，了解其焦虑的具体原因，并提供相应的心理疏导和应对策略。同时，系统还会根据学生的具体情况，推荐适合的心理健康教育课程、活动或自我帮助资源，帮助学生自主调节心理状态。

通过这一技术应用模式，学校能够实现对学生心理健康的实时监测和精准干预，有效预防和减少心理问题的发生。实践结果显示，该系统的应用使学校的心理健康问题发生率显著降低，学生的心理健康意识和自我管理能力明显提高。

3. 个性化定制模式

（1）个性化心理健康教育的必要性

大学生在心理特点、兴趣爱好、学习风格、发展目标等方面存在显著的个体差异，传统的"一刀切"的心理健康教育模式难以满足所有学生的需求。因此，个性化定制模式成为创新驱动心理健康教育的重要发展方向。这种模式强调以学生为中心，根据每个学生的独特需求和特点，为其量身定制心理健康教育计划，从而提高教育的针对性和实效性。

个性化定制模式能够充分尊重学生的个体差异，激发学生的学习兴趣和内在动力。当学生感受到心理健康教育是为其量身定制的，他们更有可能积极地参与其中，主动探索和解决自己的心理问题。此外，个性化教育计划还能够根据学生的不同发展阶段和需求变化，及时调整教育内容和方法，保持教育的适应性和灵活性。

（2）实践案例

为每位新生建立心理健康档案，通过心理测评、面试等方式全面了解学生的性格特点、兴趣爱好、学习目标以及潜在的心理问题。在此基础上，为每个学生制订个性化的心理健康教育计划。

对于喜欢运动的学生，学校推荐他们加入相关的体育社团，并安排体育心理学专家进行指导，帮助他们在运动中释放压力、增强自信。对于擅长艺术的学生，提供艺术治疗课程和活动，如绘画、音乐、舞蹈等，让学生通过艺术创作表达情感、缓解心理压力。对于科技爱好者，学校开设心理健康与科技融合的课程，如利用 VR 技术进行心理训练、开发心理健康相关的手机应用等，激发学生的学习兴趣和创新思维。

此外，学校还为学生提供个性化的咨询服务，学生可以根据自己的需求预约心理教师或专业咨询师进行一对一的交流。咨询师会根据学生的具体情况，运用不同的心理治疗方法，如 CBT、人本主义疗法等，帮助学生解决实际的心理问题。

通过这种个性化定制的心理健康教育模式，学生的学习积极性和心理健康水平得到了显著提升。实践结果显示，学生的心理健康问题发生率明显降低，他们在面对学习和生活中的压力时表现出更强的应对能力和心理韧性。

4. 预防为主模式

（1）预防为主的理念与实践

预防为主模式是创新驱动心理健康教育的另一个重要特点，它强调将心理健康教育的重点从事后干预转向事前预防。这一模式基于这样的理念：通过早期的教育和干预，培养学生的积极心理品质和健康的生活方式，可以从根本上提高他们的心理健康水平，减少心理问题的发生概率。

预防为主模式注重营造积极、健康、支持性的校园心理环境，为学生提供全方位的心理支持和发展机会。通过开展心理健康知识普及、心理素质训练、团队合作活动等预防性的教育项目，帮助学生增强心理韧性和应对能力，使其在面向未来的挑战和压力时能够更好地适应和成长。

（2）实践案例

某高校实施了一系列预防为主的心理健康教育措施。一是将心理健康教育纳入必修课程体系，确保每位学生都能接受系统的心理健康知识教育。课程内容涵盖情绪管理、压力应对、人际关系、自我认知等方面，采用互动式教学方法，如案例分析、小组讨论、角色扮演等，提高学生的参与度和学习效果。

二是定期举办心理健康主题的校园活动，如心理健康月、心理知识竞赛、心理健康讲座等。这些活动旨在普及心理健康知识，提高学生的心理健康意识，同时为学生提供一个展示自我、交流互动的平台，增强他们的归属感和集体荣誉感。

三是注重营造支持性的校园环境，通过优化校园物理环境、加强师生关系建设、促进同学间的互助合作等方式，为学生的心理健康提供良好的外部条件。例如，建设美丽的校园景观、提供舒适的学习和生活设施、开展教师心理健康培训以提高教师对学生心理健康的关注和支持能力等。

通过这些预防为主的心理健康教育措施，营造积极、健康、和谐的校园心理氛围。学生的心理健康状况得到了显著改善，心理问题的发生率明显降低，他们在学习和生活中表现出更高的满意度和幸福感。

5. 面向大学生生命教育的园艺疗法

园艺疗法为提升大学生心理健康提供了一种安全、可持续的途径。通过园艺活动，学生得以接触自然、照料植物，从学业压力中解脱，从而缓解焦虑、减轻心理负担。这种疗法不仅关注个体心理健康，还着眼于塑造健康、可持续的生活方式，助力学生应对未来挑战。园艺活动的多样性使其具有包容性，无论年龄、性别或身体条件如何，学生都能找到适合自己的方式，在大学校园内轻松融入园艺生活。在园艺活动过程中，学生观察植物生长、参与栽培活动、体验园艺创作，全方位接触自然之美。同时，园艺疗法注重实践，让学生在亲身体验中获得心理滋养。通过布置个人盆栽角、参与校园公共绿地维护等方式，增强学生对校园环境的关注与归属感。园艺活动的多样性满足了学生的个性化需求，如创意花园设计、园艺疗法工作坊等选修课，促进了学生的社交互动和团队合作。它还提供了一个释放压力、表达情感的出口，有助于培养耐心、细致和责任感等积极品质。此外，园艺疗法强调人与自然和谐共生，通过可持续的种植方法和自然资源的循环利用，引导学生树立环保意识和可持续发展观念。总之，园艺疗法全面促进学生心理健康，培养可持续的生活方式和价值观，为学生的全面发展奠定基础。

基于此，近几年以园艺疗法为基石的大学生生命教育模式在高校中得到广泛应用。这一模式依托环境心理学中的注意力恢复理论、压力恢复理论以及具身认知理论，借助植物培育、五官体验等实践手段，并融合表达性艺术治疗与积极心理学元素，缔造出"生命·生态·生活"三分融合的教育框架。该模式下，大学生生命教育的园艺疗法涵盖课程教学、团体辅导、心理沙龙以及园艺健心活动等多元形式，可有效提升学生的心理健康程度，优化个体的积极情绪与生命意义感，在认知、情绪、行为和环境维度上催生了心理效益。同时，该模式也能有效推动校园文化的革新，学生借助园艺作品装点环境，进而强化"爱己·爱校·爱国"的意识。

（三）创新模式的推广与展望

1. 推广策略

（1）加强宣传与培训

通过举办各类专业培训工作坊、学术研讨会、经验交流会等活动，向教育工作者介绍创新模式的内涵、特点和实施方法，提高他们对创新模式的认识和理解。同时，邀请已成功应用创新模式的专家和实践者分享经验和案例，为其他教育工作者提供借鉴和指导。

此外，利用多种媒体渠道，如教育杂志、专业网站、社交媒体等，广泛宣传创新驱动心理健康教育模式的优势和成果，吸引更多教育机构和教育者的关注和参与。通过这些宣传与培训措施，逐步提高整个教育领域对创新心理健康教育模式的接受度和应用能力。

（2）建立评估与反馈机制

高校应制定明确的评估指标和方法，对创新模式的实施效果进行定期评估。评估内容包括学生的心理健康状况改善情况、教育工作者的满意度、模式的实施难度和成本效益等方面。

通过收集和分析评估数据，及时总结经验教训，发现创新模式在实施过程中存在的问题和不足之处。然后，根据反馈信息对创新模式进行优化和调整，不断完善其理论和实践框架。这种持续改进的过程有助于提高创新模式的质量和适应性，确保其在不同教育环境中的有效实施。

（3）政策支持与资源保障

政府和教育管理部门应出台相关政策，鼓励和支持教育机构开展创新驱动的心理健康教育模式。例如，设立专项基金，为学校实施创新模式提供经费支持；制定优惠政策，鼓励企业和社会组织参与心理健康教育资源的开发和应用；加强政策引导，推动心理健康教育创新模式的规范化和标准化发展。

同时，学校自身也应加大对心理健康教育的投入，优化资源配置，为创新模式的实施提供必要的硬件设施、软件平台和人力资源。例如，建设现代化的心理健康教育中心，配备先进的信息技术设备和专业的心理健康教师团队；开发和引进高质量的心理健康教育课程资源和工具等。

2. 未来展望

（1）技术融合与创新

随着科技的不断进步，未来心理健康教育将见证更多技术的融合与创新。AI

和 VR 技术的进一步发展将为心理健康教育带来更加丰富和沉浸式的体验。例如，开发更加智能的心理健康聊天机器人，能够模拟真实的人际互动，为学生提供情感支持和心理辅导；利用 VR 技术创建更加逼真的心理训练场景，帮助学生在模拟环境中锻炼社交技能、应对压力和克服心理障碍。

此外，脑科学与信息技术的结合也将为心理健康教育开辟新的途径。通过对大脑活动的实时监测和分析，教育者可以更深入地了解学生的学习状态和心理需求，从而实现更加精准的教学和干预。例如，利用脑电图（EEG）技术监测学生在学习过程中的注意力和情绪变化，根据数据反馈及时调整教学策略，提高教学效果。

（2）跨学科研究的深化

未来，心理健康教育领域的跨学科研究将不断深化，涉及心理学、教育学、神经科学、社会学、医学等多个学科。这种跨学科的研究将不仅停留在理论层面的整合，还将更加注重实践中的协同创新。例如，开展跨学科的联合研究项目，共同探索心理健康教育中的复杂问题，如学生心理健康与学业成绩的关系、社会支持系统对学生心理韧性的影响等。

（3）全球化与文化适应性

在全球化的背景下，心理健康教育也将呈现出国际化和文化适应性的趋势。不同国家和地区的教育机构将加强国际合作与交流，共享心理健康教育资源和经验，共同应对全球性的心理健康挑战。例如，开展国际合作研究项目、举办国际学术会议、互派留学生和访问学者等，促进心理健康教育领域的国际化发展。

同时，考虑到不同文化背景下学生的心理特点和需求差异，心理健康教育模式将更加注重文化适应性。教育者将结合当地的文化价值观、社会规范和教育传统，对创新模式进行本土化调整和优化，使其更符合当地学生的实际情况和文化背景。这将有助于提高心理健康教育在全球范围内的普适性和有效性。

总之，创新驱动的心理健康教育模式为当代大学生心理健康教育提供了新的思路和方法。通过跨学科融合、技术应用、个性化定制和预防为主等创新策略，能够更有效地满足学生的心理健康需求，促进他们的全面发展和成长。在未来的发展中，随着科技的进步和社会的变化，心理健康教育模式将不断创新和完善，为培养具有健康心理素质的新时代人才发挥更为重要的作用。

第六章　基于数字化与信息化的新型心理健康教育路径

一、信息化时代对大学生心理健康教育的挑战与机遇

（一）信息爆炸与心理负荷

信息化时代，学生每天接触大量的信息，这无疑加重了他们的心理负荷。面对如此繁杂的信息，学生往往容易陷入焦虑和迷茫。例如，社交媒体上的各种动态可能让他们产生不必要的比较心理，进而引发焦虑和抑郁情绪。此外，虚假信息和网络谣言的泛滥，也可能对学生的心理造成负面影响。他们可能会因为相信了一些不实信息而产生恐惧、不安等情绪，影响其正常的学习和生活。信息的过载使学生在筛选和处理信息时感到力不从心，长期处于这种状态可能导致心理疲劳和压力积累，进而影响到他们的心理健康和生活质量。其中最为显著的就是错失恐惧症（Fear of Missing Out，FOMO）的广泛出现。学生们害怕错过任何一条重要信息或热门话题，于是不断地刷新社交媒体、关注各种动态，生怕自己被时代所抛弃。这种持续的焦虑状态不仅干扰了他们的正常学习和生活节奏，还可能导致更严重的心理问题，如焦虑症、抑郁症等。

（二）网络社交与人际关系

网络社交平台改变了学生的人际交往方式，虽然它提供了更多认识新朋友和与他人交流的机会，但也带来了一些问题。一方面，网络社交可能削弱学生的面对面沟通能力，使他们在现实生活中感到不自在或缺乏社交技巧。另一方面，网络上的恶意评论、网络霸凌等现象时有发生，给受害者的心理带来极大的伤害。然而，网络社交也并非一无是处，它为一些性格内向或社交焦虑的学生提供了一个相对安全的交流空间，有助于他们逐步建立自信和改善人际关系。网络社交的虚拟性和匿名性使一些学生能够更自由地表达自己，拓展社交圈子，但也可能导致人际关系的表面化和虚拟化，影响学生对真实人际关系的感知和建立。

随着互联网技术的发展，虚拟社交平台如微信、微博、抖音等成为大学生社交的重要场所。越来越多的学生选择通过线上交流来维系人际关系，而减少了面对面的现实交往。这种虚拟社交的兴起在一定程度上改变了 Z 世代的社交模式，

他们逐渐习惯于通过屏幕与他人互动，却在现实生活中感到孤独和疏离。尽管他们在虚拟世界中拥有众多好友和关注者，但缺乏真实的肢体接触、眼神交流和情感共鸣，导致内心深处的孤独感不断加剧。这种孤独感和疏离现象不仅影响了大学生的心理健康，还可能进一步引发一系列社会问题，如社交焦虑障碍、回避型人格障碍等。

（三）数字化学习与注意力分散

在当今数字化的时代，网络信息呈爆炸式增长，数字化学习资源丰富多样，大学生每天接触到的信息量远远超过了以往任何时代，为学生提供了便利的学习条件。然而，社交媒体、新闻网站、短视频平台等众多渠道不断推送各种信息，学生们的注意力被频繁地分散，逐渐形成了注意力碎片化的现象。在学习过程中，学生可能会不断受到手机消息、社交媒体通知的干扰，难以集中精力深入学习。这种注意力的分散不仅影响了学习效果，还可能对学生的认知发展和思维能力产生不利影响，使他们更难以进行深度思考和系统学习。数字化学习环境中的多媒体刺激和信息碎片化，使学生的注意力难以长时间集中在单一任务上，可能导致认知能力的下降和学习效率的降低。

（四）数据伦理与隐私保护存在双刃剑效应

在信息化时代，数据的收集、存储和使用变得无处不在，学校通过各种数字化平台收集学生的学业成绩、行为表现、心理测评等数据，以期为教育教学提供科学依据。合理地收集和分析数据能够帮助教育者更好地了解学生，为他们提供个性化的教育服务。然而，学生的个人信息安全面临严峻挑战。一方面，在学校，一旦师生数据被泄露或滥用，将对师生的隐私和安全造成严重威胁。2023年，某高校曾发生校园数据泄露事件，存储有教职工信息、学生信息、缴费信息等超3000万条信息的数据库被黑客非法入侵，其中3万余条个人敏感信息被非法兜售，不仅暴露了数据管理中的漏洞，也引发了人们对数据伦理和隐私保护的深刻反思。另一方面，网络诈骗、个人信息泄露等事件频发，让学生在使用网络时产生不安全感和焦虑情绪。一旦个人信息被泄露，学生可能会遭受经济损失、名誉损害等多方面的困扰，这对他们的心理和生活都会造成严重的影响。网络环境中的隐私侵犯问题，如非法获取学生的学习记录、社交信息等，可能导致学生对网络使用产生恐惧和不信任，影响其正常的学习和社交活动。

（五）个性化教育与自我认知

数字化与信息化为个性化教育提供了更多可能性，但也对学生的自我认知能力提出了更高要求。学生需要在海量的教育资源中进行自主选择和学习规划，这要求他们对自己的兴趣、优势、目标等有清晰的认识。然而，许多学生在自我认知方面存在不足，难以有效利用数字化教育资源进行个性化学习，从而可能陷入盲目学习或学习动力不足的困境。个性化教育的实现需要学生具备较强的自我管理能力和目标导向意识，但在实际操作中，部分学生可能因缺乏明确的学习目标和自我认知，无法充分利用数字化教育资源，导致学习效果不佳和心理上的挫折感。

（六）在线教育与学习动力

在线教育的普及使学生的学习自主性得到增强，但同时也带来了学习动力维持的挑战。在缺乏面对面监督和互动的在线学习环境中，学生容易出现拖延、懈怠等现象。他们需要具备较强的自我管理能力和内在学习动力，才能保持持续有效的学习状态。然而，部分学生可能由于缺乏自律性或学习目标不明确，在在线学习中逐渐失去学习动力，影响学业成绩和心理健康。在线教育的灵活性和自由度虽然为学生提供了便利，但也增加了学习过程中的干扰因素，如家庭环境的干扰、网络连接问题等，这些都可能影响学生的学习积极性和持续性。

（七）数字化工具与心理健康监测

数字化工具的发展为心理健康监测提供了新的手段，但也存在一些局限性。虽然一些心理健康应用程序能够记录和分析用户的情绪、行为等数据，但其准确性和可靠性可能受到质疑。此外，过度依赖数字化工具进行心理健康监测，可能导致学生忽视自身对心理状态的主观感受和自我调节能力的培养。数字化工具在心理健康监测中的应用虽然能够提供客观的数据支持，但无法完全替代专业心理咨询师的判断和学生的自我觉察，过度依赖技术可能使学生对自身的心理状态产生误解或过度担忧。

（八）信息筛选与批判性思维

面对海量信息，学生需要具备良好的信息筛选和批判性思维能力，以辨别信息的真伪和价值。然而，许多学生在这些方面的能力尚待提高，容易被误导或陷入信息茧房，限制了他们的视野和思维发展。这种情况下，学生可能会因为接触到片面或错误的信息而形成不合理的认知和观念，进而影响其心理健康和行为决策。信息筛选和批判性思维能力的缺乏，可能导致学生在面对复杂问题时无法做出正确的判断和选择，增加其心理困惑和决策困难。

（九）数字化与信息化的机遇

尽管信息化时代带来了诸多挑战，但也为大学生心理健康教育提供了前所未有的机遇，为心理健康教育的创新与发展提供了广阔的空间。

数字化与信息化技术能够创新心理健康教育的模式和方法，如通过大数据分析实现精准的心理健康干预，利用 VR 技术开展沉浸式心理辅导等。同时，它还能拓展心理健康教育的渠道和范围，使心理健康教育资源更加丰富多样，突破时间和空间的限制，为学生提供随时随地的心理支持和服务。此外，数字化与信息化还有助于提高心理健康教育的效率和质量，通过智能化工具和平台实现心理健康教育的个性化、自动化和持续化，更好地满足学生的心理需求。数字化与信息化技术的应用，使心理健康教育能够更加精准地定位学生的心理问题，提供个性化的解决方案，提高教育的针对性和实效性。具体来讲，有以下几个方面：

1. 精准化教育——基于用户画像的个性化心理服务

数字化转型使教育者能够利用先进的数据分析技术，构建详细的用户画像，从而为大学生提供精准化的心理服务。比如，通过大数据系统整合学生的学习成绩、出勤记录、社交行为、心理测评等多维度数据，运用机器学习算法对学生的心理健康状况进行全面评估和预测。根据评估结果，系统能够为每位学生量身定制个性化的心理健康服务方案，包括推荐合适的心理课程、安排专业的心理咨询师、提供针对性的情绪管理训练等。这种精准化的教育模式不仅提高了心理健康教育的效率和质量，还能更好地满足学生的个性化需求，帮助他们及时解决心理问题，促进心理健康发展。

2. 时空拓展——7×24 小时心理健康支持网络

AI 助手正成为新兴的"心灵捕手"，在心理健康领域引发广泛关注。以 DeepSeek、ChatGPT 为代表的 AI 工具凭借"非评判性陪伴"和即时情绪支持，吸引大量用户进行深度情感交流。它们能够倾听用户的烦恼并给予建议，帮助他们缓解情绪。在小红书等社交平台搜索相关话题，如"和 AI 聊天哭了"，笔记数量超百万篇，更是证明了其社会影响。不少网友迷上了和 AI 聊天，如 DeepSeek 等

AI 助手因"暖心回复"出圈。在社交平台上，相关话题引发讨论，一些网友称 AI 拯救了其岌岌可危的精神世界，甚至将其视为好朋友、好老师以及拥有无限耐心和温柔的私人心理咨询师。有用户在深夜情绪低落时与 ChatGPT 交流，得到了安慰和有价值的建议，从而感到放松和释怀。大量研究显示，与 AI 语音聊天软件定期互动可降低参与者的孤独感和社交焦虑得分。在心理干预资源有限的情况下，尤其是夜间等时间段可以为学生提供即时的心理咨询和情感支持服务。当学生在夜深人静时感到孤独、焦虑或抑郁时，他们可以通过文字或语音与 AI 助手进行交流，获得初步的情绪疏导和建议。这种全天候的支持网络确保了学生在任何时间、任何地点都能获得及时的心理帮助，有效填补了传统心理健康教育在时间和空间上的空白，为学生的心理健康保驾护航。

AI 助手具有使用门槛低、回复效率高的特点，能快速响应用户需求，且不会对用户进行评判，让用户感到被理解和接纳。对于轻度焦虑、抑郁等问题，常能给予共情，帮助用户缓解情绪。尽管 AI 助手在心理健康领域有一定作用，但它终究无法完全取代专业心理咨询师，其回答主要是基于心理咨询的框架性知识，缺乏专业医生在访谈评估中所能捕捉到的个体化信息和多重线索（如微表情、肢体语言），如果使用者对 AI 助手产生过度依赖，可能掩盖真实心理问题。这也可能是一种类似网络依赖或游戏依赖的表现，需引起注意。另外，个体的自我情绪评估至关重要，当情绪问题严重影响生活质量、工作或学习、社交功能等，造成严重情绪危机时，应及时寻求专业心理干预，而不是单纯依赖 AI 助手。AI 与人类咨询师的关系应是"补充"而非"替代"，用户需保持自我觉察，合理使用技术工具。

3. 教育公平——远程资源覆盖边缘地区

数字化与信息化技术为实现教育公平提供了有力的支撑，使优质的心理健康教育资源能够跨越地理障碍，覆盖到偏远和边缘地区。在一些农村地区，如果能通过 VR 技术开展学生心理韧性训练项目等，可以弥补这些地区缺乏专业的心理健康教师和先进的教育设施的缺陷。借助 VR 设备，学生们能够沉浸式地参与到各种心理训练课程中，如情绪管理、压力应对、自我认知等。这种远程教育资源的覆盖，不仅提升了边缘地区大学生的心理健康水平，还促进了教育公平的实现，缩小了不同地区教育质量的差距。

二、大数据与人工智能在心理健康教育中的应用

（一）大数据在心理健康教育中的应用

　　大数据在心理健康教育中的应用主要体现在数据收集与整合、心理问题预警与干预以及教育决策支持等多模态数据融合分析方面。行为日志是其中重要的数据来源之一，包括校园卡消费轨迹等。通过收集学生的学业成绩、行为表现、社交数据、消费记录等多维度信息，大数据技术能够将这些分散的数据进行整合和关联，形成全面的学生心理健康画像。例如，分析学生的上课出勤率、作业完成情况以及图书馆借阅记录等数据，可以初步判断学生的学习投入度和生活规律，从而洞察其潜在的心理状态；一些看似简单的消费记录，实际上能够反映出学生的行为模式和生活习惯，比如一个学生在食堂的消费时间是否规律，是否频繁购买不健康食品，或者是否经常在深夜消费等，都可能与其心理状态相关联。广东工业大学开发的移动端心理健康服务 App，设计覆盖心理测评、在线预约、即时聊天咨询等功能模块，支持学生根据需求选择匿名文字咨询或视频咨询；设计心理求助行为旅程地图，从"意图使用服务"到"后续跟进"全程优化交互节点，例如简化预约步骤、提供 24 小时 AI 预咨询应答等，降低使用门槛；系统整合学生行为数据（如学业压力、社交活跃度），通过算法生成心理健康画像，为心理咨询师提供判断依据。

　　社交媒体语义也是不可忽视的数据维度。学生在社交媒体上的发文内容、评论以及互动情况，蕴含着丰富的情感和心理信息。通过对这些文本进行语义分析，可以捕捉到学生的情绪变化、压力水平以及潜在的心理困扰。例如，使用 NLP 技术对学生的微博、微信朋友圈等进行分析，识别其中的消极情绪表达、抑郁倾向词语等，从而及时发现可能存在的心理问题。

　　此外，生理指标数据的纳入进一步提升了分析的全面性和准确性。智能手环等可穿戴设备能够实时记录学生的心率、睡眠质量、运动步数等生理数据。这些数据能够从生物学角度反映学生的身体状态和心理压力水平。例如，长期的心率异常、睡眠不足或者运动量过少等，都可能暗示着学生面临较大的心理压力或存在某些心理问题。

（二）人工智能在心理健康教育中的应用

　　2025 年 4 月，习近平总书记在上海考察时发表重要讲话："人工智能是年轻

的事业，也是年轻人的事业。我们正在全面推进强国建设、民族复兴伟业，正是年轻一代展示才华、大显身手的好时候。"高校教育工作者应全面提升自身对人工智能的趋势感知力、技术理解力、实践创新力、伦理判断力。辅导员或心理健康教育师资队伍作为科研教学管理之外的"第四支队伍"是不可或缺的力量，是战略支撑力量，是全学段思政教育的主力军，是全场域服务学生成长的引路人，是全链条人才培养的助推者，应不断学习，加强研究，提升新质思政工作能力，为高质量实施新时代立德树人工程提供人才支撑。

人工智能在心理健康教育中的应用则侧重于智能评估与诊断、个性化辅导与干预以及心理健康教育自动化等方面。利用机器学习算法和NLP技术，人工智能可以对学生的心理测评文本、语音、表情等数据进行深入分析，实现心理问题的早期筛查和准确诊断。例如，通过分析学生在心理咨询对话中的语言模式和情感表达，人工智能辅助诊断系统能够为专业人员提供诊断参考，提高诊断的准确性和效率。

NLP技术在心理咨询领域的应用，为学生提供了便捷、即时的情绪支持和心理疏导服务。Woebot是一款基于NLP的情绪对话机器人，它能够模拟人类咨询师的方式与学生进行交流。当学生感到焦虑、抑郁或者遇到情感问题时，可以随时与Woebot进行文字或语音对话。机器人通过识别学生语言中的情绪线索，提供相应的安慰、鼓励和建议。这种智能辅助工具不仅能够在学生需要时及时给予帮助，还能在一定程度上缓解专业心理咨询师的工作压力，提高心理健康教育的效率和覆盖面。

运动手环通过分析传感器数据，可数据化显示用户的情绪健康状态，为用户提供可视化的情绪辅助。同时设备提供了减压服务，当用户感到情绪健康状态不佳时，可通过呼吸训练等舒缓减压的训练帮助调整状态。

（三）虚拟现实暴露疗法（VRET）在焦虑障碍干预中的实践

VRET作为一种新兴的心理治疗方法，在焦虑障碍干预中展现出了显著的效果。北京航空航天大学沙河校区于2019年正式启用虚拟现实心理实验室。该实验室主要由校积极心理体验中心专职教师团队建设，核心功能是为学生提供VR心理康复训练服务，通过高度仿真的虚拟场景帮助来访者安全地重现心理创伤情境，实现认知重构与情绪调节。与传统心理咨询技术相比，VR技术能够构建三维沉浸环境，使心理辅导突破语言描述的局限，显著提升场景还原的真实性与训练效果的可迁移性。实验室已开发多类应用场景，涵盖公开演讲压力管理、社交焦虑缓解及自然冥想辅助等模块，并集成实时生理监测功能，通过动态记录脉搏数据为干预策略提供客观依据。学生在安全、可控的虚拟环境中逐步面对和适应这些让他们感到恐惧和焦虑的场景，从而达到缓解社交恐惧、提升社交能力的目的。这种疗法不仅提高了治疗的针对性和有效性，还降低了传统暴露疗法可能带来的心理压力和风险。这不仅标志着 VR 技术在高校心理健康领域的创新实践，更为心理康复的数字化研究开辟了新路径。

心理健康教育的数字化转型不是简单的技术叠加，而是服务模式的系统性重构。当 VR 技术能让学生在安全环境中克服社交焦虑，当智能算法能及时推送缓解压力的正念课程，我们看到的不仅是技术的力量，更是教育工作者守护心灵健康的智慧。未来的发展方向，必定是让技术成为增强而非削弱人际联结的桥梁，使数字平台真正成为滋养心灵成长的沃土。

三、数字平台与虚拟心理咨询的创新实践

（一）在线心理辅导与支持

数字平台与虚拟心理咨询为学生提供了便捷、私密的心理辅导和支持服务。通过视频咨询、文字聊天、语音留言等多种形式，学生可以随时随地与专业心理咨询师进行交流，获得及时的心理帮助。尤其是对于那些因时间限制、地域限制或社交焦虑而不便进行面对面咨询的学生群体，他们能够在熟悉的环境中接受心理辅导。

《中国青年网民社会心态调查报告（2024）》显示，13.5% 的中国青年网民倾向通过 AI 虚拟人倾诉心事，比例显著超过选择父母亲人（10.4%）的群体。主要的原因是代际认知差异导致传统家庭支持系统难以满足青年的情感需求，而 AI 凭借无负担倾听、理性分析以及持续情绪价值供给成为新型情感出口。上海纽约大学研究团队开发中文版"一步步"抑郁干预应用程序，并在中国大学生群体中开展有效性实施随机对照试验，结果显示该程序能够有效减轻中国大学生的抑郁症状，并提升其心理幸福感。华南理工大学推出了全球首个模拟心理咨询师的数字孪生大语言模型 SoulChat2.0，该模型能模拟真实心理咨询师的语言风格和疗法技术，辅助心理咨询师开展工作，通过个性化建模技术模仿真实咨询师的语言

风格与专业技巧，结合数据合成与模型微调，显著提升 AI 在情感共情、认知支持等维度的表现。该模型不仅支持 24 小时在线咨询、前置信息收集等辅助功能，降低服务成本，还开源共享方法与数据集，推动心理健康领域的技术协作。尽管其高效性与创新性为智能心理咨询提供了新路径，但仍需直面伦理风险（如隐私保护与算法偏见）、技术局限（缺乏人类深层同理心）及行业监管空白等挑战，未来需在技术创新与人文关怀间寻求平衡，以实现心理健康服务的智能化与可持续发展。

（二）心理健康教育课程与资源

利用数字化手段丰富心理健康教育资源，学校可以以智慧教育平台为载体，汇集分类后的优秀心理健康教育课程和学习资源，如在线心理讲座、心理健康教育教学案例、心理健康知识科普文章、优质教学视频、精品教学素材、自我帮助工具等，扩充心理健康教育资源库。学生可以根据自己的需求和兴趣，自主选择学习内容，提升心理健康素养。同时，数字平台还可以通过智能推荐算法，根据学生的学习历史和心理测评结果，为其精准推送适合的心理健康教育资源，提高学习的针对性和效果。

重庆市合川云门中学通过数字化打造心理健康教育一体化协同管理平台，实现全方位协同。学校以智慧教育平台为载体，汇集优秀心理健康教育教学案例等资源，扩充心理健康教育资源库。同时，开发并实施"1+3"心育课程，借助 VR 等数字化工具，开创"虚拟数字空间"心理健康教学模式。浙江省儿童青少年心理健康与危机干预智能实验室依托浙江师范大学心理学院，将教育学、心理学与神经科学等研究成果应用于教育教学，形成国家级和省部级教学成果。实验室融合多学科开展交叉性应用基础研究，构建心理健康教育数字化平台"走心驿站"，实现学生心理健康状态自动化精准识别与个性化智能服务。

（三）VR 技术的应用

VR 技术在心理健康教育中的应用则更具创新性和沉浸感。通过创建虚拟的场景和情境，VR 技术能够为学生提供模拟的心理训练和干预体验。例如，在治疗社交焦虑症时，利用 VR 技术模拟社交场景，让学生逐步暴露于恐惧的社交场景，并在安全的虚拟环境中进行练习和适应，从而有效缓解社交焦虑症状。此外，VR 技术还可以用于开展心理健康教育的实践活动，如虚拟心理剧、虚拟团队协作游戏等，增强学生的参与度和学习体验。

广州华商学院心理健康教育与咨询中心组织学生体验 VR 助眠减压放松服务，包括放松疗愈、渐进式助眠和 VR+AI 心理评估等项目。学生通过佩戴 VR 眼镜沉浸式体验减压场景，缓解日常压力，同时生成个性化心理健康测评报告，帮助他们了解自身情绪状态。大连理工大学在凌水校区西山十舍内设立了自助心理训练中心，其中的 VR 心理训练区配备了心理脱敏训练仪等设备。学生在 VR 情境下进行提升社交能力、缓解考试焦虑、克服高空恐惧等训练，借助 VR 技术实现心理干预和训练。

第七章　大学生心理健康教育的校园文化营造与环境优化

一、构建积极向上的心理健康校园文化

（一）多元化主题活动营造文化氛围

1. 心理健康主题宣传月

自 2024 年起，将 5 月确定为"全国学生心理健康宣传教育月"，通过形式多样的宣传教育活动，营造良好社会氛围，提升师生、家长心理健康知识水平和素养。深圳中学构建的"全员心育"校园文化生态，将心理健康教育融入学校日常教育教学。学校每年举办心理健康教育周，其间开展的"星光同行·五育润心"系列活动，如航天精神分享会，让学生从航天人的事迹中汲取力量，学习他们面对困难时的坚韧不拔精神；艺术疗愈工作坊则为学生提供了表达自我、释放情绪的艺术平台，通过绘画、音乐等形式促进心理康复，提升心理韧性。此外，安徽某校结合非物质文化遗产，推出"心相印·传统美"剪纸活动，学生在剪纸过程中将艺术创作与心理舒缓结合，有效释放压力。

2. 心理健康知识竞赛心理情景剧大赛

心理健康知识竞赛集科普性与趣味性于一体，通过寓教于赛的形式，全面考查选手对心理发展规律、情绪管理、危机干预等心理健康知识的掌握与应用能力，有效普及了心理健康知识，强化了学生自助互助意识。心理情景剧大赛，让学生通过自编自演校园心理剧，为学生提供了一个展示自我、探索心理问题的平台，通过表演和创作，学生能够更好地理解自己和他人的心理状态，提高心理素质。

（二）全媒体矩阵传播心理健康理念

1. 新媒体与校园媒介联动

可以利用微信公众号和短视频平台推出"心理微课堂"，以生动有趣的形式，结合案例分析普及情绪管理技巧，将心理健康知识传播给更多学生，帮助他们掌握情绪管理的方法。或者通过校园广播开设"心灵之声"栏目，邀请心理咨询师为学生解答常见困扰，提供专业的心理指导和建议，帮助学生应对学习和生活中的各种问题。

2. 可视化宣传与互动体验

比如，在大学生心理健康教育中心设置"情绪涂鸦墙"和"解忧信箱"，为学生提供匿名留言与绘画表达情绪的平台，形成动态心理健康数据池，辅助精准干预。学生可以在涂鸦墙上随意涂鸦，释放内心的压力和情绪；解忧信箱则让学生能够匿名倾诉自己的烦恼，获得心理中心的及时回复和帮助。

二、物理环境对学生心理健康的影响与优化策略

（一）校园空间设计的心理效应研究

1. 自然景观与心理健康关联

"公园 20 分钟效应"源于一篇 2020 年发表的文献，该研究探索了 94 名来自三个城市公园的游客在访问公园前后的主观幸福感变化，使用主观幸福感量表（SWB）、自我满意度量表（SWLS）、积极消极情感量表（PANAS）作为测量工具。结果显示，游客的主观幸福感在到访公园后均显著提升，而 20.5 分钟的停留时长为最佳。人们逛公园达到 21.8 分钟以上，可以检测到人体皮质醇水平降低，能显著减少压力、增强心情和提升精神状态。

心理学领域有两大理论可以解释为什么自然环境对身心健康和认知功能有着积极的影响。压力恢复理论（Stress Recovery Theory, SRT）认为自然环境能够激活副交感神经系统，使得心率减缓、血压降低，让身体进入"放松模式"；同时减少皮质醇等压力激素的分泌，并提升血清素、内啡肽等正向激素水平。随着身体的放松，内心的紧张和焦虑情绪也缓解了。注意力恢复理论（Attention Restoration Theory, ART）提出长时间使用自主意识，会导致认知疲劳，而在自然环境中进行一些无须集中注意力的活动，可以帮助人们恢复精力，并提升专注力和记忆力。自然环境的积极作用已经在园艺疗法和自然环境疗法中得到广泛应用。

同样，研究表明，校园绿化率每提升 10%，学生焦虑水平可降低 7%。学校可以建设"心灵花园"，设置冥想步道和自然观察区，为学生提供一个亲近自然、放松身心的场所，帮助缓解学业压力。学生在花园中可以漫步、冥想，观察自然景观，感受大自然的宁静与美好，从而放松身心、减轻焦虑。

2. 功能性空间优化

比如，配备"情绪调节舱"，配备生物反馈仪和正念引导音频，学生可在学

习间隙进行 15 分钟心理放松训练，使用后压力激素皮质醇水平可以显著下降。情绪调节舱为学生提供了一个安静、舒适的放松空间，生物反馈仪和正念引导音频能够帮助学生快速进入放松状态，缓解学习带来的压力。

（二）心理健康教育专用场所建设

1. 多功能心理服务中心

重庆某高校按照《重庆市精神卫生条例》要求，设立的心理健康中心集个体咨询室、VR 脱敏训练室、团体辅导室、积极心理训练中心于一体，覆盖全校 3 万余名学生。心理中心为学生提供了全方位的心理服务，无论是个体咨询还是团体辅导，都能满足学生的不同需求，24 小时心理援助热线更是为学生提供了及时的心理支持。

2. 生活区心理微空间

在宿舍楼内设置"心灵驿站"，或者心理健康服务类辅导员名师工作室入驻学生社区，提供自助心理测评终端和情绪宣泄球、沙盘模型等轻量级互动装置，让学生在宿舍就能进行心理测评、情绪宣泄等活动，方便快捷，有效满足学生日常的心理需求。

三、网络环境下的大学生心理健康引导与管理

"00 后"群体正逐步成为当代大学生群体的中坚力量。作为在网络环境中成长起来的"网络原住民"，他们已然习惯借助网络来获取各类信息、抒发个人感受以及寻求帮助。鉴于此，高校的心理健康教育工作也需与时俱进，契合新时代的发展需求。应遵循因时、因人、因地的原则，精心构建新型的网络心理健康教育模式。

（一）网络环境对心理的双重影响分析

1. 积极影响

在线心理互助社区（如"树洞"平台）为学生提供了匿名倾诉的安全空间。某高校调研显示，63% 的学生通过此类平台获得情感支持。这些平台让学生在匿名的环境中倾诉自己的烦恼和心事，获得他人的安慰和鼓励，减轻心理压力。

2. 负面影响

网络成瘾与信息过载问题突出，中央网信办 2025 年"清朗"行动显示，23%的大学生存在短视频沉迷倾向，日均使用超 4 小时者的焦虑指数高出均值 31%。网络成瘾不仅影响学生的学习和生活，还可能导致心理问题，如焦虑、抑郁等，对学生的心理健康造成严重危害。

（二）网络心理健康教育创新实践

高校心理健康教育工作者需主动拥抱数字化变革，以"技术赋能、内容创新、机制保障"为核心，构建"全链式、精准化、沉浸式"的网络心理健康服务体系。

1. 构建"三维一体"网络教育平台

智能监测预警平台：整合校园一卡通数据、课程出勤记录及心理测评系统，搭建 AI 驱动的心理健康数字画像模型，实现学生情绪波动、行为异常的动态追踪与分级预警。

资源聚合云平台：开发集 VR 心理训练、正念冥想音频库、心理微课资源于一体的线上平台，嵌入"心理健康数字孪生"系统，支持学生个性化选择干预方案。

互动服务平台：开通 24 小时 AI 心理树洞、在线咨询预约及危机干预绿色通道，通过匿名问答与即时反馈机制提升服务可及性。

2. 创新"场景化"教育内容供给

VR 干预技术：开发职场压力模拟、社交焦虑脱敏等 VR 训练模块，通过暴露疗法提升学生心理韧性；同步建立"心理韧性成长档案"，追踪干预效果。

融媒体传播矩阵：打造"心理健康主题短视频大赛""心理树洞电台"等品牌栏目，以学生喜闻乐见的形式传播心理健康知识。

分层分类课程体系：针对新生适应、学业压力、情感困扰等高频问题，设计"通识必修课＋专题选修课＋实践工作坊"三级课程，嵌入游戏化学习元素提升参与度。

3. 完善协同联动机制

家校社协同网络：建立家长线上学堂（如"数字时代亲子沟通指南"系列课程），引入企业 EAP 资源开发职场心理适应实训项目，形成教育合力。

数据驱动的效果评估：每学期发布《大学生心理健康蓝皮书》，基于大数据分析优化课程设计；引入区块链技术实现跨部门数据安全共享，提升干预精准度。

专业化师资培养：开展"AI+心理"专项培训，组建"心理咨询师＋数据分析师＋教育技术专家"复合型团队，定期举办网络心理健康教育创新案例大赛。

4.实施路径与保障措施

分阶段推进：试点阶段（1~6月）聚焦平台搭建与资源开发；推广阶段（7~12月）实现全校覆盖并优化服务流程；迭代阶段（次年）基于反馈持续升级系统功能。

资源整合保障：设立专项经费支持技术研发与师资培训，联合计算机学院共建"心理健康大数据实验室"，推动产学研深度融合。

制度规范建设：制定《网络心理健康教育伦理准则》，明确数据采集与使用的边界；建立"心理育人优秀案例"评选机制，激励创新实践。

第八章 跨学科融合视角下的心理健康教育创新

一、心理学、教育学与社会学的融合发展

在当代学术研究与实践应用中，跨学科融合已成为一种不可忽视的重要发展趋势。在心理健康教育领域，心理学、教育学与社会学的融合正发挥着日益显著且独特的作用。

心理学作为一门深入研究人类心理现象及其规律的科学，为心理健康教育提供了坚实而深厚的理论基础和丰富多样的干预策略。它细致入微地关注个体的认知过程、情感体验、行为模式等各个方面，通过严谨的实验研究和临床实践，深入探讨各类心理问题的成因、表现形式以及行之有效的解决途径。从学生常见的学业压力、考试焦虑，到更为复杂的抑郁情绪、人际关系困扰等，心理学都有一套系统的评估与干预方法，为心理健康教育的具体实施指明了方向。

教育学则从宏观层面侧重于研究教育现象和教育规律，其研究范畴广泛地涵盖教学方法的创新、课程设计的合理性、教育管理的有效性等多个重要方面。教育学的介入使心理健康教育能够更好地融入整个教育体系之中，通过优化教学过程、完善课程设置、科学管理教育资源，为学生创造一个有利于心理健康发展的学习环境。例如，教育学倡导的以学生为中心的教学理念，鼓励采用互动式、探究式的教学方法，这不仅能够提升学生的学习效果，还能在一定程度上增强他们的自信心、培养良好的人际沟通能力，从而对心理健康产生积极影响。

社会学以其独特的视角着眼于社会结构、社会变迁以及复杂多变的社会问题的研究，密切关注个体与社会环境之间错综复杂的相互作用。社会学在心理健康教育中的贡献在于揭示了社会环境对个体心理状态的深刻影响机制，使我们认识到大学生并非生活在一个孤立的真空环境中，而是深受家庭背景、社会文化氛围、经济状况、政策法规等多方面社会因素的制约与影响。例如，社会学研究发现，不同社会阶层的家庭在教育方式、价值观念传递上存在差异，这些差异可能会进一步影响学生的心理发展和行为模式；又如，在一个高度重视学业成绩和职业竞争的社会文化背景下，大学生可能会普遍面临更大的心理压力，这就要求我们在制定心理健康教育策略时，必须充分考虑这些社会因素的干扰。

当这三门学科相互融合时，我们能够从多个维度全面、深入地理解大学生心

理健康问题，为制定综合有效的干预措施提供全方位的支持。心理学提供对个体心理问题的深度剖析，精准识别问题的根源与关键点；教育学贡献有效的教育方法和策略，确保干预措施能够顺利融入教育过程并得到有效实施；社会学则从宏观层面揭示社会环境对个体心理的影响机制，帮助我们从源头上预防心理问题的发生。例如，在研究大学生网络成瘾这一普遍存在的问题时，心理学深入分析成瘾的心理机制和个体差异，发现其中涉及多巴胺分泌、自我控制能力、情绪调节等多种心理因素；教育学则探讨如何通过创新教学手段、丰富校园文化活动、加强师生互动等方式，引导学生合理安排上网时间，提高自我管理能力；社会学进一步关注社会文化、家庭背景等因素对网络成瘾的潜在影响，如家庭成员的上网习惯、社会对网络使用的宽容度等，并据此提出相应的干预建议，如开展家庭网络安全教育、倡导健康的网络文化等。通过这种多学科协同合作的融合视角，我们不仅能为成瘾学生提供个性化的心理辅导，还能优化教育环境和社会支持系统，从根源上预防和解决网络成瘾问题，从而更全面地促进大学生的心理健康发展。

二、跨学科合作的心理健康教育模式

跨学科合作的心理健康教育模式是将心理学、教育学与社会学等多学科知识与技能整合应用于心理健康教育实践的一种创新模式。

（一）课程设置

课程设置上，需开发融合心理学、教育学和社会学相关内容的心理健康教育课程。例如，课程中既包括心理学的基础理论和常见心理问题解析，又涵盖教育学中的教学方法和学习策略，同时融入社会学视角下的社会支持系统和社会适应等内容。这种综合性的课程设计旨在为学生提供全面的心理健康知识体系，使他们能够从多个角度理解心理健康问题。具体来讲，需构建立体化的教学方法课程体系。跨学科课程需突破传统心理学单一框架，构建"理论＋实践＋社会适应"的三维结构。例如，在情绪管理模块中融入脑科学（心理学）、课堂团体辅导技术（教育学）、社区支持网络分析（社会学），形成生物–心理–社会的全息视角。课程内容应贴近学生实际需求，如指出大学生最需要的情绪管理、人际关系等实用技能，从预防问题转向促进潜能开发，可设计"压力应对工作坊"，整合心理学放松训练、教育学中的项目制学习、社会学角色模拟。

（二）教学方法

在教学方法上，采用多样化的跨学科教学手段。例如，运用案例分析法，选取涉及多学科因素的心理健康案例，引导学生从不同学科角度进行分析和讨论。通过这种方式，学生不仅能够深入理解心理健康问题的复杂性，还能够学会综合运用多学科知识来解决实际问题。此外，角色扮演法也是一种有效的教学方法，让学生模拟不同社会角色，在互动中体验和理解心理健康问题的社会维度，增强他们的同理心和问题解决能力。采用产生式学习（DoPBL）模式，将问题式 PBL（Problem-Based Learning）与项目式 PBL 有机结合。如在校园欺凌干预课程中，学生既需解析个体攻击行为的心理机制（问题式），又要设计包含同伴调解、家校沟通方案的系统项目（项目式），培养跨学科问题解决能力。倡导的"活动为核心"原则，可通过戏剧治疗工作坊实现：心理学提供创伤修复理论，教育学设计角色扮演流程，社会学引入群体动力分析，使学生在情境体验中达成认知重构。

（三）教育实践

在教育实践方面，组建跨学科的专业团队，包括心理学专家、教育工作者、社会学研究者等，共同参与心理健康教育项目的策划与实施。这种团队合作模式能够充分发挥各学科的优势，确保心理健康教育项目的科学性和实效性。例如，在开展校园心理健康普查项目时，心理学专家负责设计科学的测评工具和评估方法，教育工作者协助组织学生参与并提供教育教学背景信息，社会学研究者则从社会环境和群体因素角度进行分析和解读，共同为项目的顺利开展提供专业支持。建立"学科专家＋实践导师＋社会工作者"的动态协作机制。揭示心理健康教育的本质是多学科技术整合，可组建包含临床心理咨询师、课程设计专家、社区工作者的教学团队。例如职业规划课程中，心理学专家负责职业测评工具开发，教育学教师设计模拟面试工作坊，社会学研究者对接企业资源搭建实践平台，形成"测评—训练—对接"的完整链条。同时需加强教师跨学科培训，指出当前教师普遍缺乏课程开发能力，应开展"认知神经科学＋教育技术＋社会调查方法"等复合型培训。

（四）评价机制的多维化转型

构建"过程性＋发展性＋社会效度"的三级评价体系。借鉴提出的科学评价体系建议，在课程考核中设置跨学科任务组：如要求学生运用社会调查法（社会学）采集校园心理健康数据，通过统计软件（教育学技术工具）分析，最终提出包含心理咨询室改进（心理学）、家校合作机制（社会学）的综合方案。强调教学目标需分层定位，可将评价细化为知识整合度、技能迁移力、社会适应力等维度。

这种跨学科合作模式的优势在于能够充分发挥各学科的优势，弥补单一学科的局限性。它能够更全面地满足大学生的心理健康需求，提高心理健康教育的针对性和实效性。例如，针对大学生就业压力问题，心理学专家提供个体心理辅导和压力管理技巧培训，帮助学生应对焦虑和紧张情绪；教育工作者通过职业规划课程和模拟面试等方式增强学生的就业能力，提升他们的自信心和竞争力；社会学研究者分析就业市场环境和社会支持网络对学生就业心理的影响，并据此提出相应的干预建议，如加强校企合作、拓展就业渠道、优化就业服务等。未来发展方向需重点关注数字技术赋能，开发 VR 社会情境模拟系统、AI 跨学科案例库等工具，在强调的"以学生为本"基础上，构建更具适应性的智慧教育生态。通过多学科的协同合作，为学生提供全方位的心理健康支持，助力他们顺利度过就业这一关键人生阶段。

三、社会支持系统在大学生心理健康中的作用

社会支持系统作为个体心理健康的"缓冲带"与"催化剂"，是个体在社会环境中获得的各种支持和帮助的总和，涵盖家庭、朋友、同学、教师、社区等多方面的支持，在大学生心理健康中发挥着举足轻重的作用。根据布朗芬布伦纳的生态系统理论，这一系统涵盖微观系统（家庭、同伴）、中观系统（学校）、宏观系统（社会政策）及历时系统（文化传承），以家庭、同伴、学校和社区为基本载体，通过情感联结、资源供给与价值认同等路径，构建起抵御心理危机的韧性屏障，同时为积极心理品质的培养提供动态支撑。其作用机制既体现在压力缓冲与情绪疏导的即时性功能上，也表现为人格塑造与社会适应的长效性影响。

（一）微观系统

家庭是个人最早接触且至关重要的社会支持源。亲密的家庭关系、情感支持与正确的教育方式构成家庭支持的关键要素。比如，充满关爱的家庭环境有助于培养大学生的自信心与积极态度，使其更好地应对外界压力。家庭可以通过定

期的家庭会议、亲子活动等方式，增强家庭成员间的沟通与理解，为大学生提供坚实的心理后盾。家庭支持作为社会支持系统的原生性基础，通过代际互动模式与情感传递机制深刻影响着大学生的心理发展轨迹。家庭成员间的情感温度与沟通质量直接关系到个体的自我认知与情绪调节能力。包容性家庭环境能够培育安全型依恋模式，使大学生在面临挑战时具有稳定的内在参照系；而过度控制或情感疏离的家庭关系则可能引发防御性心理机制，导致自我效能感降低与适应性障碍。当代家庭的支持功能已从单一的物质保障转向情感共鸣与成长陪伴的双向互动，父母需要从权威型教导者转变为理解型支持者，在尊重个体独立性的前提下提供适度的引导。

朋友和同学构成同龄人支持系统，在大学生心理健康中扮演着不可或缺的角色。他们能够提供情感共鸣、陪伴和实际帮助。在大学校园里，学生之间的相互交流、分享和合作有助于缓解孤独感、增强归属感。例如，当学生遇到困难或挫折时，朋友和同学的鼓励与支持能够帮助他们调整心态，积极面对问题。具体来说，室友之间的相互扶持、学习小组内的合作学习以及校园社团活动中的同伴互动，都能在不同程度上增强这种同龄人支持的力量。同伴网络作为大学生社会化的核心场域，通过群体归属感与情感共鸣效应发挥独特的心理调适功能。同龄人之间的平等交流消解了代际沟通的隔阂，形成具有亚文化特征的互助体系。这一支持系统既包含日常性的情感陪伴与信息共享，也涵盖危机情境下的即时响应与共情支持。在数字化生存背景下，线上社交平台与线下实体交往的融合重构了同伴支持的时空维度，虚拟社群的匿名性特征为心理困扰的早期表露创造了安全空间，而现实交往的具身性体验则强化了社会联结的真实感。同伴支持的有效性取决于互动质量的深度与持续性，浅层社交接触难以替代深度情感联结的心理修复价值。

（二）中观系统

学校通过系统化的心理健康服务体系与隐性的文化浸润机制发挥作用。教师作为知识的传授者和学生的引导者，也在社会支持系统中占据重要地位。教师的关爱、尊重和指导能够激发学生的学习动力和自信心，帮助他们克服学习困难和心理压力。社区等社会机构则能够为大学生提供更广泛的社会资源和实践机会，促进其社会适应能力和心理健康水平的提升。例如，社区可以组织各类志愿者活动、心理健康讲座以及职业培训等，拓宽大学生的视野，增强他们的社会交往能力和心理韧性。高校心理健康教育体系正从问题干预导向转向全人发展导向，通过课程渗透、实践活动与环境营造的立体化设计，将心理支持要素融入日常教育场景。教学空间的情感温度、评价体系的包容性改进以及危机预警机制的完善，共同构成教育支持系统的韧性基础。

（三）宏观系统

社区支持作为社会支持的扩展维度，通过文化认同机制与资源整合功能为大学生心理适应提供宏观支撑。地域文化传统与社区价值观念通过集体记忆传承与公共活动参与，潜移默化地形塑个体的心理应对模式。社区心理服务资源的可及性、文化包容度与社会参与机会的丰富性，直接影响着大学生的社会归属感与身份认同强度。在城市化进程加速与人口流动频繁的当代社会，社区支持网络的建设需要突破物理空间限制，构建虚拟与现实交织的复合型支持平台。

研究表明，拥有良好社会支持系统的大学生在面对心理压力时更倾向于采用积极的应对方式，其心理健康状况也相对较好。家庭的情感滋养为个体心理发展奠定基础，同伴的平行互动促进社会化能力的提升，教育机构的专业支持架设发展性成长的阶梯，社区资源的整合拓展则强化社会适应的广度。因此，在心理健康教育中，应注重构建和完善社会支持系统，通过加强家庭教育指导、促进校园文化建设、鼓励师生互动、拓展社会实践活动等多种途径，为大学生创造一个充满支持和关爱的成长环境。当不同层面的支持力量形成共振效应时，能够显著增强个体的心理弹性，使外在支持资源转化为内在心理资本，从而有效预防和减少心理问题的发生，促进大学生的全面发展和健康成长。

当前社会支持系统的优化方向可分为三个维度：在个体层面强化支持感知的敏感性培养，帮助大学生建立主动寻求与合理利用支持资源的意识；在系统层面完善支持要素的协同机制，打破家庭、学校与社区之间的信息壁垒；在文化层面构建支持性价值共识，将心理服务纳入社会治理的公共议题。通过多主体联动与全流程嵌入的策略创新，社会支持系统将成为大学生心理健康教育的战略性基础设施，为青年群体的全面发展提供可持续的心理生态保障。

第九章 以社会实践为基础的心理健康教育创新

一、社会实践的定义与类型

（一）社会实践的基本概念

社会实践是指人类能动地改造自然和社会的全部活动。对于高校学生而言，社会实践是一种走出校园、深入社会的学习与体验过程。它具有多方面的内涵：

从目的上看，社会实践旨在让学生将课堂所学知识应用于实际情境，加深对知识的理解，同时培养学生的社会责任感、创新精神和实践能力。例如，学生通过参与社区服务活动，能够更好地理解社会学、管理学等相关学科知识在实际生活中的运用。

从形式上看，社会实践涵盖了多种活动方式，包括但不限于社会调查、志愿服务、实习实训、公益活动等。这些不同的形式为学生提供了多样化的体验途径，使他们能够接触到不同的人群、环境和社会现象。

从过程来看，社会实践是一个动态的过程，包括实践前的准备、实践中的体验与学习，以及实践后的总结与反思。在准备阶段，学生需要明确实践目标、制订计划；在实践过程中，他们要面对各种实际情况并做出相应的决策；实践结束后，通过对整个过程的回顾与思考，学生能够进一步提升自己的认知水平。

（二）高校常见的社会实践活动类型

1. 社会调查类

这类实践活动主要是针对特定的社会现象、问题或群体进行调查研究。例如，学生可能会针对城市中的垃圾分类实施情况进行调查。他们需要设计调查问卷、选取调查样本、进行实地访谈等。通过这样的过程，学生能够锻炼自己的调查研究能力，学会收集和分析数据。同时，对社会问题的深入了解也有助于增强他们的社会洞察力，使他们更加关注社会民生，这对培养学生的社会责任感和解决复杂社会问题的能力有着积极的意义。

2. 志愿服务类

志愿服务是高校学生广泛参与的一种社会实践活动。它包括社区服务、环保活动、关爱弱势群体（如孤寡老人、留守儿童等）等多种形式。共青团中央长期开展的"七彩假期"志愿服务项目就是典型代表——每年组织动员广大青年志愿者为农村留守儿童和城市随迁子女提供课业辅导、兴趣培养、心理疏导等服务。在志愿服务过程中，学生能够体会到奉献的快乐，增强自身的社会价值感。例如，在关爱留守儿童的志愿服务中，学生通过与孩子们的互动，给予他们关爱和教育支持，同时也能从孩子们身上感受到纯真与坚韧，这对学生的情感发展和人格塑造有着重要的影响。

3. 实习实训类

实习实训是高校与企业、单位合作开展的一种实践活动。学生进入相关企业或单位，参与实际的工作流程，将所学专业知识与实际工作相结合。比如，工科学生到工厂进行实习，了解产品的生产流程、质量控制等环节；商科学生到企业参与项目运营、市场调研等工作。像共青团中央联合相关部委开展的"青年就业创业见习基地"项目，为大学生提供了大量见习岗位，助力他们积累工作经验、提升就业竞争力。这种实践活动能够让学生明确职业方向，提高职业技能，增强就业竞争力，同时也有助于学生了解行业动态和企业需求，为他们未来的职业发展奠定基础。

4. 公益活动类

公益活动侧重于为公众利益服务，通常涉及环境保护、文化传承、社会公益倡导等方面。比如，学生组织文化遗产保护公益活动，通过宣传、调研等方式，提高公众对文化遗产保护的意识。由共青团中央发起的"保护母亲河"行动，吸引了众多青年参与植树造林、水土保持等环保公益活动。这类活动能够培养学生的环保意识、文化保护意识等，同时也能让学生在公益活动中学会团队协作、项目管理等重要技能。

二、社会实践活动的心理健康教育功能

（一）心理素质的实践性塑造——从"知识灌输"到"情境淬炼"

课堂心理健康教育往往侧重于理论传授和认知训练，学生通过听讲、阅读等方式获取心理健康知识，但缺乏实际情境的体验和应用，存在场景固化、体验缺失等局限性。这种教育模式难以让学生在真实情境中锻炼和提升心理素质，尤

其是面对实际问题时的应对能力。但学生心理素质的全面提升需要真实情境的淬炼。志愿服务、企业实习、社区调研等社会实践，通过创设真实情境的压力应对、人际互动等复杂多元的社会场景，为学生提供了"心理韧性实验室"，能够有效提升学生的抗压能力与情绪管理能力。

班杜拉的社会学习理论认为个体在真实互动中通过观察、模仿和强化形成的心理适应能力，远超过被动接受知识灌输的效果。对虚拟社交的过度依赖导致部分大学生现实感知力弱化，而社会实践恰能填补这一"体验鸿沟"。在志愿服务中，大学生直接面对不同人群的需求，需快速调整心态以应对各种突发状况，这无疑是对抗压能力的极佳锻炼。例如，当志愿者在服务过程中遇到不被理解甚至被误解的情况时，他们需要学会控制自己的情绪，保持耐心，这种情绪管理能力的提升是课堂教育难以实现的。而在企业实习场景下，大学生会面临工作任务的压力、职场人际关系的复杂性等挑战，这些都促使他们迅速提升心理素质，增强适应能力。针对"00后"大学生普遍存在的职场适应焦虑，可设计专项实习项目，通过模拟商务谈判、跨部门协作等任务，帮助学生在真实职业场景中建立现实感知力。研究显示，单亲家庭的大学生通过参与社会实践，其社交回避倾向改善率达67%，印证了实践对心理脆弱性的干预效果。

（二）社会支持网络的构建——从"单一干预"到"生态赋能"

传统心理健康教育多依赖心理咨询师的个体化服务，而社会实践活动天然具备构建多维支持系统的优势。这种生态化支持系统有效突破了校园心理咨询的时空限制。正如布朗芬布伦纳的生态系统理论所揭示的，个体的心理发展嵌套于多重环境系统中，社会实践通过激活家庭、学校、社区等微观系统，促进其互动，创造了持续的心理滋养环境。在实践过程中，大学生往往以团队形式开展活动，这为他们提供了同伴互助的机会。团队成员之间相互支持、鼓励和帮助，共同面对实践中的困难和挑战，这种同伴互助关系有助于缓解学生的孤独感和压力。例如，在乡村振兴支教项目中，学生与同伴形成协作共同体，支教团队的成员们共同生活、共同教学，彼此之间通过任务分担与情感共鸣缓解孤独感，建立了深厚的情谊。当某个成员遇到教学困难或生活问题时，其他成员会伸出援手，提供帮助和建议，这种团队协作的氛围让学生感受到集体的温暖和力量，有效缓解了他们在陌生环境中的孤独感，减少了社交回避倾向。此外，社会实践活动还为大学生提供了与导师接触和交流的机会。导师在实践中给予学生专业的指导和建议，帮助他们解决实际问题,同时也能给予学生心理上的支持和鼓励。例如,在企业实习中,导师会根据学生的实习表现,及时给予反馈和评价,帮助学生认识自己的优点和不足,增强自信心。而且,实践活动还能够促进社会资源的联动,使大学生有机会接触到更广泛的社会资源,拓展人际关系网络。例如,联动地方政府、企业、公益组织等社会资源,构建起涵盖信息支持(如政策解读)、工具支持(如教学物资调配)的多维网络,为学生未来的发展提供更多的支持。

(三)价值观与自我认同的强化——从"认知说教"到"体悟升华"

社会实践活动作为大学生价值观塑造与自我认同强化的核心载体,具有多维度的育人功能,不仅是大学生锻炼心理素质和构建社会支持网络的平台,更是强化价值观与自我认同的重要途径。将"四养"理念(养身、养心、养性、养德)融入社会实践,不仅实现了身心协同发展,更通过价值内化与外显的交互作用,实现了心理健康与道德发展的协同增效,构建起立体化的成长路径。以下从理论、实践和应用三个层面展开分析:

1."四养"理念的实践深化

养身与价值认知的奠基作用:身体作为价值实践的物理载体,其健康状态直接影响心理能量的储备。通过乡村振兴调研、社区服务等体力与脑力并重的实践,学生在作息规律、体能锻炼中形成健康管理意识。这种生理基础的夯实,为价值认知提供了稳定的物质支撑,正如"千人百村"项目中,学生通过高强度的田野调查,既锻炼了体魄,又深化了对基层社会的认知。

养心与情感认同的耦合机制:志愿服务中"助人—自助"的闭环效应,是情感升华的关键。当学生在支教活动中看到留守儿童因知识启蒙而焕发光彩时,这种具象化的价值反馈会激发深层情感共鸣。调查显示,参与过抗疫志愿服务的学生中,83%表示"真切体会到奉献的价值感",印证了实践对情感认同的催化作用。这种体验式学习比理论灌输更能形成持久的情感记忆。

养性与信念强化的递进关系:在基层挂职、企业实习等复杂情境中,学生面临价值判断的考验。例如处理劳资纠纷时如何在效率与公平间权衡,这类真实困境迫使个体重构价值排序,逐步形成稳定的性格特质。研究表明,经历6个月以上实践锻炼的学生,其道德判断的成熟度提升27%,证明实践对信念系统的形塑功能。

养德与行为认同的转化路径:社会责任感培养需经历"认知—承诺—行动"

的三阶段转化。生态保护实践中，学生从最初的理论认知（如碳中和概念），到签署环保承诺书，最终发展为垃圾分类督导员，这种阶梯式参与模式使95%的参与者形成稳定的环保行为模式。中国人民大学的社会调查项目更通过数据采集、政策建议等完整链条，使学生直观看到个人行动与国家发展的关联。

2. 价值内化的系统建构

认知层面，可发挥多元载体的协同效应。除传统志愿服务外，需创新"专业+价值观"融合模式。医学专业生开展乡村义诊时融入生命教育，工科生通过技术扶贫体会科技伦理，这种学科特色化实践使价值观教育渗透率提升41%。同时，短视频平台的"正能量挑战赛"等新媒体形式，以青年话语重构价值传播场景。

情感层面，可发挥集体记忆的凝聚功能。仪式化实践具有独特的情感唤醒价值。例如，高校可组织大学生到红色教育基地开展"重走长征路"等沉浸式体验活动，提升学生的集体荣誉感。这种具身认知通过符号系统（如军装、路线图）强化了价值归属。定期开展的实践成果展演、故事分享会等，则通过情感叙事巩固价值认同。

行为层面，可发挥评价体系的导向作用。建立"过程量化+质性评估"的双轨制，将志愿时长转换为社会责任学分仅是基础，更需引入第三方评价。比如，学校可以与社区共建"大学生实践档案"，由服务对象对学生的责任心、同理心等维度评分，使行为反馈具象化。这种外部凝视与自我反思的结合，推动价值实践从任务完成升华为精神自觉。

3. "四养"理念在社会实践中的具体应用

养身方面，可以促进学生关注自身身体健康。在社会实践过程中，学生通过参与各种体力劳动和户外活动，增强身体素质，养成健康的生活习惯。例如，在环保类实践中，学生参与生态修复工作，进行植树造林、清理垃圾等体力劳动，这不仅有助于生态环境的改善，也锻炼了学生们的体魄。同时，学校和实践组织者会合理安排实践时间和强度，确保学生在实践过程中得到适当的休息和营养补充，避免过度劳累对身体造成伤害。

养心方面，可以丰富情感体验与自我反思。社会实践为学生提供了丰富的情感体验机会，有助于培养积极的心态和良好的心理素质。在社区服务中，学生与不同年龄段、不同背景的人群接触，倾听他们的故事，了解他们的需求，这能够增强学生的同理心和关爱他人的意识。同时，实践过程中的团队合作和交流互动，也能让学生学会处理人际关系中的矛盾和问题，提升人际交往能力。此外，学校和指导教师会引导学生在实践后进行自我反思，通过写实践报告、参加分享会等方式，帮助学生总结经验教训，调整心态，更好地应对学习和生活中的各种挑战。

养性方面，能够锻炼性格与提升抗压能力。社会实践中的复杂环境和各种突发情况，为学生提供了锻炼性格和提升抗压能力的平台。在企业实习中，学生可能会遇到工作任务繁重、职场竞争激烈等情况，这需要他们迅速调整心态，增强心理韧性。学校和实践单位会通过设置合理的实践任务和目标，引导学生在面对困难和挫折时保持积极乐观的态度，勇敢地迎接挑战。同时，教师和导师会在实践中给予学生及时的指导和支持，帮助他们正确看待失败和挫折，培养坚韧不拔的性格。"养性"主要是指在社会实践中注重学生性格的培养和塑造，旨在通过实践中的各种经历和挑战，帮助学生形成积极、健康、成熟的性格特点，从而更好地适应社会生活和未来发展。

情绪管理能力与心理韧性的增强：在社会实践中，学生会遇到各种情绪挑战，如志愿服务中可能遇到不被理解的情况，企业实习中可能面临工作压力和挫折。通过这些经历，学生学会识别自己的情绪，如焦虑、愤怒、沮丧等，并掌握调节情绪的方法，如深呼吸、积极的自我暗示、寻求支持等，从而保持情绪的稳定和积极的心态。面对实践中的困难和挫折，学生需要不断调整自己的心态，坚持不懈地去解决问题。例如，在乡村振兴支教项目中，学生可能会遇到教学条件艰苦、学生基础薄弱等问题，但通过努力克服这些困难，他们的心理韧性得到增强，能够更加从容地应对未来的挑战。

自我认知与自我效能感的提升：社会实践为学生提供了了解自己性格特点、优势和不足的机会。在与不同人群的互动中，学生可以更清晰地认识自己的性格类型，如内向或外向、稳重或急躁等，从而更好地发挥自己的优势，并有针对性地改进不足。当学生在社会实践中成功完成任务或克服困难时，会增强对自己的信心，相信自己有能力去应对各种挑战。例如，通过组织一次成功的社区活动或完成一项复杂的实习任务，学生会感受到自己的能力和价值，进而提高自我效能感，这种信念将积极影响他们未来的学习、工作和生活。

社交能力与团队协作精神的培养：在社会实践过程中，学生需要与不同背景的人进行交流和合作，这有助于提高他们的人际交往能力。无论是与服务对象的沟通，还是与团队成员的协作，学生都能学会如何更好地与人相处，如何表达自己的观点，如何倾听他人的意见，从而建立良好的人际关系。很多社会实践活动是以团队形式开展的，这要求学生具备团队协作精神。在团队中，学生需要学会分工合作、互相支持、共同解决问题，通过这些经历，他们能够培养合作意识和团队精神，认识到团队的力量和合作的重要性。

独立性与自主性的锻炼：在社会实践的环境中，学生可能会面临一些需要自己独立解决的问题。如在企业实习中，遇到工作上的难题需要自己去查找资料、请教他人或尝试不同的方法来解决，这种经历能够培养学生的独立思考和解决问题的能力，使他们更加自信和自主。社会实践的多样性和复杂性要求学生不断学习新知识、新技能。学生需要主动去适应新的环境和任务，这种自主学习的过程有助于培养他们的自主性和自我驱动力，让他们养成主动学习、不断进步的习惯，为未来的职业发展和个人成长打下坚实的基础。

养德方面，能够培养社会责任感与道德品质。在志愿服务中，学生通过帮助弱势群体、参与公益事业等行为，树立正确的价值观和社会责任感。例如，学生参与关爱孤寡老人、留守儿童的志愿活动，为他们提供生活帮助和精神慰藉，这不仅让受助者感受到社会的温暖，也让学生在服务过程中体会到奉献的快乐和价值。同时，将道德教育融入社会实践课程中，通过案例分析、专题讲座等形式，可以引导学生树立正确的道德观念，增强他们的社会公德、职业道德和家庭美德意识。

个体通过参与意义建构的社会实践，能够将碎片化经验整合为连贯的生命故事，从而建立稳定的价值坐标系。特别是面对存在主义危机加剧的当代青年，在文化传承类实践中获得的"超越性体验"，往往能引发深层的心理疗愈。

三、大学生社会实践中的心理健康干预策略

当今社会，大学生心理健康问题日益凸显，而社会实践活动作为大学生接触社会、提升自我的重要途径，对他们的心理健康发展具有重要影响。在大学生社会实践中关注心理健康具有重要意义。一方面，社会实践为大学生提供了一个真实的社会环境，使他们能够将课堂所学知识应用于实际情境中，从而更好地理解和适应社会。另一方面，社会实践也给大学生带来了各种心理压力和挑战。大学生在社会实践过程中可能会面临工作压力大、人际交往复杂、环境适应困难等问题，这些问题若得不到及时的关注和解决，可能会引发一系列的心理问题，如焦虑、抑郁、失眠等，进而影响他们的实践效果和心理健康水平。因此，及时识别

和干预大学生在社会实践中出现的心理问题显得尤为必要和迫切。

（一）社会实践中心理问题的识别与评估

在社会实践中，大学生可能会遭遇各种心理问题，其中焦虑、抑郁和失眠是最为常见的。焦虑通常表现为对未来和结果的过度担忧，例如在面临重要任务或决策时，学生可能会感到心慌、坐立不安，甚至出现失眠等症状。抑郁则表现为情绪低落、对事物缺乏兴趣、自我评价过低等，可能会影响学生的日常生活和社交活动。失眠也是比较普遍存在的问题，当学生面对繁重的任务、紧张的时间安排或高强度的工作环境时，可能会感到无法应对，进而出现睡眠-觉醒障碍。为了能够及时准确地发现这些问题，推荐一些适合大学生的心理健康评估工具。常用的量表包括焦虑自评量表（SAS）、抑郁自评量表（SDS）和压力知觉量表（PSS），这些量表具有良好的信效度，能够帮助学生和指导教师初步了解学生的心理健康状况。此外，还可以采用访谈、观察等方法，进一步深入了解学生的心理状态和实际需求。

（二）分级干预体系的嵌入式构建

1. 预防性干预的系统化实施

（1）构建科学高效的"双维度筛查机制"

在大学生社会实践开始之前，为了有效预防可能出现的心理问题，应建立一套系统化的预防性干预体系。采用SCL-90症状自评量表进行心理健康状态普查，同步运用迈尔斯-布里格斯类型指标（MBTI）分析人格特质。SCL-90症状自评量表作为国际通用的心理健康测量工具，能够全面评估学生在躯体化、强迫症状、人际关系敏感、抑郁、焦虑等多个方面的心理状态，通过对各项因子得分的分析，可以初步判断学生当前的心理健康水平，而MBTI测试则侧重于分析学生的性格类型、职业兴趣和偏好，帮助了解学生在不同工作场景下的适应能力和潜在优势。通过分析人格特质与岗位匹配度，可以提前预测学生在特定实践岗位上可能出现的适应障碍风险。通过构建"人格-岗位适配度模型"，运用大数据分析技术，对测试结果进行交叉比对，精准识别可能存在的适应障碍风险。对于那些在测试中显示出较高焦虑倾向或与实践岗位匹配度较低的学生，可以将其列为高风险群体。例如，对于性格过度内向、注重细节且在人际交往方面得分较低的学生，如果分配到需要频繁与人沟通协调的岗位，就可能存在一定的适应风险。针对客服岗位，重点筛查具有内向型人格特质且情绪稳定性得分较低的学生群体，并为他们设计专门的"3+X"适应性培训项目。其中，"3"代表3天的标准化培训，涵盖实践岗位的基本知识、技能、职场礼仪、压力管理和团队协作等通用能力，通过集中授课、案例分析、模拟演练等方式，让学生在短时间内掌握实践所需的基础能力；而"X"则根据每个学生的具体情况，如专业背景、性格特点、岗位需求、心理调适技巧、沟通能力提升等，提供一对一的心理咨询、正念减压等特定技能的提升训练，帮助学生更好地适应社会实践活动。

（2）打造多维联动的家校社协同预防网络

大学生社会实践活动的顺利开展离不开家庭、学校和社会三方的共同努力。在实践前，构建家校社协同预防网络，建立"三位一体"危机预警系统。社会实践前召开家长知情会，向家长详细介绍社会实践的目的、内容、安排以及可能面临的风险，同时收集学生的家庭背景信息、成长经历、过往心理状况等资料，建立家庭心理档案；组织企业导师见面会，让企业导师了解学生的专业特长、兴趣爱好和职业规划，同时向学生介绍实践单位的企业文化、工作环境和岗位要求；联合社区心理服务机构开展心理测评。重点标注特殊群体（如贫困生、少数民族学生）的心理特征。贫困生可能由于经济压力在社会实践中面临更多的心理负担，如担心费用问题影响实践参与度、自卑情绪导致社交退缩等；少数民族学生可能在文化适应、饮食差异等方面存在特殊的心理需求。通过对这些特殊群体的心理特征进行详细记录和分析，能够提前制定针对性的预防措施，比如可针对贫困生群体设计经济压力应对模块，为少数民族学生配备文化适应导师，通过"一生一策"实现精准预防，及时发现并解决学生在社会实践前的心理隐患，为学生顺利参与实践奠定良好的基础。开发数字化预警平台，实现心理测评数据、日常行为观察记录、异常事件报告等信息的实时共享与动态更新。

2. 过程性干预的动态化运作

（1）开发智能化的"三维度观察日志"系统

在社会实践过程中，为了及时发现学生可能出现的心理问题，开发"三维度观察日志"是一种有效的动态监测手段。设计结构化实践日志模板，要求学生在实践日志中分别记录认知体验（工作技能习得、职业认知变化）、情绪变化（焦虑/抑郁量表自评、心境波动曲线）和躯体反应（睡眠质量监测、食欲变化记录）。认知体验方面，学生可以记录在工作中学到的新知识、新技能，对工作内容和流程的理解，以及自身思维方式和解决问题能力的提升等。情绪变化方面，详细描述自己在不同工作场景下的心情，如遇到困难时的焦虑、完成任务后的喜悦等，以及情绪波动的原因和频率。躯体反应方面，记录自己的睡眠质量、食欲情况以及是否出现头痛、疲劳等身体不适症状。

督导教师通过对学生实践日志的分析，运用 NLP 文本分析技术识别潜在的危机信号。NLP 文本分析技术能够对大量的文本数据进行快速处理和分析，挖掘其中隐藏的情感、语义和行为模式。例如，当系统检测到连续 3 天出现"认知僵化＋情绪低落＋睡眠障碍"组合特征时，自动触发督导教师介入机制，也就是如果学生在连续多篇日志中频繁表达对工作的不满、焦虑情绪增加且出现睡眠障碍等躯体反应，督导教师就可以及时察觉到学生可能面临的心理压力，并采取相应的干预措施。

（2）实施渐进式的"阶梯式团体辅导"

为了更好地满足大学生在社会实践不同阶段的心理需求，实施"阶梯式团体辅导"。

初期（1~2 周）：开展"破冰团建＋心理契约"工作坊，通过户外拓展、心理剧表演等形式促进群体融合，建立团队心理契约。由于参与社会实践的学生来自不同专业和背景，在活动初期可能存在陌生感和距离感。破冰团建通过一系列有趣的游戏和互动活动，如团队拓展训练、小组合作游戏等，帮助学生快速熟悉彼此，打破隔阂，建立良好的人际关系，促进群体融合。

中期（3~5 周）：组织"压力管理＋情绪调节"工作坊，教授渐进式肌肉放松、冥想放松、认知重构等技术，配套开发压力指数自测小程序。随着社会实践活动的深入开展，学生可能会面临各种工作压力，如任务繁重、时间紧迫、人际关系冲突等，通过组织工作坊，帮助学生学会应对压力，调整心态，保持良好的心理状态。

后期（6~8 周）：举办"职业规划＋心理资本"沙龙，引入生涯彩虹图工具，开展抗逆力训练，缓解择业焦虑。在社会实践活动接近尾声时，学生可能会面临对未来职业发展的迷茫和焦虑。职业规划沙龙为学生提供一个交流和分享的平台，邀请企业高管、人力资源专家等分享职业发展经验和行业动态，同时引导学生进行自我探索和职业规划，缓解择业焦虑，形成渐进式干预链条，全方位关注学生在社会实践过程中的心理变化。

建立团体辅导效果评估体系，采用前后测对比、焦点小组讨论等方法，动态调整辅导方案。

3. 危机干预的协同化响应

（1）构建标准化的"黄金 24 小时"响应机制

在社会实践过程中，一旦发现学生出现心理危机，及时有效的响应至关重要。建立"黄金 24 小时"响应机制，制定《心理危机应急操作手册》，明确 6 级危机评估标准，从轻度情绪波动到严重的自杀倾向等，每一级都有明确的评估指标和界定标准，以便能够准确判断学生所处的危机状态；明确 12 项应急流程，涵盖从发现危机到采取干预措施的全过程，包括及时报告、现场安抚、初步评估、制订干预方案、实施干预措施、转介、信息通报等环节，确保在危机发生的关键时刻能够有条不紊地开展工作。

明确校方（心理咨询中心）、实践单位（人力资源部）、家庭（紧急联系人）的三方责任分工。校方的心理咨询中心负责对学生心理状况进行专业评估和制订干预方案，组织专业心理咨询师为学生提供心理支持和辅导；实践单位的人力资源部负责在实践现场提供必要的协助和支持，配合校方做好学生的管理和安抚工作，同时为学生提供必要的工作调整和保障；家庭方面，紧急联系人要及时与学校和实践单位沟通，配合 24 小时监护，了解学生的情况，并在必要时给予学生情感上的支持和鼓励。三方密切协作，形成一个高效的危机干预体系，确保在"黄金 24 小时"内能够迅速响应，为学生提供及时有效的帮助和支持。开发危机干预 App，实现一键报警、定位追踪、远程会诊等功能。

（2）完善持续性的"危机后支持系统"

对于经历心理危机的学生，仅仅在危机发生时进行干预是不够的，还需要建立长期的"危机后支持系统"。实施"30 天跟踪计划"，在学生经历心理危机后的 30 天内，持续关注他们的心理状态和恢复情况，前 2 周每日为学生提供一对一的心理辅导，帮助学生深入探索心理危机的根源，调整认知和情绪，掌握应对心理问题的方法和技巧；第 3~4 周组织同伴支持小组，开展叙事治疗，将有相似经历的学生聚集在一起，通过分享彼此的故事和经验，互相支持和鼓励，增强学生的归属感和自我认同感；后续提供适应性岗位调整或弹性工作安排，如果学生在原岗位上因心理危机而工作困难，可适当调整岗位，为学生提供一个相对轻松、适应的工作环境，帮助学生逐步恢复心理健康，重新融入社会实践活动。

建立危机干预案例库，对每起事件进行复盘分析，形成"预警—处置—善后"的闭环管理系统。设置 6 个月随访机制，通过心理弹性量表评估康复效果，对存在复发风险者启动二次干预程序。该分级干预体系通过预防性筛查建立风险防控网，通过过程性观察实现动态预警，通过危机响应形成处置闭环，构建起覆盖实践全周期的心理健康防护体系。实施中需注重伦理规范，建立知情同意机制，保护学生隐私，同时加强督导教师专业培训，确保干预措施的科学性与有效性。通过持续优化干预策略，可有效提升大学生社会实践的心理适应能力，促进心理健康素质与社会化发展的协同提升。

（三）社会实践中工作方法的专业化整合

1. 个案管理的精准介入

在大学生社会实践活动的心理健康干预中，个案管理的精准介入起着至关重要的作用，它能够针对每个学生的独特情况提供个性化、专业化的支持与帮助。

（1）构建"双师制"辅导模式

为确保对参与社会实践学生心理状况的精准把握和有效干预，特构建"双师制"辅导模式。即为每位学生精心配置"专业社工 + 企业导师"的组合。专业社工凭借其深厚的心理学、社会学知识以及丰富的个案辅导经验，能够敏锐地洞察学生在实践过程中的心理变化和需求；企业导师则基于自身在企业管理和职场运营方面的深厚积累，熟悉职场的规则、文化和潜在挑战。

这种"双师制"辅导模式通过定期联席会议（每 2 周 1 次）紧密协作。在联席会议上，专业社工和企业导师会全面深入地交流学生在社会实践各个阶段的表现和反馈信息。他们共同剖析学生面临的困境，依据学生的性格特点、能力水平以及实践岗位的具体要求，共同制订个性化干预方案。

该模式重点聚焦于解决学生在社会实践中面临的两类典型问题。其一，角色转换障碍（学生—职场人）。从校园到职场，学生需要迅速适应从学生到职场人的角色转变，这一过程充满挑战。许多学生可能会在职业规范、工作节奏、人际关系处理等方面感到迷茫和不适应。"双师制"辅导团队会依据学生的具体情况，为学生提供针对性的指导和建议。例如，专业社工通过角色扮演、情景模拟等方式，帮助学生熟悉职场礼仪和沟通技巧；企业导师则分享实际工作中的案例，引导学生理解职场规则背后的逻辑，助力学生顺利完成角色转换。

其二，文化适应困难（跨地域实践）。随着社会实践范围的拓展，部分学生可能会参与跨地域的实践活动，不同地区的文化差异可能给他们带来诸多困扰。比如，饮食文化的不同、沟通方式的差异以及价值观念的分歧等，都可能导致学生产生孤独感、焦虑感甚至文化休克。"双师制"辅导团队会充分考虑这些因素，为学生提供文化适应方面的支持。专业社工可以组织文化交流活动，帮助学生了解当地文化习俗，促进文化融合；企业导师则利用自身在当地的人脉资源，为学生搭建与当地员工交流的平台，让学生更快地融入当地文化环境。

（2）开发"生涯叙事疗法"

"生涯叙事疗法"是在个案咨询中专门为缓解学生实践中的自我认同危机而开发的创新方法。在社会实践过程中，部分学生可能会因为工作表现未达预期、职业发展方向不明确等原因，陷入自我认同危机，对自己的能力和价值产生怀疑。

"生涯叙事疗法"引导学生在个案咨询中通过一系列有针对性的方法进行自我探索和成长。其中，职业故事重构是重要的一环。学生在专业社工的引导下，回顾自己在社会实践中的经历，将工作中的事件、人物和情感串联成一个完整的故事。在这个过程中，学生有机会重新审视自己的行为、决策和感受，挖掘那些被忽视的积极因素和成长契机。例如，一位在项目中遭遇挫折的学生，通过职业故事重构，发现自己从失败中学会了如何更好地应对压力和解决问题，从而重新找回自信和动力。

能力优势梳理也是"生涯叙事疗法"的关键组成部分。专业社工帮助学生识别自己在实践中展现出的各种能力，包括专业技能、沟通能力、团队协作能力等，并引导学生认识到这些能力对个人职业发展的重要性。通过这种方式，学生能够更加清晰地看到自己的价值和潜力，从而缓解自我认同危机，增强对未来职业发展的信心。

2. 小组工作的功能拓展

小组工作在大学生社会实践心理健康干预中具有独特的优势，能够通过团体互动和专业引导，为学生提供一个支持性的成长环境。

（1）设计"成长型团体活动"

"成长型团体活动"能更好地满足学生在社会实践过程中的心理需求，促进其个人成长和团队协作能力的发展。这些活动采用多种创新形式，旨在为学生建立一个安全的情绪宣泄场域，让他们能够在小组中自由地表达情感、分享经验、互相支持。

其中，角色扮演模拟职场冲突是一种极具针对性的活动形式。在社会实践中，学生难免会遇到各种职场冲突，如与同事意见不合、与上级沟通不畅等。通过角色扮演，学生可以模拟这些冲突场景，在安全的环境中体验不同的应对方式及其后果。在8~10人的小组中，成员们分别扮演不同的角色，重现职场冲突情境。之后，小组成员共同讨论分析各种应对策略的优缺点，引导学生学会换位思考，提高解决冲突的能力。这种活动形式不仅能够帮助学生提前做好心理准备，应对未来职场中可能出现的冲突，还能让他们在模拟过程中释放因担心处理不好职场关系而产生的焦虑情绪。

社会剧展现代际差异也是一种富有创意的活动方式。在社会实践中，学生可能会与不同年龄段的人合作，代际差异可能导致沟通障碍和误解。社会剧通过戏剧表演的形式，展现不同年代人群的价值观、生活方式和工作态度等方面的差异。小组成员分别扮演不同年代的角色，通过生动的表演和互动，让其他成员直观地感受代际差异的存在及其影响。在表演结束后，小组展开深入讨论，引导学生理解尊重代际差异的重要性，学会有效的代际沟通技巧。这种活动形式有助于学生在实践中更好地与他人合作，减少由代际差异带来的心理压力。

（2）推行"朋辈督导制度"

为了进一步提升小组工作的质量和效果，弥补教师督导可能存在的视角盲区，可以推行"朋辈督导制度"。选拔具有心理学背景的学生担任小组观察员，这些学生凭借自身扎实的专业知识和敏锐的洞察力，能够从同龄人的角度观察小组活动的开展情况。

在参与小组活动前，朋辈观察员会接受专业的培训，学习如何进行有效的观察、记录和分析，掌握焦点小组访谈的技巧和方法。在小组活动中，朋辈观察员认真观察小组成员的互动情况、情绪变化以及讨论内容，及时记录关键信息和潜在问题。活动结束后，朋辈观察员协助专业教师开展焦点小组访谈。他们运用所学的专业知识和观察所得，提出有针对性的问题和见解，引导学生深入思考和讨论。朋辈观察员的存在，不仅为学生提供了一个更加贴近自身经历的交流平台，还能从不同的视角发现问题、解决问题，丰富了小组工作的方法和策略，提高了小组工作的实效性。

（四）技术赋能的智慧化监测

1.大数据预警平台建设

在数字化时代，利用大数据技术为大学生社会实践中的心理健康保驾护航成为可能。通过搭建一系列智能化平台，能够更精准、及时地发现学生潜在的心理危机，为干预措施提供有力支持。

（1）搭建"心理健康数字画像"系统

为了全面、动态地了解参与社会实践的学生的心理状态，我们致力于搭建"心理健康数字画像"系统。这一系统整合了多维度的数据来源，包括实践考勤数据（出勤率）、工作绩效数据（任务完成度）以及心理监测数据（每日情绪评分）。

实践考勤数据（出勤率）是反映学生参与实践活动积极性和稳定性的重要指标。较高的出勤率通常意味着学生对实践活动持有积极的态度，愿意投入时间和精力去完成任务；而较低的出勤率可能暗示着学生在实践过程中遇到了困难或心理上的抵触情绪。工作绩效数据（任务完成度）则直接体现了学生在实践岗位上的能力和表现。任务完成度高，表明学生具备良好的专业技能和适应能力，能够较好地应对工作中的各种挑战；反之，任务完成度低可能是学生心理压力过大、情绪低落，导致工作效率低下。心理监测数据（每日情绪评分）是了解学生内心感受的直接窗口。通过让学生每日对自己的情绪状态进行评分，系统可以收集到大量关于学生情绪波动的信息，从而及时发现情绪异常的学生。

在整合这些丰富的数据后，系统借助先进的机器学习算法建立心理危机预测模型。机器学习算法能够从海量的数据中发现隐藏的规律和模式，通过对历史数据的学习和分析，预测学生在未来一段时间内出现心理危机的可能性。例如，当学生的出勤率突然下降、工作绩效明显下滑且每日情绪评分持续低迷时，模型会敏锐地捕捉到这些变化，并发出预警信号。这种基于大数据的预测模型具有高度的准确性和前瞻性，能够帮助学校和实践单位提前采取干预措施，避免学生的心理问题恶化。

（2）开发"移动端即时评估"应用

为了实现对大学生心理健康状况的实时监测，我们开发了一款便捷实用的"移动端即时评估"应用。这款应用充分考虑了用户的操作便利性和时间成本，设置了每日2分钟微测评环节，具体包括晨间状态自评和晚间压力指数两部分。

晨间状态自评旨在让学生在新的一天开始时，对自己的情绪、精力和心理状态进行快速评估。通过设置简单直观的问题，如"我今天感觉心情如何？""我是否有足够的精力投入今天的实践中？"等，引导学生对自己的状态进行客观描述。晚间压力指数则侧重于了解学生在一天实践活动结束后的感受，问题可能涉及"今天我在工作中感受到的压力程度如何？""我是否因为某些事情而感到焦虑或紧张？"等。学生只需花费短短几分钟时间，就能完成每日微测评，轻松记录自己的心理状态变化。

更为重要的是，该应用具备强大的异常数据自动触发分级预警功能。一旦学生的测评数据出现异常，系统会根据异常情况的严重程度自动触发黄橙红三色警报。黄色警报表示学生的心理状态可能存在轻微波动，需要引起关注；橙色警报意味着学生的心理压力较大，可能已经出现一些心理困扰，需要及时进行干预；红色警报则表示学生的心理危机风险较高，必须立即采取紧急措施进行处理。这种分级预警机制能够确保在不同程度的心理问题出现时，都能及时引起相关人员的重视，并采取相应的干预措施，为学生提供及时有效的心理支持。

2. VR 干预技术应用

VR 技术作为一种新兴的技术手段，为大学生社会实践中的心理干预提供了全新的思路和方法。通过构建沉浸式的虚拟环境，学生能够在安全、可控的条件下体验各种实践压力场景，从而提升心理应对能力。

（1）构建"VR 情境训练模块"

在社会实践过程中，学生常常会面临各种压力场景，如客户投诉处理、紧急任务应对等，这些场景容易给学生带来较大的心理压力。为了帮助学生更好地应对这些挑战，我们构建了"VR 情境训练模块"。

该模块针对常见的实践压力场景开发了一系列虚拟训练程序。在客户投诉处理场景中，学生可以身临其境地体验面对愤怒客户时的紧张氛围，学习如何运用有效的沟通技巧和情绪管理策略来化解矛盾，满足客户需求。在紧急任务应对场景中，学生需要在规定时间内完成一系列复杂的任务，锻炼他们在高压环境下的应变能力和决策能力。

通过反复接触这些虚拟的压力场景，学生能逐渐适应并克服内心的恐惧和焦虑。随着训练的深入，学生在面对现实情境中的类似压力时，能够更加从容自信地应对，从而降低焦虑体验。这种虚拟训练方式不仅具有高度的沉浸感和交互性，还能根据学生的表现提供个性化的反馈和指导，帮助学生不断提升心理调适能力。

（2）创建"云端支持社区"

为了为学生提供一个便捷、私密的心理交流平台，我们创建了"云端支持社区"。在这个社区里，设立了匿名树洞区、专家答疑区和成功案例库三个特色板块，满足学生不同的心理需求。

匿名树洞区为学生提供了一个安全、匿名的倾诉空间。在这里，学生可以自由地表达自己在社会实践中遇到的困惑、压力和负面情绪，不必担心被他人知晓身份。这种匿名的方式能够让学生更加放松地倾诉内心的真实感受，释放心理压力。

专家答疑区则邀请了心理学领域的专家和专业人士入驻。学生可以随时向专家提出自己在心理方面的问题和困惑，专家会及时给予专业的解答和建议。通过与专家的互动交流，学生能够获得科学的心理指导和帮助，提升自我认知和心理调适能力。

成功案例库收集了学生在社会实践中克服心理困难、取得良好成绩的大量案例。这些案例为学生提供了宝贵的经验和借鉴，让他们看到身边的同学是如何应对类似挑战并取得成功的，从而增强自信心和动力。

为了保障咨询记录的隐私性和溯源性，可运用区块链技术。区块链技术具有去中心化、不可篡改、加密安全等特点，能够确保学生的咨询记录在存储和传输过程中的安全性。每一条咨询记录都会被加密存储在区块链上，只有经过授权的人员才能访问，并且所有的操作记录都会被永久保存，便于追溯和管理。这种技术的应用为学生的心理健康保驾护航，让学生能够放心地在云端支持社区中寻求帮助和支持。该体系创新性地将传统社会工作方法与现代数字技术相结合，既延续了既有研究中强调的多层级干预、团体辅导优势等核心理念，又通过技术赋能实现了心理监测的实时化、危机预警的精准化。特别是在少数民族学生群体干预方面，可借鉴跨文化适应理论，在团体活动中融入民族文化元素，增强心理干预的包容性。

四、社会实践与心理健康教育结合的模式探讨

（一）"三全育人"导向的协同模式

在探索社会实践与心理健康教育深度融合的有效路径中，"三全育人"导向的协同模式脱颖而出，它从多个层面发力，构建起全方位、多层次的心理健康教育体系。

1. 全员参与

大学生社会实践中的心理健康教育并非某一方的单打独斗，而是需要汇聚各方力量，形成强大的教育合力。高校教师在其中扮演着关键角色，他们凭借深厚的专业知识和对学生心理特点的了解，能够在实践活动的策划、指导过程中，巧

妙地融入心理健康教育元素。例如，在设计社会实践活动方案时，教师可以充分考虑活动对学生心理品质的培养作用，引导学生树立正确的价值观和积极的人生态度。

企业导师同样不可或缺。他们来自真实的职场环境，熟悉行业动态和职场规则。在企业导师的指导下，学生能够提前了解职场中的各种挑战和压力，学习应对方法和技巧。比如，企业导师可以分享自己在职业生涯中遇到的困难以及克服困难的经历，帮助学生树立面对挫折的信心和勇气。

社工的专业优势在于他们掌握系统的心理学知识和丰富的心理辅导技巧。他们能够敏锐地察觉到学生在实践过程中出现的心理问题，并及时给予专业的支持和引导。例如，当学生在团队合作中出现人际冲突时，社工可以运用专业的沟通技巧和调解方法，帮助学生化解矛盾，提升人际交往能力。

家长作为学生成长过程中的重要陪伴者，他们的参与也至关重要。家长可以通过与学生的日常交流，了解他们在社会实践中的感受和困惑，给予情感上的支持和鼓励。同时，家长还可以与学校、实践单位保持密切沟通，共同关注学生的心理状态，形成家校社协同育人的良好氛围。通过整合高校教师、企业导师、社工、家长等不同角色的力量，各方发挥自身优势，共同为学生的心理健康保驾护航。

2. 全过程覆盖

将心理健康教育贯穿于社会实践的全过程，是确保教育效果的关键。从实践筹备阶段开始，就需要融入心理成长目标。在这个阶段，学校和实践单位可以共同组织学生开展动员大会，详细介绍实践项目的背景、目标和意义，激发学生的参与热情。同时，开展心理健康讲座和培训，帮助学生了解社会实践可能面临的心理挑战，如适应新环境、应对工作压力等，并传授相应的应对策略，如情绪调节方法、时间管理技巧等，让学生在心理上做好充分准备。

在实践过程中，持续关注学生的心理状态至关重要。定期组织心理评估活动，通过问卷调查、小组讨论、个别访谈等方式，全面了解学生在实践中的心理感受和需求。根据评估结果，及时调整实践活动的安排和指导策略。例如，如果发现学生在某个实践环节中普遍感到压力过大，可以适当增加休息时间，或者组织一些放松身心的活动，如户外拓展、心理辅导课程等。

到了总结反思阶段，引导学生对整个实践过程进行回顾和总结，不仅要关注实践成果，更要重视心理成长。组织学生开展小组讨论或个人反思活动，鼓励他们分享在实践中遇到的困难、如何克服以及从中获得的心理感悟。教师和实践单位可以对学生的表现进行评价和反馈，肯定学生在心理调适方面的进步，同时指出存在的问题和改进方向，帮助学生进一步提升心理素质。

3. 全方位渗透

将心理教育目标巧妙地嵌入实践任务的各个环节，能够使心理健康教育更加自然、深入地融入学生的实践活动中。在技能培训方面，除了传授专业技能，还要注重培养学生的心理品质。例如，在开展项目策划培训时，不仅要教会学生如何制订合理的计划、分配资源，还要培养他们的创新思维和团队协作精神。通过设置团队合作任务，让学生在实践中学会倾听他人意见、发挥自己的优势，提高沟通能力和团队协作能力。

在成果考核环节，建立多元化的考核评价体系，全面考量学生的实践表现和心理成长。除了对实践成果进行评估，还要关注学生在实践过程中的心理状态和行为表现。例如，观察学生在面对困难时的应对态度、解决问题的能力以及与团队成员的合作默契程度等。通过多元化的考核方式，激励学生在实践中注重自身心理素质的提升，实现知识技能与心理品质的同步发展。

（二）"四结合"教学模式的社会化延伸

为了更好地满足大学生多样化的学习需求，提升社会实践与心理健康教育的效果，"四结合"教学模式的社会化延伸应运而生，为学生提供了更加广阔的学习和实践平台。

1. 课堂讲授（如职场心理课程）与实地实践结合，增强知识应用性

职场心理课程作为大学生了解职场环境和提升职业素养的重要途径，在课堂教学中，教师通过系统的理论讲解，向学生传授职场心理学的基本概念、原理和方法。例如，讲解职场人际关系的重要性以及如何建立良好的沟通模式，让学生对职场心理有一个初步的认识。

然而，理论知识只有与实践相结合，才能真正发挥作用。因此，组织学生参加实地实践活动至关重要。学校可以与相关企业建立合作关系，为学生提供实习机会。在实习过程中，学生将所学的职场心理知识应用到实际工作中，亲身体验职场中的各种情境和挑战。例如，在与同事合作完成项目时，运用所学的沟通技巧和团队协作方法，提高工作效率和质量。通过实地实践，学生能够更加深入地理解职场心理知识，增强知识的应用能力，为未来的职业发展打下坚实的基础。

2. 线上资源（如慕课）与线下实践基地联动，构建"理论—模拟—实战"一体化路径

随着信息技术的飞速发展，线上资源为大学生提供了丰富多样的学习渠道。慕课作为一个大规模在线开放课程平台，汇聚了国内外众多高校和专家的优质教学资源。学生可以根据自己的兴趣和需求，自主选择相关的职场心理课程进行学习。在线上学习过程中，学生可以通过观看视频讲座、参与在线讨论、完成课后作业等方式，系统地学习职场心理知识，拓宽自己的知识面。

线下实践基地则为学生提供了实践操作的平台。学校可以与各类企业和机构合作，建立多个线下实践基地。在实践基地中，学生可以将线上所学的理论知识应用到实际场景中，进行模拟演练和实战操作。例如，在模拟面试环节中，学生可以扮演求职者和面试官的角色，体验面试过程中的各种情境，锻炼自己的面试技巧和心理素质。通过线上资源与线下实践基地的联动，构建起"理论—模拟—实战"一体化路径，让学生在学习过程中实现理论与实践的有机结合，提高综合素质和竞争力。

（三）"大中小学衔接"的生态化模式

在关注大学生心理健康教育的同时，也要注重教育的连贯性和系统性。"大中小学衔接"的生态化模式，借鉴中小学的教育经验，为大学生心理健康教育提供了新的思路和方法。

借鉴中小学劳动教育经验，设计梯度化社会实践项目，避免大学生心理适应断层：

中小学的劳动教育注重培养学生的动手能力和实践精神，通过循序渐进的活动安排，让学生在不同阶段都能获得相应的成长和体验。大学生社会实践可以借鉴这一经验，设计梯度化的实践项目。对于大一新生，可以安排一些基础性的社会实践活动，如社区服务、志愿者活动等，让他们初步接触社会，了解社会规则，培养社会责任感和团队合作意识。

随着年级的升高，逐渐增加实践活动的难度和深度。例如，对于大二、大三的学生，可以安排一些与专业相关的实践项目，如企业实习、科研项目等，让他们将所学的专业知识应用到实际中，提高专业技能和实践能力。对于大四学生，则可以安排一些综合性、创新性的实践项目，如创业实践、毕业设计等，培养他们的创新思维和解决复杂问题的能力。通过设计梯度化的社会实践项目，让学生

在不同阶段都能顺利过渡，避免因心理适应断层而产生焦虑和困惑。

案例：与中学联合开展"生涯规划实践营"，降低升学阶段的心理落差。在升学阶段，大学生往往会面临较大的心理压力和困惑，对未来的职业发展方向感到迷茫。为了帮助学生更好地适应这一阶段的转变，学校可以与中学联合开展"生涯规划实践营"。在实践营中，邀请专业的生涯规划师为学生进行生涯规划指导，帮助他们了解自己的兴趣、爱好、优势和劣势，制定合理的生涯规划目标。

同时，组织学生参加各种实践活动，如企业参观、职业体验、模拟面试等，让学生亲身体验不同职业的工作环境和要求，了解职业发展的路径和趋势。通过这些活动，学生能够更加清晰地认识自己，明确未来的发展方向，降低升学阶段的心理落差，增强自信心和动力。

（四）本土化创新模式探索

在全球化的背景下，本土化创新成为大学生心理健康教育与社会实践结合的重要发展方向。通过挖掘和利用本土文化资源，开发具有特色的实践品牌，能够增强教育的感染力和实效性。

1. 结合传统文化资源，在文化认同中缓解学生的存在焦虑

中国拥有悠久的历史和灿烂的文化，传统文化中蕴含着丰富的智慧和价值观念。将传统文化资源引入大学生心理健康教育与社会实践中，能够让学生在感受文化魅力的同时，缓解存在焦虑。社区非遗项目作为传统文化的重要组成部分，承载着当地人民的生活智慧和情感记忆。

组织学生参与社区非遗项目实践，让他们亲身体验传统文化的独特魅力。在实践过程中，学生可以学习到传统手工艺的制作技巧，了解非遗项目背后的历史故事和文化内涵。例如，在参与剪纸艺术实践时，学生通过动手剪裁，感受传统艺术的精妙之处，同时也能体会到民间艺人对生活的热爱和对传统文化的坚守。这种文化体验能够让学生找到归属感和认同感，缓解由现代社会的快速发展和变化带来的存在焦虑。

2. 开发"心理＋乡村振兴""心理＋红色教育"等特色实践品牌，增强教育感染力

随着乡村振兴战略的推进和红色教育的深入开展，开发具有本土特色的实践品牌成为大学生心理健康教育的新契机。"心理＋乡村振兴"实践品牌将心理健康教育与乡村发展相结合，组织学生深入农村地区，开展心理健康宣传和教育活

动，为乡村居民提供心理支持和帮助。

同时，鼓励学生参与乡村产业发展和文化建设，如开展农产品电商推广、乡村文化调研等活动。在这个过程中，学生不仅能够锻炼自己的实践能力，还能感受到乡村发展的巨大变化，增强社会责任感和使命感。"心理 + 红色教育"实践品牌则充分利用红色文化资源，组织学生参观革命纪念馆、红色教育基地等，让学生了解中国共产党的光辉历史和革命先辈的英勇事迹。

通过开展主题党日活动、红色文化讲座等形式，引导学生传承红色基因，弘扬革命精神。在这个过程中，学生能够汲取红色文化的力量，坚定理想信念，缓解由现实生活中的困难和挫折带来的心理压力，增强教育的感染力和实效性。

第十章　大学生心理健康教育课程体系的创新与优化

一、心理健康教育课程的多元化与层次化设计

（一）纵向分层：基于学生发展需求的阶段性课程体系

大学生在不同的学习阶段面临着不同的心理挑战和发展需求，因此，构建纵向分层的心理健康教育课程体系至关重要。这种分层设计能够精准地满足学生在各个阶段的心理成长需要，助力他们顺利度过大学生活。

1.低年级聚焦适应性与基础心理素养

对于刚踏入大学校门的低年级学生来说，他们面临着从高中到大学的巨大转变，无论是学习环境、生活方式还是人际关系都发生了显著变化。因此，低年级的心理健康教育课程应聚焦于适应性和基础心理素养的培养。

（1）适应性课程

环境适应：帮助学生熟悉校园环境、了解学校的规章制度和资源分布。通过组织校园导览、校史讲座等活动，让学生适应大学生活。例如，安排高年级学生作为志愿者，带领新生参观校园的各个角落，介绍图书馆的使用方法、食堂的特色菜品等，使新生能够快速适应新的学习和生活环境。

学习适应：大学的学习方式与高中有很大的不同，强调自主学习和独立思考。课程中可以设置学习方法指导模块，邀请优秀教师或学长学姐分享学习经验，教授时间管理技巧、笔记整理方法等。同时，开展学习小组活动，让学生在合作中提高学习效率，克服学习焦虑。

人际关系适应：大学是一个多元化的社交场所，学生需要学会与来自不同背景的人相处。课程可以通过角色扮演、小组讨论等方式，引导学生掌握沟通技巧、冲突解决方法等。例如，模拟宿舍生活中的矛盾场景，让学生在实践中学会如何化解矛盾，建立良好的人际关系。

（2）基础心理素养课程

自我认知：帮助学生了解自己的性格特点、兴趣爱好和价值观。通过心理测试、自我反思等方式，引导学生正确认识自己，发现自己的优势和不足。例如，开展"我是谁"主题讨论活动，让学生分享自己的成长经历和人生目标，增强自

我认同感。

情绪管理：教授学生识别和管理自己的情绪，学会应对压力和挫折。课程可以介绍情绪 ABC 理论、放松训练等方法，让学生在面对生活中的挑战时能够保持积极乐观的心态。例如，组织情绪管理工作坊，通过冥想、深呼吸等练习，帮助学生缓解焦虑和紧张情绪。

挫折应对：大学生在学习和生活中难免会遇到挫折和困难，课程应引导学生树立正确的挫折观，培养坚韧不拔的精神。通过案例分析、小组讨论等方式，让学生分享自己面对挫折的经历和应对方法，互相学习和借鉴。例如，邀请成功克服挫折的校友回校分享经验，激励学生勇敢面对困难。

2. 高年级侧重发展性与实践性课程

随着年级的升高，大学生面临着就业、考研、出国等不同的选择，同时也需要进一步提升自己的心理素质和社会适应能力。因此，高年级的心理健康教育课程应侧重于发展性和实践性。

（1）发展性课程

职业规划：帮助学生明确自己的职业目标和发展方向，制订合理的职业规划。课程可以邀请企业人力资源主管、职业规划师等举办讲座和提供咨询，介绍不同行业的发展趋势和就业前景，指导学生进行职业测评和简历制作。例如，开展职业规划大赛，让学生在实践中探索自己的职业兴趣和能力，提高职业竞争力。

领导力培养：培养学生的领导能力和团队协作精神，为他们未来的职业发展打下坚实的基础。课程可以通过案例分析、模拟演练等方式，让学生学习领导理论和方法，提高沟通协调能力和决策能力。例如，组织学生参加社团活动或项目实践，在团队中担任领导角色，锻炼自己的领导才能。

创新思维与创业教育：激发学生的创新意识和创业精神，培养他们的创新能力和实践能力。课程可以介绍创新思维的方法和技巧，讲解创业的基本流程和风险防范措施。例如，举办创业计划大赛，让学生在实践中体验创业的过程，提高创新能力和创业素养。

（2）实践性课程

心理健康实践活动：组织学生参与心理健康宣传、志愿服务等活动，让他们在实践中提高心理健康意识和社会责任感。例如，开展心理健康知识宣传活动，走进社区、中小学等，为公众普及心理健康知识；参与心理咨询服务，帮助有需要的同学解决心理问题。

企业实习与社会调研：安排学生到企业进行实习，让他们了解社会需求和职场环境，提高自己的实践能力和职业素养。同时，组织学生开展社会调研活动，关注社会热点问题，培养他们的社会责任感和研究能力。例如，针对大学生就业压力问题进行调研，提出相应的解决方案和建议。

（二）横向分类：多类型课程协同育人

在心理健康教育课程的横向分类设计中，不同类型的课程各具特色，共同为学生的心理健康成长保驾护航。

1. 基础理论课程

基础理论课程是心理健康教育的基石，它为学生提供了系统的心理学知识和理论基础。通过学习普通心理学、发展心理学、社会心理学等课程，学生能够了解人类的心理现象和行为规律，掌握心理学的基本概念和方法。这些知识不仅有助于学生更好地理解自己和他人的心理，还能够为他们今后的学习和工作提供理论支持。

2. 技能训练课程

技能训练课程注重培养学生的心理调适能力和应对技巧。例如，情绪管理课程教授学生如何识别和管理自己的情绪，提高情绪智力；压力应对课程帮助学生掌握应对压力的方法和策略，增强心理韧性；人际交往课程则引导学生学会与他人有效沟通和合作，建立良好的人际关系。这些技能对于学生的心理健康和社会适应具有重要意义。

3. 实践体验课程

实践体验课程强调学生的亲身参与和实践操作，通过角色扮演、案例分析、小组讨论等方式，让学生在实践中体验和感悟心理健康的重要性。例如，心理情景剧课程让学生编写和表演心理情景剧，在创作和表演的过程中深入理解心理问题和应对方法；团体辅导课程则组织学生参加团体活动，在互动和交流中提高团队协作能力和心理调适能力；开展"心灵下午茶"艺术疗愈活动，巧妙地融合曼陀罗绘画与 OH 卡叙事干预。活动现场，学生们围坐在一起，在舒缓的音乐声中，专注地进行曼陀罗绘画，用线条和色彩表达内心的情感，或通过抽取 OH 卡，分享卡片所引发的故事和联想。多样化的艺术疗愈形式，为学生提供了一个放松身心、释放压力的空间，帮助他们更好地认识和接纳自己的情绪，从而达到维护心理健康的目的。

4.专题讲座课程

专题讲座课程邀请校内外专家学者、企业人士等为学生举办专题讲座，介绍心理健康领域的最新研究成果和实践经验。例如，邀请心理学专家讲解心理疾病的预防和治疗，邀请企业人力资源主管分享职场心理调适的方法和技巧。这些讲座能够拓宽学生的视野，丰富他们的知识储备，提高他们对心理健康问题的认识和应对能力。

5.网络课程

网络课程利用互联网技术，为学生提供便捷的学习资源和学习方式。学生可以根据自己的时间和需求，在线学习心理健康知识和技能。网络课程具有资源丰富、学习灵活等优点，能够满足不同学生的学习需求。例如，学校可以开发心理健康教育在线课程平台，上传优质的教学视频、课件和学习资料，供学生自主学习和交流。

通过以上纵向分层和横向分类的设计，大学生心理健康教育课程能够形成一个多元化、层次化的体系，满足学生在不同阶段的发展需求，协同促进学生的心理健康发展。同时，学校还应加强课程的实施和管理，确保课程的质量和效果，为学生的身心健康和全面发展提供有力保障。

二、课程教学方法与手段的创新

（一）沉浸式互动教学法

1.沉浸式互动教学法的概念与内涵

沉浸式互动教学法是一种将学生完全带入特定情境，使其深度参与并积极互动的教学方法。在大学生心理健康教育课程中，这种方法旨在通过创造逼真的心理情境，让学生身临其境地感受各种心理现象和问题，从而更深刻地理解和掌握心理健康知识，提升心理调适能力。

沉浸式互动教学法强调学生的主体地位，教师不再是单纯的知识传授者，而是情境的创设者和引导者。学生通过亲身参与各种互动活动，在模拟的心理情境中体验、思考和感悟，实现知识的内化和能力的提升。这种教学方法注重学生的个体差异和情感体验，能够激发学生的学习兴趣和主动性，培养他们的团队合作精神和沟通能力。

2.沉浸式互动教学法的实施步骤

（1）情境创设

确定主题：根据心理健康教育课程的教学目标和内容，选择合适的主题作为沉浸式互动教学的情境主题。例如，可以选择"人际交往中的冲突与解决""应对学习压力""情绪管理"等主题。主题的选择要贴近学生的生活实际，能够引起学生的共鸣和关注。

设计情境：围绕选定的主题，设计具体的情境。情境的设计要尽可能真实、生动，考虑到各种可能的情况和变化。例如，在"人际交往中的冲突与解决"主题中，可以设计一个宿舍室友之间因为生活习惯不同而产生冲突的情境，包括冲突的具体场景、人物角色、对话内容等。

准备道具和资源：为了增强情境的真实性和互动性，需要准备相应的道具和资源。道具可以包括角色卡片、场景布置物品、道具服装等；资源可以包括音频、视频、图片等资料。例如，在模拟面试的情境中，可以准备面试官和应聘者的角色卡片、面试场地布置物品、相关的面试题目和视频资料等。

（2）角色分配

学生自主选择与教师调配相结合：让学生根据自己的兴趣和特长自主选择角色，同时教师根据教学需要进行适当调配，确保每个学生都能参与到情境中，并且角色的分配能够促进学生的学习和成长。例如，在模拟心理咨询的情境中，学生可以根据自己的意愿选择扮演咨询师、来访者或其他相关角色，教师可以根据学生的性格特点和能力水平进行适当调整，以保证咨询过程的顺利进行。

明确角色职责：在角色分配完成后，要向学生明确每个角色的职责和任务。让学生清楚自己在情境中需要做什么、怎么做，以及与其他角色的互动方式。例如，在模拟团队合作的情境中，要明确团队成员的角色分工，如领导者、策划者、执行者等，以及每个角色在团队中的具体职责和任务。

（3）情境体验与互动

进入情境：学生在明确角色职责后，进入创设好的情境中，开始体验和互动。在这个过程中，学生要全身心地投入角色，按照角色的要求和情境的发展进行互动和交流。例如，在模拟家庭矛盾的情境中，学生要扮演好家庭成员的角色，通过对话和行为表现出家庭矛盾的产生、发展和解决过程。

引导与反馈：教师在学生情境体验和互动的过程中，要适时进行引导和反馈。当学生遇到困难或出现偏差时，教师要及时给予指导和帮助，引导学生正确地理解和处理问题。同时，教师要对学生的表现进行及时的反馈和评价，肯定学生的优点和进步，指出存在的问题和不足，提出改进的建议和方向。例如，在模拟面试的情境中，教师可以观察学生的面试表现，及时给予反馈和指导，帮助学生提高面试技巧和应对能力。

（4）总结与反思

小组讨论：情境体验和互动结束后，组织学生进行小组讨论。让学生分享自己在情境中的感受、体验和收获，讨论在情境中遇到的问题和解决方法，以及对自己和他人的表现进行评价和反思。通过小组讨论，学生可以相互学习和交流，进一步深化对心理健康知识的理解和掌握。例如，在模拟人际交往冲突的情境后，学生可以在小组中讨论自己在处理冲突时的方法和策略，分享自己的经验和教训，学习他人的优点和长处。

教师总结：在小组讨论的基础上，教师进行总结和归纳。对学生在情境中的表现进行全面的评价和分析，总结学生在心理健康知识和技能方面的掌握情况和发展水平，针对学生存在的问题和不足提出改进的措施和建议。同时，教师要对本次沉浸式互动教学进行反思，总结教学过程中的经验和教训，为今后的教学提供参考和借鉴。

3.沉浸式互动教学法在大学生心理健康教育课程中的应用案例

比如，以"应对职场压力"为主题，可以参考下面的操作流程。

（1）情境创设

确定主题：选择"应对职场压力"作为本次沉浸式互动教学的主题，旨在帮助学生了解职场压力的来源和影响，掌握应对职场压力的方法和技巧。

设计情境：设计一个模拟职场的工作场景，包括公司办公室、会议室、项目团队等。设定一些常见的职场压力情境，如工作任务繁重、人际关系复杂、职业发展受限等。让学生分别扮演不同的角色，如公司老板、部门经理、普通员工等，体验职场中的各种压力和挑战。

准备道具和资源：准备办公桌椅、电脑、文件资料等道具，营造逼真的职场环境。收集相关的音频、视频资料，如职场压力调查报告、应对职场压力的成功案例等，作为教学资源。

（2）角色分配

学生自主选择与教师调配相结合：让学生根据自己的兴趣和特长选择角色，教师根据教学需要进行适当的调配。例如，性格开朗、善于沟通的学生可以扮演部门经理或普通员工，思维敏捷、分析能力强的学生可以扮演公司老板或职业顾问。

明确角色职责：向学生明确每个角色的职责和任务。例如，公司老板要负责制定公司的战略目标和计划，协调各部门之间的工作；部门经理要负责组织和管理本部门的工作，指导下属完成工作任务；普通员工要认真完成自己的本职工作，积极与同事合作。

（3）情境体验与互动

进入情境：学生进入创设好的职场情境中，开始体验和互动。按照角色的要求和情境的发展进行对话和交流，处理各种职场问题和压力。例如，员工要按时完成工作任务，与同事合作解决工作中的难题；部门经理要及时了解员工的工作情况，协调资源，解决问题；公司老板要关注公司的发展战略，做出正确的决策。

引导与反馈：教师在学生情境体验和互动的过程中，适时进行引导和反馈。当学生遇到困难或出现偏差时，教师要及时给予指导和帮助。例如，当员工在工作中遇到挫折和压力时，教师可以引导学生正确看待挫折，采取积极的应对方式；当部门经理在管理过程中出现问题时，教师可以给予指导和建议，帮助其改进管理方法。

（4）总结与反思

小组讨论：情境体验和互动结束后，组织学生进行小组讨论。让学生分享自己在情境中的感受、体验和收获，讨论在情境中遇到的问题和解决方法，以及对自己和他人的表现进行评价和反思。例如，学生可以分享自己在应对职场压力时的心理变化和应对策略，讨论如何更好地与同事和上级沟通合作。

教师总结：在小组讨论的基础上，教师进行总结和归纳。对学生在情境中的表现进行全面的评价和分析，总结学生在应对职场压力方面的知识和技能掌握情况，针对学生存在的问题和不足提出改进的措施和建议。例如，教师可以指出学生在沟通技巧、时间管理、情绪调节等方面存在的问题，并给予相应的指导和建议。

4.沉浸式互动教学法的优势与挑战

（1）优势

增强学习体验：通过创设逼真的情境，让学生身临其境地感受心理现象和问题，能够增强学生的学习体验，提高学习的积极性和主动性。

促进知识内化：在情境体验和互动过程中，学生需要运用所学的心理健康知识和技能来解决问题，这有助于促进知识的内化和能力的提升。

培养综合能力：沉浸式互动教学法注重学生的团队合作、沟通交流、问题解决等综合能力的培养，能够提高学生的综合素质和社会适应能力。

个性化学习：学生可以根据自己的兴趣和特长选择角色，参与到不同的情境中，实现个性化学习。

（2）挑战

情境创设难度大：要创设逼真、有效的情境，需要教师具备丰富的专业知识和实践经验，同时还需要投入大量的时间和精力进行准备。

学生参与度不均衡：在情境体验和互动过程中，可能会出现部分学生参与度高，部分学生参与度低的情况，影响教学效果。

教学评价难度大：由于沉浸式互动教学法的教学过程较为复杂，学生的表现和收获也具有多样性，因此教学评价难度较大。

5.应对挑战的策略

加强教师培训：学校应加强对教师的培训，提高教师的专业素养和实践能力，使教师能够熟练掌握情境创设的方法和技巧。

建立激励机制：通过建立激励机制，鼓励学生积极参与情境体验和互动，提高学生的参与度。例如，对表现优秀的学生给予奖励和表彰。

多元化教学评价：采用多元化的教学评价方式，综合考虑学生的课堂表现、作业完成情况、小组讨论贡献等因素，全面评价学生的学习效果。

沉浸式互动教学法为大学生心理健康教育课程的教学带来了新的思路和方法。通过合理应用这种教学方法，能够有效提高教学质量，促进学生的心理健康发展。同时，我们也要正视其面临的挑战，并采取相应的策略加以应对，不断完善和创新教学方法，为培养具有良好心理素质的高素质人才做出贡献。

（二）项目式学习法

1.项目式学习法的概念与特点

项目式学习法是一种以学生为中心，通过让学生参与实际项目的设计、实施和管理，来培养学生的综合能力的学习方法。在大学生心理健康教育课程中，项目式学习法旨在让学生在解决实际问题的过程中，深入理解心理健康知识，提高心理调适能力和实践能力。

项目式学习法具有以下特点：

实践性：强调学生的亲身参与和实践操作，让学生在做中学，学中做。

综合性：涉及多个学科领域的知识和技能，培养学生的综合素养。

合作性：通常以小组形式开展，要求学生之间相互协作、共同完成任务，培养学生的团队合作精神。

自主性：学生在项目实施过程中具有较大的自主权，能够充分发挥自己的主观能动性和创造力。

2. 项目式学习法的实施步骤

（1）项目选题

结合课程目标和学生需求：根据心理健康教育课程的教学目标和学生的实际需求，选择具有现实意义和挑战性的项目主题，如"大学生心理健康宣传活动的策划与实施""校园心理健康环境的调查与改善"等。

引导学生自主选题：鼓励学生根据自己的兴趣和特长，自主提出项目选题，并组织学生进行讨论和论证，确定最终的项目主题。

（2）项目规划

制订项目计划：学生小组在确定项目主题后，要制订详细的项目计划，包括项目目标、任务分工、时间安排、资源需求等。项目计划要具体、可行，具有可操作性。

明确角色职责：根据项目计划，明确每个小组成员的角色和职责，确保每个成员都清楚自己的任务和责任。

（3）项目实施

开展调研与分析：学生小组按照项目计划，开展相关的调研和分析工作。例如，在"大学生心理健康宣传活动的策划与实施"项目中，学生可以通过问卷调查、访谈等方式，了解大学生的心理健康状况和需求，为宣传活动的策划提供依据。

制订解决方案：根据调研和分析的结果，学生小组要制订具体的解决方案。例如，在"校园心理健康环境的调查与改善"项目中，学生可以提出改善校园心理健康环境的建议和措施，如加强心理健康教育宣传、优化校园心理咨询服务等。

项目执行与监控：学生小组按照解决方案，组织实施项目，并对项目进展情况进行监控和调整。在项目执行过程中，要及时解决遇到的问题和困难，确保项目顺利进行。

（4）项目展示与评价

项目展示：学生小组完成项目后，要进行项目展示。展示形式可以多样化，如 PPT 演示、海报展示、现场表演等。通过项目展示，学生小组向全班同学和教师汇报项目的实施过程和成果。

项目评价：采用多元化的评价方式，对项目进行评价。评价主体包括教师、学生小组和学生。评价内容主要包括项目的目标达成情况、实施过程、成果质量、团队合作等方面。通过项目评价，总结项目的经验和教训，为今后的项目式学习提供参考。

3.项目式学习法在大学生心理健康教育课程中的应用案例

（1）项目选题

结合大学生的心理健康需求和校园文化特点，确定"大学生心理健康宣传活动的策划与实施"作为项目主题。旨在通过策划和实施一系列心理健康宣传活动，提高大学生的心理健康意识，普及心理健康知识。

（2）项目规划

制订项目计划：学生小组制订详细的项目计划，包括活动目标、活动内容、活动形式、时间安排、人员分工、资源需求等。例如，活动目标设定为提高大学生对心理健康的重视程度，增强心理调适能力；活动内容包括心理健康讲座、心理测试、心理拓展训练等；活动形式采用线上线下相结合的方式；时间安排在一个月内完成；人员分工明确每个成员的职责，如活动策划、宣传推广、现场组织等；资源需求包括场地、设备、宣传资料等。

明确角色职责：根据项目计划，明确每个小组成员的角色和职责。例如，组长负责项目的整体规划和协调；宣传组负责活动的宣传推广工作，包括制作海报、宣传单页，利用社交媒体进行宣传等；活动执行组负责活动的现场组织和实施；后勤保障组负责活动所需的物资和设备准备等。

（3）项目实施

开展调研与分析：学生小组通过问卷调查、访谈等方式，了解大学生的心理健康状况和需求。例如，设计问卷调查大学生的心理压力来源、应对方式、心理健康知识掌握情况等；访谈部分学生，深入了解他们在心理健康方面遇到的问题和困惑。根据调研结果，分析大学生心理健康的特点和需求，为宣传活动的策划提供依据。

制订解决方案：根据调研和分析的结果，学生小组制订具体的宣传活动方案。例如，针对大学生心理压力大的问题，策划心理健康讲座，邀请心理学专家讲解压力管理和情绪调节的方法；针对大学生对心理健康知识了解不足的问题，设计心理测试和心理拓展训练活动，帮助学生了解自己的心理状况，提高心理调适能力。

项目执行与监控：学生小组按照宣传活动方案，组织实施项目。在项目执行过程中，要密切关注项目的进展情况，及时解决遇到的问题和困难。例如，在宣传推广过程中，发现宣传效果不理想，及时调整宣传策略，增加宣传渠道和宣传力度；在活动现场组织过程中，出现人员安排不合理的情况，及时进行调整，确保活动的顺利进行。

（4）项目展示与评价

项目展示：学生小组完成项目后，通过 PPT 演示、海报展示、现场表演等形式，向全班同学和教师汇报项目的实施过程和成果。例如，展示心理健康讲座的内容和现场照片，介绍心理测试和心理拓展训练的设计和实施情况，分享活动取得的成效和经验教训。

项目评价：采用多元化的评价方式，对项目进行评价。教师根据项目的目标达成情况、实施过程、成果质量、团队合作等方面进行评价；学生小组之间进行互评，相互学习和借鉴；学生自评，反思自己在项目中的表现和收获。通过项目评价，总结项目的经验和教训，为今后的项目式学习提供参考。

4. 项目式学习法的优势与挑战

（1）优势

提高学生的综合能力：通过参与实际项目的设计、实施和管理，学生能够锻炼自己的实践能力、团队合作能力、沟通能力、问题解决能力等综合能力。

增强学生的学习动力：项目式学习法以学生的兴趣和需求为导向，让学生在解决实际问题的过程中学习心理健康知识，能够激发学生的学习动力和积极性。

培养学生的创新精神：在项目实施过程中，学生需要自主探索和创新，提出独特的解决方案和创意，有助于培养学生的创新精神。

促进知识的整合与应用：项目式学习法要求学生将所学的心理健康知识与其他学科知识相结合，综合运用到项目实践中，能够促进知识的整合与应用。

（2）挑战

项目管理的难度较大：项目式学习法涉及项目的规划、组织、实施和监控等多个环节，需要学生具备一定的项目管理能力。缺乏项目管理经验的学生可能会遇到困难。

时间管理和资源分配的问题：项目实施需要一定的时间和资源，学生可能会面临时间紧张、资源不足等问题，影响项目的顺利进行。

评价标准的制定和实施：项目式学习法的评价标准相对复杂，需要综合考虑多个方面的因素。制定科学合理的评价标准，并确保评价的公平公正，是一个挑战。

5. 应对挑战的策略

加强项目管理培训：在项目式学习法实施前，对学生进行项目管理培训，让学生了解项目管理的基本流程和方法，提高学生的项目管理能力。

合理安排时间和资源：在项目规划阶段，要充分考虑项目的时间和资源需求，合理安排项目进度，合理分配资源。同时，要引导学生学会时间管理和资源管理，提高资源利用效率。

制定科学的评价标准：根据项目的特点和目标，制定科学合理的评价标准。评价标准要具体、明确、可操作，能够全面反映项目的实施情况和学生的表现。同时，在评价过程中，要确保评价的公平公正，避免主观性和片面性。

项目式学习法为大学生心理健康教育课程的教学带来了新的活力和机遇。通过合理应用这种教学方法，能够有效提高学生的综合能力和心理健康水平。同时，我们也要正视其面临的挑战，并采取相应的策略加以应对，不断完善和创新教学方法，为培养具有良好心理素质的高素质人才做出贡献。

（三）混合式教学模式

1. 混合式教学模式的概念与优势

混合式教学模式是将线上教学与线下教学有机结合的一种教学模式。它充分发挥了线上教学和线下教学的优势，为大学生心理健康教育课程提供了更加丰富、灵活的教学资源和教学方式。

混合式教学模式的优势主要包括以下几个方面：

丰富教学资源：线上教学平台可以提供大量的心理健康教育视频、音频、课件、案例等教学资源，学生可以根据自己的需求和兴趣进行自主学习，拓宽学习渠道。

提高学习灵活性：学生可以根据自己的时间和进度，随时随地进行线上学习，不受时间和空间的限制。同时，线下教学可以提供面对面的交流和互动机会，满足学生的个性化需求。

增强学习效果：线上教学与线下教学相结合，可以实现知识的传授与实践应用的有机结合。线上教学为学生提供理论知识的讲解和学习指导，线下教学则通过实践活动、小组讨论等方式，帮助学生加深对知识的理解和应用，提高学习效果。

促进个性化学习：混合式教学模式可以根据学生的学习情况和需求，提供个性化的学习路径和学习支持。学生可以根据自己的学习进度和掌握情况，自主选择学习内容和学习方式，实现个性化学习。

2. 混合式教学模式的实施策略

（1）线上教学资源的建设与优化

资源整合与分类：整合各类优质心理健康教育资源，包括国内外知名心理学专家的讲座视频、经典的心理健康教育案例、权威的心理测试量表等。将这些资源按照主题进行分类，如情绪管理、人际交往、自我认知等，方便学生查找和学习。例如，将情绪管理相关的视频资源分为情绪调节方法、情绪与健康、应对压力下的情绪等内容板块。

鼓励教师制作具有本校特色的心理健康教育微课视频。这些微课可以针对本校学生常见的心理问题进行深入讲解，如针对本地文化背景下学生的社交焦虑问题，制作专门的应对策略微课。

互动功能增强：在在线学习平台上增加互动功能，如设置在线讨论区、问答板块等。学生可以在讨论区分享自己的学习心得、提出疑问，教师和其他学生可以及时回复。例如，在关于人际交往的课程单元中，学生在讨论区分享自己在宿舍遇到的人际关系困扰，其他同学可以分享自己的经验和解决方法，教师进行总结和引导。利用在线测试和问卷调查功能，及时了解学生的学习情况和对课程内容的反馈。教师可以根据测试结果调整教学内容和进度，根据问卷调查反馈改进教学方法。

（2）线下教学活动的设计与组织

体验式活动为主：设计丰富的体验式线下教学活动，如心理情景剧表演、团体心理辅导等。心理情景剧表演可以让学生根据自己或身边人的心理经历编写剧本并表演，在表演过程中深入体验角色的心理状态，提高对心理问题的认知和应对能力。团体心理辅导则可以通过各种团队活动，如信任背摔、齐眉棍等游戏，增强学生之间的信任和合作，同时促进学生的自我探索和成长。开展心理健康主题的工作坊，如情绪管理工作坊、压力应对工作坊等。在工作坊中，教师通过讲解、示范、小组练习等方式，让学生深入学习和实践心理健康知识和技能。

个性化指导：在线下教学活动中，教师要注重对学生的一对一个性化指导。例如，在心理咨询室开放时间，学生可以预约与教师进行面对面的交流，教师根据学生的具体情况提供个性化的心理调适建议。在团体活动中，教师也要关注每个学生的表现，及时给予针对性的指导和反馈。

（3）线上线下教学的融合策略

教学内容的衔接：线上教学内容为线下教学奠定基础，在线上教学中讲解心理健康的基本概念、理论知识等，线下教学则对这些知识进行深化和拓展。例如，在线上学习了马斯洛的需求层次理论后，线下教学可以通过案例分析、小组讨论等方式，探讨如何在实际生活中满足不同层次的需求以及需求未满足时的心理反应。

线下教学中的实践活动成果可以反馈到线上教学中。比如，学生在心理情景剧表演后，将自己的表演视频、心得体会等上传到线上学习平台，供其他同学学习和交流，同时教师也可以根据这些成果调整后续的线上教学内容。

教学进度的协同：根据线上教学和线下教学的特点，合理安排教学进度。线上教学可以提前发布学习任务和学习资源，让学生自主预习。线下教学则根据线上学习的情况进行深入讲解和实践操作。例如，在开展团体心理辅导之前，先让学生在线上学习团体心理辅导的基本理论和流程，线下再进行实际的操作和体验。

定期对线上线下教学进度进行评估和调整。通过学生的学习反馈、测试成绩等，判断教学进度是否合适，如果发现线上学习进度过快或线下教学实践环节时间不足等问题，就及时进行调整。

（4）混合式教学模式的评价体系

多元化评价主体：建立包括教师评价、学生自评和学生互评的多元化评价体系。教师评价主要从知识掌握、技能提升、态度转变等方面进行全面评价；学生自评可以让学生对自己的学习过程和学习效果进行反思，如自己在心理情景剧表演中的表现、在线上学习中的参与度等；学生互评则可以促进学生之间的相互学习和交流，例如在团体心理辅导中，学生互相评价彼此在团队合作中的贡献。

多维度评价指标：从知识与技能、过程与方法、情感态度与价值观三个维度构建评价指标。在知识与技能方面，考查学生对心理健康知识的掌握程度和运用能力，如是否能够正确识别常见的心理问题并运用相应的应对策略；在过程与方法方面，关注学生在学习过程中的参与度、合作能力和问题解决能力，如在小组讨论中的表现、在体验式活动中的收获等；在情感态度与价值观方面，评估学生对心理健康的重视程度、积极的生活态度等，如是否对心理健康课程有积极的态度、是否在日常生活中主动关注自己和他人的心理健康。

3. 混合式教学模式在大学生心理健康教育课程中的应用案例

（1）案例主题

以"情绪管理综合课程"作为案例主题。

（2）线上教学实施

资源建设：整合国内外知名心理学专家的情绪管理讲座视频，如丹尼尔·戈尔曼关于情绪智力的讲座片段。将这些视频按照情绪的种类（如愤怒、焦虑、抑郁等）、情绪的产生机制、情绪的调节方法等进行分类整理。

教师制作了一系列微课视频，如"大学生常见情绪问题及应对策略""情绪与学业成绩的关系"等，每个微课时长控制在 10~15 分钟，方便学生利用碎片化时间学习。

互动引导：在在线学习平台上设置了专门的情绪管理讨论区，教师定期发布话题，如"你在考试前是如何应对焦虑情绪的？"，引导学生分享自己的经历和想法。同时，教师及时回复学生的帖子，给予指导和建议。

利用在线测试功能，在每个知识单元学习后进行小测试，测试内容包括情绪的基本概念、情绪调节的方法等。根据测试结果，教师调整教学重点，针对学生普遍掌握不好的知识点进行重点讲解。

（3）线下教学实施

体验式活动：开展了情绪管理工作坊，包括情绪觉察训练、情绪表达艺术等活动。在情绪觉察训练中，教师通过引导语让学生闭上眼睛，感受自己当下的情绪状态，然后分享自己的感受。在情绪表达艺术活动中，学生学习用绘画、音乐等方式表达自己的情绪。

组织了心理情景剧表演，主题为"宿舍中的情绪冲突与化解"。学生们根据自己在宿舍生活中的经历编写剧本，然后在课堂上进行表演。表演结束后，进行小组讨论，分析剧中人物的情绪问题及应对方式。

个性化指导：在心理咨询室开放时间，教师为有需要的学生提供一对一的情绪管理辅导。例如，某学生因为与室友的矛盾而长期处于愤怒和压抑的情绪中，教师通过倾听、共情等方式，帮助学生分析自己的情绪来源，并提供具体的应对策略，如有效的沟通技巧、情绪调节方法等。

（4）线上线下融合与评价

教学内容衔接：线上学习的情绪理论知识为线下工作坊和情景剧表演提供了基

础。例如，在学习了情绪的产生机制后，学生们在心理情景剧表演中能够更准确地塑造角色的情绪状态。线下活动中的案例和经验又反馈到线上教学中，如学生们在情绪管理工作坊中的心得体会被整理成文档上传到线上平台，供其他同学学习。

教学进度协同：线上提前发布学习任务，让学生预习情绪管理的基本概念和理论知识。线下根据线上学习情况开展深入的体验式学习和实践活动。在课程中期，通过线上测试评估学生的学习效果，根据结果调整线下活动的难度和重点。例如，如果线上测试发现学生对情绪调节方法掌握不足，线下就增加相关的实践活动和案例分析。

评价体系应用：在评价过程中，教师发现大部分学生在知识与技能方面对情绪调节方法有一定的掌握，但在实践运用方面还有待提高（在情景剧表演中体现）。于是在后续的教学中，增加了团队合作的训练内容。同时，通过学生自评和互评，发现学生们对情绪管理课程的态度更加积极，这表明教学在情感态度与价值观方面取得了较好的效果。

混合式教学模式通过线上线下教学的有机结合，为大学生心理健康教育课程带来了新的活力和机遇。它能够充分利用现代信息技术，整合优质教学资源，提高教学的灵活性和个性化程度，同时通过多元化的评价体系全面评估学生的学习效果，促进学生的心理健康发展。

（四）体验式教学法

1.体验式教学法的概念与内涵

体验式教学法是一种以学生的直接经验为基础，通过创设情境、开展实践活动等方式，让学生在亲身体验中学习心理健康知识和技能的教学方法。它强调学生的主体参与和情感投入，注重学生在体验过程中的感悟和成长。

在大学生心理健康教育课程中，体验式教学法旨在帮助学生更好地理解自己的心理状态，提高心理调适能力和社会适应能力。学生通过亲身参与各种体验活动，如角色扮演、心理拓展训练、艺术表达等，在实践中感受心理现象的变化，从而更深刻地领悟心理健康的重要性。

2.体验式教学法的实施步骤

（1）情境创设

基于学生需求确定主题：深入了解大学生的心理需求和困惑，结合心理健康教育的目标，确定体验式教学的主题。例如，针对大学生普遍存在的社交焦虑问题，可以确定"社交场合中的自我展示与沟通"为主题。

设计逼真情境：根据确定的主题，设计具有代表性和启发性的情境。情境的设计要尽可能贴近学生的生活实际，让他们能够在熟悉的场景中产生共鸣。比如，在"社交场合中的自我展示与沟通"主题中，可以设计一个校园招聘会的情境，让学生扮演求职者和面试官，体验在竞争激烈的环境中如何展示自己的优势和特长，以及如何与他人进行有效的沟通。

（2）活动引导

明确活动规则和要求：在开展体验活动之前，向学生详细说明活动的规则和要求，确保他们清楚知道自己的任务和目标。例如，在心理拓展训练中，告知学生每个项目的具体操作方法、安全注意事项以及团队合作的要求等。

引导学生积极参与：鼓励学生积极主动地参与到体验活动中，克服内心的恐惧和顾虑。教师可以通过示范、使用鼓励性语言等方式，激发学生的参与热情。比如，在角色扮演活动中，教师可以先进行示范表演，展示如何更好地理解和表现角色的心理状态，然后鼓励学生大胆尝试。

（3）过程观察与指导

密切关注学生表现：在体验活动过程中，教师要密切关注学生的表现，观察他们的行为、情绪和语言等方面的变化。例如，在团队合作项目中，注意学生之间的沟通方式、分工协作情况以及解决冲突的能力等。

适时给予指导和支持：当学生在体验活动中遇到困难或问题时，教师要及时给予指导和帮助。指导的方式可以是提供建议、引导思考、分享经验等。比如，当学生在角色扮演中遇到表达困难时，教师可以引导学生回忆相关的知识和技巧，或者分享自己在类似情境中的应对方法。

（4）总结与反思

组织学生分享体验：体验活动结束后，组织学生进行分享和交流，让他们讲述自己在活动中的感受、体验和收获。例如，在艺术表达活动后，让学生分享自己通过绘画、音乐等方式所表达的内心世界，以及在这个过程中的心理变化。

引导深入反思：引导学生对自己的体验进行深入反思，思考自己在活动中的行为和心理反应，以及从中获得的启示和教训。例如，在社交场合体验活动后，让学生反思自己在与他人交往中的优点和不足，思考如何改进自己的社交技巧和沟通方式。

总结教学内容：教师对本次体验式教学进行总结，梳理所学的心理健康知识和技能，强调重点和难点。同时，对学生在活动中的表现进行评价，肯定他们的优点和进步，指出存在的问题和不足，并提出改进的建议。

3. 体验式教学法在大学生心理健康教育课程中的应用案例

（1）情境创设

基于学生需求确定主题：通过问卷调查和访谈发现，很多大学生在面对压力和负面情绪时，不知道如何正确地表达和释放，导致情绪积压，影响身心健康。因此，确定"情绪表达与释放"为主题。

设计逼真情境：设计一个"情绪宣泄室"的情境，模拟真实的生活场景。在"情绪宣泄室"中，设置了各种道具和设施，如沙袋、涂鸦墙、音乐放松设备等，学生可以在安全的环境中自由地表达和释放自己的情绪。

（2）活动引导

明确活动规则和要求：向学生说明在"情绪宣泄室"中的活动规则，如要遵守秩序、爱护设施设备、不得伤害自己和他人的安全等。同时，要求学生在体验过程中，尽量真实地表达自己的情绪，不要压抑自己。

引导学生积极参与：鼓励学生勇敢地进入"情绪宣泄室"，尝试不同的方式来表达和释放自己的情绪。教师可以通过语言引导，让学生回忆自己最近遇到的压力事件和负面情绪，然后引导他们选择合适的方式进行宣泄。

（3）过程观察与指导

密切关注学生表现：在学生体验过程中，教师要密切观察他们的行为和情绪变化。例如，观察学生在击打沙袋时的力度和频率，判断他们的情绪强度；观察学生在涂鸦墙上的绘画内容和风格，了解他们的内心世界。

适时给予指导和支持：当发现学生情绪过于激动或不知道如何正确表达情绪时，教师要及时给予指导和帮助。比如，若学生在击打沙袋时过于用力，可能会对自己造成伤害，教师就要及时制止并引导学生调整力度；当学生在涂鸦墙上不知所措时，教师可以给予一些启发性的建议，帮助他们找到适合自己的表达方式。

（4）总结与反思

组织学生分享体验：体验活动结束后，组织学生围坐在一起，分享自己在"情绪宣泄室"中的感受和体验。有的学生可能会分享自己在击打沙袋后感觉压力得到了释放，心情变得轻松；有的学生可能会分享自己在涂鸦过程中发现了自己内心深处的一些想法和情感。

引导深入反思：引导学生对自己的体验进行深入反思，思考自己在情绪表达和释放方面的习惯和方式，以及如何改进。例如，有的学生可能会意识到自己在面对压力时总是选择压抑自己的情绪，而没有及时地表达和释放，从而思考如何在今后的生活中更加积极地面对自己的情绪。

总结教学内容：教师对本次体验式教学进行总结，强调情绪表达和释放的重要性，以及正确的方法和技巧。同时，对学生在活动中的表现进行评价，肯定他们的勇敢尝试和积极参与，指出存在的问题和不足，并提出改进的建议。

4. 体验式教学法的优势与挑战

（1）优势

增强学习效果：通过亲身体验，学生能够更加深入地理解和掌握心理健康知识和技能，提高学习的积极性和主动性。例如，在角色扮演活动中，学生通过模拟真实的情境，能够更好地体会不同角色的心理状态，从而加深对人际交往技巧的理解。

培养实践能力：体验式教学法注重学生的实践操作，让学生在实践中锻炼自己的心理调适能力和社会适应能力。例如，在心理拓展训练中，学生通过参加各种团队项目，能够提高自己的团队协作能力和解决问题的能力。

促进情感发展：体验式教学法能够激发学生的情感共鸣，让他们在体验过程中感受到不同的情感，从而促进情感的发展和成熟。例如，在艺术表达活动中，学生通过绘画、音乐等方式表达自己的内心世界，能够释放情感压力，培养积极的情感态度。

（2）挑战

情境创设难度大：要创设逼真、有效的体验情境，需要教师具备丰富的专业知识和实践经验，同时还需要投入大量的时间和精力进行准备。例如，设计一个模拟职场竞争的情境，需要教师了解职场的实际情况和需求，准备相关的道具和资料。

学生个体差异大：不同学生在体验活动中的表现和收获可能存在较大差异，有些学生可能能够积极参与并从中获得很大的成长，而有些学生可能会因为性格内向、缺乏自信等原因而参与度不高。教师需要关注学生的个体差异，采取个性化的指导和提供支持措施。

安全管理问题：在一些体验活动中，如心理拓展训练中的高空项目、情绪宣泄室中的剧烈运动等，存在一定的安全风险。教师需要制定完善的安全管理制度，确保学生在体验过程中的安全。

5. 应对挑战的策略

加强教师培训：学校应定期组织教师参加专业培训，提高教师的情境创设能力和教学水平。同时，鼓励教师开展教学研究和实践探索，不断积累经验，优化教学设计。

关注个体差异：要密切关注学生的个体差异，根据学生的性格特点、兴趣爱好和学习能力等因素，调整教学方法和指导策略。对于参与度不高的学生，要给予更多的鼓励和支持，帮助他们克服困难，积极参与到活动中来。

强化安全管理：制定详细的安全管理制度和应急预案，对体验活动进行严格的安全评估和风险控制。在活动前，对场地、设备等进行全面检查，确保安全可靠；在活动过程中，安排专人负责安全监督，及时发现和处理安全隐患。

（五）团体辅导法

1. 团体辅导法的概念与特点

团体辅导法是在团体情境下进行的一种心理辅导形式，它通过团体成员之间的互动和交流，帮助成员解决心理问题，促进个人的成长和发展。在大学生心理健康教育课程中，团体辅导法具有独特的优势和特点。

团体辅导法的特点主要包括以下几个方面：

互动性强：团体成员之间相互交流、分享和反馈，形成一种积极的互动氛围。这种互动可以促进成员之间的相互理解和信任，增强彼此的支持和帮助。

资源共享：团体成员来自不同的背景，拥有不同的经历和观点。在团体辅导过程中，成员可以分享自己的经验和智慧，互相学习，共同成长。例如，在应对学业压力的团体辅导中，有的成员可能擅长时间管理，有的成员可能有独特的学习技巧，通过分享，大家可以获取更多的应对策略。

归属感强：团体为成员提供了一个安全、支持和接纳的环境，使成员感受到自己是团体的一部分，从而产生强烈的归属感。这种归属感有助于成员放下防备，更加真实地表达自己的情感和想法，深入探索自己的内心世界。

效率高：团体辅导可以同时对多个成员进行辅导，节省时间和资源。在团体中，成员可以通过观察和学习他人的行为和应对方式，获得更多的启示和感悟，加速个人的成长和改变。

2. 团体辅导法的实施步骤

（1）团体组建

确定团体目标：根据大学生心理健康教育课程的教学目标和学生的实际需求，确定团体辅导的目标。例如，针对大一新生的适应问题，可以设定"帮助新生适应大学生活，建立良好的人际关系"的团体目标；对于即将毕业的学生，可以设定"缓解就业压力，提升职业规划能力"的团体目标。

招募成员：通过宣传海报、课堂通知、网络平台等多种渠道招募团体成员。在招募过程中，要向学生详细介绍团体辅导的目的、内容、形式和注意事项，让学生了解团体的性质和要求。同时，要对报名学生进行筛选，确保成员具有相似的需求和问题，以提高团体的凝聚力和辅导效果。

确定团体规模和结构：根据团体目标和活动内容，确定团体的规模和结构。一般来说，团体规模以 8~15 人为宜，这样既能保证成员之间有充分的互动和交流，又能让领导者有效地引导和管理团体。团体的结构可以根据成员的特点和需求进行设计，如同质性团体（成员具有相似的问题或背景）或异质性团体（成员具有不同的特点和背景）。

（2）团体导入

建立关系：在团体辅导开始时，领导者要通过各种方式与成员建立良好的关系，营造安全、信任的氛围。例如，领导者可以介绍自己的身份和经验，分享一些有趣的经历或故事，让成员感受到领导者的亲和力和专业性。同时，鼓励成员进行自我介绍，增进彼此之间的了解和信任。

明确规则：向成员明确团体辅导的规则和要求，如保密原则、尊重他人、积极参与等。让成员明白在团体中应该遵守的行为准则，以确保团体的正常运行和成员的权益得到保障。

激发兴趣：通过有趣的活动或话题，激发成员对团体辅导的兴趣和参与热情。例如，可以组织一些轻松愉快的游戏或讨论，让成员在轻松的氛围中逐渐进入状态，积极参与到团体活动中来。

（3）团体活动实施

设计多样化的活动：根据团体目标和成员的需求，设计多样化的团体活动。这些活动可以包括心理游戏、角色扮演、小组讨论、案例分析、艺术表达等。例如，在帮助学生提高情绪管理能力的团体辅导中，可以设计"情绪脸谱绘制""情绪表达剧场"等活动，让学生通过绘画、表演等方式表达自己的情绪，学习情绪调节的方法和技巧。

引导成员参与：在活动过程中，领导者要积极引导成员参与，鼓励他们分享自己的感受和想法，促进成员之间的互动和交流。当成员遇到困难或沉默时，领导者要给予适当的支持和引导，帮助他们克服困难，积极参与到活动中来。

关注成员反应：密切关注成员在活动中的反应和表现，及时调整活动的内容和方式。如果发现成员对某个活动不感兴趣或参与度不高，领导者可以适当调整活动的难度或形式，以提高成员的参与度和积极性。

（4）团体结束与评估

总结与回顾：在团体辅导结束时，领导者要组织成员对团体的过程和收获进行总结和回顾。让成员分享自己在团体中的成长和变化，以及对自己和他人的认识和理解。同时，领导者要对团体的目标达成情况进行总结和评价，肯定成员的努力和成绩，指出存在的问题和不足。

处理离别情绪：团体辅导的结束可能会让成员产生离别情绪，领导者要关注成员的情绪变化，帮助他们处理好离别情绪。可以通过组织一些告别活动，如写感谢信、合影留念等，让成员感受到团体的温暖和支持，缓解离别带来的不适。

效果评估：采用多种方法对团体辅导的效果进行评估，如问卷调查、成员自评、互评、观察记录等。通过评估，了解成员在团体辅导前后的心理状态和行为变化，以及团体辅导对成员的影响和作用。根据评估结果，总结经验教训，为今后的团体辅导提供参考和改进方向。

3. 团体辅导法在大学生心理健康教育课程中的应用案例

（1）团体组建

确定团体目标：帮助大学生提高人际交往能力，改善人际关系，增强人际沟通技巧和团队合作精神。基于此，设定"大学生人际交往能力提升团体辅导"的主题。

招募成员：通过校园广播、海报宣传、班级推荐等方式招募成员。在招募过程中，向学生介绍团体辅导的目的、内容和方法，让学生了解团体的性质和要求。经过筛选，确定了12名具有不同程度人际交往困扰的大学生作为团体成员。

确定团体规模和结构：团体规模确定为12人，采用异质性团体结构，成员来自不同的专业和年级，具有不同的人际交往背景和问题。

（2）团体导入

建立关系：领导者向成员介绍自己的身份和经验，分享一些自己在人际交往中的有趣故事，让成员感受到领导者的亲和力和专业性。然后，组织成员进行自我介绍，鼓励他们分享自己的兴趣爱好、人际交往经历和期望。通过这些活动，成员之间逐渐熟悉起来，建立了初步的信任关系。

明确规则：向成员明确团体辅导的规则和要求，如保密原则、尊重他人、积极参与、按时参加等。让成员明白在团体中应该遵守的行为准则，以确保团体的正常运行和成员的权益得到保障。

激发兴趣：组织成员进行"人际交往大挑战"的游戏，让成员在规定时间内尽可能多地与其他成员进行交流和互动，完成任务。通过这个游戏，成员对人际交往的兴趣和参与热情得到激发，为后续的活动奠定了良好的基础。

（3）团体活动实施

设计多样化的活动：

心理游戏："盲人方阵"游戏，让成员蒙上眼睛，通过绳子围成最大的正方形。这个游戏可以培养成员的团队合作精神和沟通能力，让他们在活动中体验到团队协作的重要性和沟通的技巧。

角色扮演：设置一些常见的人际交往场景，如宿舍矛盾、同学之间的误会等，让成员扮演不同的角色，进行模拟表演。通过角色扮演，成员可以更好地理解他人的感受和需求，学习有效的沟通和解决问题方法。

小组讨论：组织成员进行小组讨论，话题包括如何建立良好的人际关系、如何处理人际冲突等。在讨论过程中，成员可以分享自己的经验和想法，互相学习和借鉴。

艺术表达：让成员通过绘画、音乐等方式表达自己的人际交往感受和体验。例如，让成员画一幅自己理想中的人际关系图，或者创作一首关于友谊的歌曲。通过艺术表达，成员可以更深入地探索自己的内心世界，释放情感压力。

引导成员参与：在活动过程中，领导者积极引导成员参与，鼓励他们分享自己的感受和想法。当成员遇到困难或参与度低时，领导者给予适当的支持和引导，帮助他们克服困难，积极参与到活动中来。例如，在角色扮演活动中，有些成员可能因为害羞或不自信而不敢表演，领导者可以通过鼓励、示范等方式，帮助他们克服心理障碍，勇敢地参与到活动中。

关注成员反应：密切关注成员在活动中的反应和表现，及时调整活动的内容和方式。如果发现成员对某个活动不感兴趣或参与度不高，领导者可以适当调整活动的难度或形式，以提高成员的参与度和积极性。例如，在"盲人方阵"游戏中，有些成员可能觉得难度过大，领导者可以适当调整绳子的长度或增加一些提示，让游戏更加适合成员的水平。

（4）团体辅导结束与评估

总结与回顾：在团体辅导结束时，领导者组织成员对团体的过程和收获进行总结和回顾。让成员分享自己在团体中的成长和变化，以及对自己和他人的认识和理解。例如，有的成员分享自己在活动中学会了倾听他人的意见，有的成员分享自己学会了如何处理人际冲突等。同时，领导者对团体的目标达成情况进行总结和评价，肯定成员的努力和成绩，指出存在的问题和不足。

处理离别情绪：团体辅导的结束可能会让成员产生离别情绪，领导者关注成员的情绪变化，帮助他们处理好离别情绪。通过组织告别活动，如写感谢信、合影留念等，让成员感受到团体的温暖和支持，缓解离别带来的不适。

效果评估：采用问卷调查、成员自评、互评、观察记录等方法对团体辅导的效果进行评估。评估发现，成员在人际交往能力方面有了明显的提高，如沟通技巧更加熟练、人际关系更加融洽等。同时，成员对自己的认识和理解也更加深入，自我认同感和自信心得到了增强。

团体辅导法为大学生心理健康教育课程提供了一种有效的教学方法，通过团体成员之间的互动和交流，帮助学生解决心理问题，促进个人成长和发展。在实施过程中，要注重团体的组建、导入、活动实施和结束评估等环节，确保团体辅导的效果和质量。同时，要根据学生的实际需求和特点，不断设计和创新团体活动，提高团体辅导的针对性和实效性。

第十一章 创新性心理健康教育模式的设计与实施

一、学校层面的创新路径设计

（一）数字化课程体系与智慧化资源整合

在信息技术飞速发展的今天，高校心理健康教育也需紧跟时代步伐，充分利用先进的技术手段和理念，构建更为科学、高效的教育模式。基于高校"三全育人"理念，即全员育人、全程育人、全方位育人，构建一个全面且富有针对性的"通识＋专业＋实践"三维心理健康课程体系，全方位覆盖学生的不同需求，从心理健康知识普及到专业领域的深入探究，再到实际场景中的应用实践，形成一个完整的教育闭环。

依托智慧校园平台强大的整合功能，我们能够将校内外丰富的心理健康教育资源进行有机融合。智慧校园平台作为信息交互的核心枢纽，打破了时间和空间的限制，使各类资源能够高效流通和共享。

（二）分层课程设计

针对不同年级学生面临的心理挑战和需求差异，开发分层课程。大一新生刚刚踏入大学校园，面临着生活环境、学习模式和人际关系等多方面的巨大转变，课程应围绕适应性心理模块。通过生动有趣的案例分析、互动式的小组讨论以及实用的应对策略讲解，帮助新生们更好地理解大学生活的特点和要求，掌握应对各种变化的方法和技巧，从而顺利度过适应期。也可以开发"大学第一课"VR导航系统，通过"VR校园导览＋情景模拟（如宿舍矛盾）"实现预适应训练。配套《大学生心理成长手册》，以"社交能量值积累""压力缓冲器升级"等游戏化任务形式驱动自我探索。

毕业生群体则面临着就业的巨大压力，可以开发职业压力管理模块的课程，帮助他们缓解求职过程中的焦虑情绪，提升应对竞争的能力。课程内容包括职业规划指导、面试技巧培训、职场心态调整等方面，通过模拟面试、职场情景再现等实践活动，让学生们在真实的场景中锻炼自己，增强自信心和心理韧性。也可联合企业开发"职业心理韧性实验室"，创建AI面试官模拟系统、职场人际关系沙盘推演等工具。例如，设计《互联网行业高压情境应对 12 讲》，结合"裁员危机沟通""跨部门协作冲突"等真实案例进行角色扮演训练。

研究生阶段，学术研究成为他们生活的主要内容，学术焦虑干预模块的课程旨在帮助他们应对科研过程中遇到的各种困难和压力。课程涵盖科研方法指导、论文写作技巧、时间管理策略以及情绪调节方法等内容，帮助研究生们树立正确的科研观念，提高科研效率，缓解由学术压力带来的焦虑情绪。

（三）虚实融合实践

利用 VR 技术的高度逼真性，可以模拟各种真实的职场场景，如职场面试、人际冲突等。在虚拟的职场面试场景中，学生们可以身临其境地感受面试的氛围，锻炼自己的表达能力和应变能力。系统会根据学生的表现给予实时反馈和评价，帮助他们发现问题并及时改进。在虚拟的人际冲突场景中，学生们可以学习如何有效地沟通和解决矛盾，提高自己的人际交往能力。这种沉浸式的训练方式能够让学生更加深入地体验和实践所学的心理健康知识和技能，增强教育效果。

创设沉浸式训练工坊，在心理实验中心部署混合现实（MR）设备，创设多模态交互场景；通过职场压力舱模拟投行 24 小时连轴工作场景，训练压力阈值管理与快速恢复能力；创设人际冲突剧场，通过情感计算技术捕捉参与者的微表情与语音语调，实时生成沟通改进建议；设置焦虑脱敏空间，对患有社交焦虑障碍的学生实施暴露疗法，从虚拟观众演讲逐步过渡到真实场景演练。

除此之外，还应围绕丰富多样的心理健康主题，开发"心理微课资源库"，构建"蜂巢式知识单元库"，按 5~8 分钟颗粒度拆解知识点；开发《宿舍关系十大应对策略》互动漫画剧，嵌入分支剧情选择功能（不同选择触发不同关系走向）；制作《拖延症认知重构指南》系列短视频，结合番茄工作法可视化工具，提供"拖延类型诊断—个性化方案匹配"服务；上线《情感急救包》音频专栏，涵盖失恋心理复位、亲人离世哀伤处理等应急场景，这些微课以简洁明了的方式讲解常见的心理问题和应对方法，学生可以根据自己的需求和时间安排随时随地进行学习。每个微课都具有很强的针对性和实用性，通过生动的案例分析、实用的小贴士以及互动式的练习，帮助学生更好地理解和应用心理健康知识。

（四）校际协同联动

为了进一步拓展心理健康教育资源的广度和深度，还需要积极推动校际协同联动。通过组建高校联盟，各高校之间实现优质资源的共享和互补。例如组建长三角高校心理健康教育联盟，建立"课程共建—师资共培—学分互认"机制；清华大学、东北师范大学等学校的《积极心理学》，南京大学的《心理学与生活》等精品慕课，教学质量卓越，教学内容丰富，可将其纳入跨校选修体系，实施"线上主修＋线下研讨"混合式教学，不仅为学生提供了更多优质课程的选择，也能促进不同高校之间的学术交流和合作；开发"心理金课共享平台"，设立虚拟教研室，实现教案库、试题库、案例库的跨校协同开发与动态更新。

各高校可以共同开展心理健康教育研究和实践活动，分享彼此的经验和成果。教师之间可以进行线上交流，共同提升教学水平和专业素养。学生也可以通过参与跨校的学术活动和实践项目，拓宽自己的视野，增强综合素质。这种校际协同联动的方式打破了高校之间的壁垒，形成了一个更加开放、共享的心理健康教育生态系统，为培养具有良好心理素质的创新型人才提供了有力支持。

二、新媒体传播与辅导员数字化转型

（一）全媒体矩阵建设

在当今数字化浪潮席卷的时代，新媒体以其强大的传播力和广泛的影响力，为高校心理健康教育工作带来了全新的机遇与挑战。为了更好地贴近学生、服务学生，构建全方位、多层次的心理健康传播格局，高校积极打造"两微一抖一B站"心理健康传播矩阵。

"两微"即微信公众号和微博，作为信息传播的传统主力平台，它们拥有庞大的用户基数和广泛的传播范围。微信公众号凭借其精准的推送功能，能够根据学生的兴趣、专业等特征，将精心策划的心理健康内容精准地送达目标受众。每一篇推文都经过精心编辑，从排版到内容呈现，都力求做到既专业又生动有趣。微博则以其即时性和互动性强的特点，成为发布心理健康资讯的重要阵地。在这里，辅导员和心理健康教育工作者可以及时发布最新的心理调适方法、应对压力的技巧等信息，学生也能够迅速参与讨论，分享自己的感受和经验。

抖音作为短视频领域的佼佼者，以其简洁明快、生动形象的形式深受学生喜爱。高校充分利用抖音平台的优势，制作并发布一系列富有创意和吸引力的心理健康短视频。这些视频涵盖了情绪管理、人际交往、自我认知等多个方面，通过动画、情景短剧、专家讲解等多种形式，将专业的心理学知识转化为通俗易懂的内容，让学生在轻松愉悦的氛围中学习心理健康知识。

B 站则是年轻群体高度聚集的文化社区，具有独特的文化氛围和传播生态。高校入驻 B 站后，积极打造符合 B 站用户喜好的心理健康传播内容。在这里，心理健康知识的传播不再是枯燥的说教，而是通过与热门动漫、游戏等元素的巧妙结合，制作出一系列充满趣味性和互动性的视频。例如，以动漫角色为主角，演绎常见的心理问题及应对方法，吸引了大量学生的关注和喜爱。

除了搭建多元化的传播平台，高校还注重开发丰富多样的互动内容，以增强学生的参与感和体验感。"树洞匿名信箱"为学生提供了一个安全、私密的倾诉空间。在这里，学生可以毫无顾忌地写下自己内心的烦恼、困惑和秘密，不用担心被他人知晓。辅导员和心理健康教育工作者会定期查看信箱，针对学生的问题给予及时、专业的回复和建议。这种匿名的交流方式，让学生感受到了被尊重和理解，有助于打开他们的心扉，释放他们内心的压力。

"心理知识盲盒挑战赛"则是一种充满趣味性和挑战性的互动活动。在这个活动中，学生们通过参与线上挑战，随机抽取心理知识盲盒，回答其中的问题。根据回答情况，获得相应的积分和奖励。这种寓教于乐的方式，激发了学生学习心理健康知识的积极性和主动性，让他们在轻松愉快的氛围中掌握了更多的心理调适技巧。

同时，高校紧密结合校园热点问题，如体测焦虑、保研压力等，制作了一系列情景剧短视频。这些短视频以校园生活为背景，生动地展现了学生在面对各种压力时的真实状态和心理变化。巧妙的剧情设计和专业的演绎，让学生们在观看的过程中产生强烈的共鸣，进而思考如何正确应对这些问题。例如，在关于体测焦虑的情景剧中，学生们可以看到主人公从最初的恐惧和逃避，到逐渐调整心态、积极应对的过程，从而获得启发和借鉴。这些情景剧短视频不仅在内容上贴近学生的生活实际，而且在形式上具有很强的观赏性和感染力，成为心理健康传播矩阵中的一道亮丽风景线。

（二）辅导员能力升级

随着新媒体技术的飞速发展和广泛应用，辅导员的工作环境和任务发生了深刻的变化。为了更好地适应新时代的要求，提升心理健康教育工作的质量和效果，辅导员积极开展"AI + 心理"专项培训，努力实现自身的数字化转型。

"AI＋心理"专项培训涵盖了多个方面的内容，其中心理危机预警系统的操作是重要的一环。该系统借助先进的大数据和 AI 技术，能够实时监测学生的心理状态和行为变化。辅导员通过参加专项培训，熟练掌握了心理危机预警系统的操作方法和技巧，能够及时发现学生中存在的潜在心理危机。一旦系统发出预警信号，辅导员可以迅速采取相应的干预措施，为学生提供及时的心理支持和帮助。

网络团体辅导技术也是此次培训的重点内容之一。在网络环境下，传统的团体辅导方式面临着诸多挑战，而网络团体辅导技术则为辅导员提供了一种全新的工作模式。通过培训，辅导员学会了如何利用网络平台和工具，组织开展线上团体辅导活动。在网络团体辅导过程中，辅导员可以借助视频会议、在线聊天等功能，与学生进行实时互动和交流，引导学生分享自己的感受和经验，帮助他们解决心理问题。这种新型的团体辅导方式不仅突破了时间和空间的限制，还能够满足更多学生的需求，提高心理健康教育的覆盖面和实效性。

此外，辅导员还积极运用大数据追踪学生社交平台动态，以便更加全面、深入地了解学生的心理状况。通过对学生社交平台上的言论、行为等数据的分析，辅导员可以及时发现学生中存在的问题和隐患。例如，当系统监测到有学生深夜频繁发布情绪宣泄的帖子时，会自动触发预警机制。辅导员在接到预警信息后，会第一时间与学生取得联系，了解其近期的学习、生活和心理状况，给予针对性的关心和指导。这种基于大数据的精准干预，能够有效地预防和化解学生的心理危机，为学生的健康成长保驾护航。

在新媒体传播与辅导员数字化转型的进程中，高校通过全媒体矩阵建设和辅导员能力升级等一系列举措，为学生的心理健康教育工作注入了新的活力和动力。未来，高校将继续探索创新，不断完善心理健康教育体系，为培养德智体美劳全面发展的社会主义建设者和接班人做出更大的贡献。

三、动态监测与智能评估机制

在当今教育领域，学生的心理健康与全面发展愈加受到重视。为了更精准、全面地了解学生的状态，及时发现潜在问题并提供有效干预，构建一套科学有效的动态监测与智能评估机制显得尤为关键。其中，"四维评价模型"的构建成为这一机制的核心支撑，它从课程参与度、心理测评数据、行为轨迹分析和朋辈互评反馈四个维度，全方位、多层次地对学生的综合情况进行评估。

（一）基于多源数据的社交退缩倾向识别

在行为轨迹分析这一维度中，校园卡消费记录和图书馆出入数据成为洞察学生社交行为的重要窗口。校园卡作为学生在校园生活的"通行证"，其消费记录蕴含着丰富的信息。通过深入挖掘这些数据，我们可以描绘出学生在校园内的活动轨迹和消费习惯。例如，如果一名学生长期在食堂独自就餐，且消费地点较为固定，很少参与校园内其他消费活动，如聚餐、娱乐消费等，这可能暗示着他存在一定程度的社交退缩倾向。

同样，图书馆出入数据也能为我们提供有价值的线索。正常情况下，学生进入图书馆的目的多样，既包括学习、查阅资料，也可能会有与同学交流讨论的社交需求。然而，若某学生频繁进出图书馆，但每次停留时间较短，且几乎不与其他同学在馆内有互动交流，总是独自寻找安静角落，这或许也是社交退缩的一种表现。通过对这些数据的综合分析，我们能够及时捕捉到学生社交行为的细微变化，为后续的干预提供有力依据。

（二）利用 NLP 技术洞察群体心理动态

随着互联网的普及，学生们在网络平台上的交流日益频繁，学生论坛成为他们表达观点、分享感受的重要场所。在这个虚拟的交流空间里，学生们的语言表达蕴含着丰富的心理信息。利用 NLP 技术对这些论坛发帖内容进行深度分析，我们可以洞察学生群体的心理动态。

NLP 技术能够对大量的文本数据进行词法、句法、语义分析，提取出其中的关键信息和情感倾向。通过对学生论坛发帖的主题、用词、语气等方面的分析，我们可以了解学生们在不同时间段所关注的热点话题以及他们的情感倾向。例如，在考试周前后，学生们的发帖可能会更多地围绕学习压力、复习进度等主题展开，且负面情绪词的出现频率可能会增加。基于这些分析结果，我们可以生成群体心理动态热力图。这张热力图以直观的图形方式展示了学生群体在不同时间段、不同话题上的心理热度分布情况。通过观察热力图，心理健康教育工作者可以迅速把握学生群体的整体心理状态，及时发现有潜在心理问题的学生群体，并针对性地开展心理健康教育活动。

（三）"可穿戴设备 + 心理状态监测"的创新

在科技飞速发展的今天，可穿戴设备为我们的心理监测工作带来了新的机遇。高校可开展"可穿戴设备 + 心理状态监测"试点项目，借助先进的可穿戴设备实时采集学生的生理指标，如心率变异率等。心率变异率作为反映人体自主神经系统功能的重要指标，与个体的情绪状态密切相关。当个体处于紧张、焦虑等情绪状态时，心率变异率往往会发生明显变化。

借由可穿戴设备，我们能够实时获取学生的心率变异率数据，并将这些数据与学生的日常学习、生活场景相结合进行分析。例如，在课堂上，我们可以观察到学生在不同教学环节下的心率变异率变化情况，了解他们对知识的接受程度和课堂压力感受。在课间休息或课外活动中，心率变异率的变化则可以反映出学生的社交互动状态和情绪调节能力。一旦发现某个学生的心率变异率出现异常波动，系统会及时发出预警信号，提醒教师和心理健康教育工作者关注该学生的心理状态，以便尽早采取相应的干预措施。这种创新的监测方式不仅能够实现对学生的实时、动态监测，还能为个性化心理健康教育提供有力的数据支持。

通过构建"四维评价模型"，并综合运用多种先进技术和数据分析方法，我们能够更加全面、深入地了解学生的心理状态和行为表现。这不仅有助于我们及时发现学生存在的心理问题，还能为制订个性化的心理健康教育方案提供科学依据，从而更好地促进学生的全面发展。

四、个体与群体心理健康教育的协同推进

在大学生心理健康教育体系中，个体与群体心理健康教育的协同推进至关重要。群体干预作为其中的关键环节，其精准化设计对于提升心理健康教育效果具有深远意义。

（一）主题化团体辅导

主题化团体辅导是针对大学生群体中普遍存在的各类问题，精心设计的有针对性的专题活动，旨在通过团体互动和专业引导，帮助学生更好地应对和解决问题。

1. 学业压力——"截止日期（DDL）生存指南工作坊"

在大学的学习生活中，学业压力是学生们面临的主要挑战之一，尤其是面对各种课程作业和项目的 DDL 时，许多学生常常感到焦虑和无助。为了帮助学生有效应对学业压力，"DDL 生存指南工作坊"应运而生。

在工作坊中，专业的心理咨询师会先引导学生分享自己在面对 DDL 时的真实

感受和经历，让大家意识到自己并非独自面对这些困难。接着，咨询师会传授一系列实用的时间管理和任务规划技巧，例如如何制订合理的任务清单、如何根据任务的优先级进行排序以及如何合理分配时间等。通过模拟实际场景，让学生进行角色扮演和练习，使他们能够在实践中掌握这些技巧。

此外，工作坊还设置了小组讨论环节，学生们可以互相交流自己在应对学业压力方面的有效方法和经验，互相鼓励和支持。这种团体互动的方式不仅能够让学生从他人身上学到宝贵的经验，还能增强他们的团队合作意识和沟通能力，从而更好地应对学业压力。

2. 情感困惑——"亲密关系成长营"

情感问题在大学生活中也较为常见，尤其是亲密关系方面的困惑，常常给学生带来困扰。"亲密关系成长营"旨在帮助学生树立正确的爱情观和价值观，提升他们在亲密关系中的沟通能力和情感管理能力。

成长营通过开展一系列主题活动，如情感讲座、案例分析、角色扮演等，引导学生深入了解亲密关系中的各种问题和挑战。在情感讲座中，专业的心理学专家会讲解亲密关系的发展阶段、沟通技巧以及冲突解决方法等方面的知识，让学生对亲密关系有更全面的认识。

案例分析和角色扮演环节则为学生提供了实践的机会。通过分析真实案例，学生能够学会如何在不同的情感情境中做出正确选择并妥善应对。角色扮演则让学生亲身体验在亲密关系中可能遇到的各种问题，锻炼他们的沟通能力和解决问题的能力。同时，在活动过程中，学生们还可以分享自己的情感经历，得到专业老师和同学们的建议和支持，从而更好地处理自己的情感困惑。

3. 身份认同——"Z 世代文化沙龙"

随着时代的快速发展，Z 世代（指 1995~2009 年出生的人）面临着独特的身份认同问题。为了帮助学生更好地理解和认同自己的身份，"Z 世代文化沙龙"应运而生。

文化沙龙以 Z 世代文化为主题，涵盖了流行文化、社交媒体、社会热点等多个方面。在沙龙活动中，学生们可以围绕当下流行的文化现象展开讨论，分享自己的观点和感受。专业的文化研究者和社会学者会引导学生深入思考这些文化现象背后的社会意义和价值观念，帮助他们更好地理解自己所处的时代和社会环境。

通过参与文化沙龙，学生们能够认识到自己作为 Z 世代的一员，所具有的独特身份和文化特征。同时，他们还可以在与他人的交流和互动中，拓宽自己的视野，增强文化自信，从而更好地认同自己的身份，形成积极向上的价值观和人生观。

（二）朋辈互助网络

朋辈互助网络是一种基于学生之间相互信任和支持的心理健康教育模式，通过建立多层次的预警体系和经验共享平台，充分发挥朋辈的积极作用，为学生的心理健康保驾护航。

1."班级心理委员—宿舍长—社团骨干"三级预警体系

（1）班级心理委员

高校心理危机事件时有发生，促使高校加大了对大学生心理健康教育的关注力度。目前很多高校都成立了大学生心理健康教育中心，但师资力量不足成为我国高校心理健康教育发展的瓶颈。另外，很多同学由于思想上的误解，即使遇到问题也很少向心理咨询中心寻求帮助。因此，班级心理委员作为朋辈心理辅导队伍中的重要组成部分，成为我国高校心理健康教育队伍的有力补充，如何发挥其工作效能就显得尤为重要。

班级心理委员，是指在班级中专门负责开展心理健康教育工作的班委会成员。自2004年天津大学率先提出并实施了以心理委员为基础的危机干预快速反应机制开始，目前全国已有八成以上高校设立了班级心理委员。班级心理委员是学校心理健康教育工作的基础力量，是高校心理健康教育工作网络中的重要一环。作为大学生的同辈群体，他们承担着班级同学的知心伙伴、心理观察员、信息传递员和活动组织者等多重角色，弥补了心理健康教育师资力量严重缺乏的不足，扩大了心理健康教育的覆盖面，在心理问题早期发现、及时干预等方面起着不可或缺的作用。然而，由于朋辈心理辅导队伍起步较晚、经验不足，班级心理委员的工作依然面临很多问题。笔者通过近几年的工作，以及对班级心理委员、普通大学生的访谈发现，班级心理委员制度建设中存在以下常见问题：

选拔形式不规范：班级心理委员的选拔形式不一，有些是学生毛遂自荐、民主选举，有些则是辅导员指定团支书或生活委员兼任。部分同学竞选心理委员只是想当班委，感觉心理委员的竞争较小。这些原因都导致班级心理委员的服务意愿不等、素质参差不齐。由于心理委员职责不明确、工作积极性差，同学不认可也成为必然。这就无法保证心理健康教育工作的有效性，不利于班级心理健康工作的开展。

班级心理委员的成长缺乏系统培训：班级心理委员的选拔形式不规范，造成心理委员素质普遍不达标。目前大多数高校对班级心理委员的培训力度不够，存在培训时数过短、后续培训过少及培训实用性不足等一系列问题。由于高校心理健康教育师资数量不足，很难保证对心理委员进行长期、系统的培训。部分高校仅在选拔后培训一次或两次，告知其角色定位、工作职责；部分师资相对充足的高校会进行周末两天的短期培训，然而这些短期培训并不能快速提升心理委员的工作素养，加上很多培训理论性过强但实用性不足，因此班级心理委员在工作过程中手足无措，不知如何开展班级工作。

缺乏相应的管理制度：除了缺乏持续、系统的培训体系，缺乏针对班级心理委员的管理制度也是一大问题。心理委员的工作内容、工作性质与其他班干部不同，存在一定的特殊性。但班级心理委员的职责一直没有明确的范围，对于班级心理委员的工作也没有一个明确的、可以量化的评价体系，导致每所高校、每个班级都有不同的管理方法，有的学校安排心理委员开展心理健康知识的宣传、举办班级活动等基础性工作，有的学校或学院安排其从事班级心理动态的汇报，也有些仅安排其协助其他班委工作。而且班级心理委员的工作不易量化、成绩不易体现，导致班级同学认为这一职务"清闲"，甚至可有可无，这样就会使班级心理委员缺乏自我认同和自我激励，出现工作懈怠现象甚至辞职。

因此高校应不断完善班级心理委员制度建设，可以从以下几个方面努力：

规范选拔模式，完善选拔制度：班级心理委员队伍的建设是一个长期性、系统性的复杂工作，需要有计划、有目的地进行组织实施。班级心理委员的选拔有两种模式：先培养后选拔和先选拔后培养。关于先培养后选拔模式，1966年芭芭拉在《朋辈为什么重要》一文中曾提出这样的观点：在美国的校园中，每位小学生、中学生、大学生经过一定培训都有可能成为一名潜在的领袖模范。每一个经过培训的学生都有可能成为一名合格的朋辈心理辅导员，这种先培养后选拔的模式正是基于此种观点的。在报名初期，老师向所有报名学生讲清报名条件与工作要求，能够坚持系统培训的同学，表明其内心对这份工作已经有了认同，且他们在培训过程中已掌握了心理学的基本知识、自我调节的方法、人际关系技巧等，这些都是今后班级心理委员工作开展的前提和基础。关于先选拔后培养模式，即在新生入学后下发班级心理委员选拔通知，明确说明心理委员的角色定位、工作职责、工作素质，选拔出多于需求人数的准心理委员，之后再进行培训，培训结束后符合考核标准的同学留下来担任班级心理委员。可以按照笔试、心理量表测试、面谈三者相结合的方式，选拔出意愿强烈、素质水平较高的学生担任班级心理委员。选拔量表可采用卡特尔 16PF 人格问卷、气质类型测试、霍兰德职业兴趣测试等来综合测量学生的个性倾向、兴趣爱好及职业能力。

加大培训力度，建立长效培训机制：除了上述选拔过程中进行必要的培训，还要加强班级心理委员上岗后的培养。班级心理委员培养的重点，一要加强班级心理委员的自我探索和了解，二要使班级心理委员掌握心理辅导的基础理论和基本技能，三要学习如何处理学习类、生活类、情感类等实务问题，四要能够设计并开展班级活动。可以参考以下提纲进行培训：①自我探索与成长。②朋辈心理辅导基本工作理念与基本知识。③心理辅导相关理论知识。④心理辅导的基本技能及操作技能。⑤大学生常见心理问题的识别与诊断。⑥班级日常暖身活动、班级心理训练、心理文化普及等活动的设计和开展。培训时间可安排在每学期开学初的一到两个月，每周一次。

设立班级心理委员督导制度，促进其成长：督导分为心理咨询老师督导、心理委员团体督导和心理委员个人督导三种。心理咨询老师督导即大学生心理健康教育中心的老师定期对班级心理委员工作中遇到的难题进行指导；心理委员团体督导可以通过举办班级心理委员交流会，促进心理委员间开展工作交流；心理委员个人督导即心理委员对自己的工作进行记录并反思，总结个人成长及不足。

制定管理措施，考核与激励并行：一要制订《班级心理委员工作手册》，将班级心理委员应知应会的角色定位、工作职责、工作原则、必备心理咨询知识及技能、班级活动开展途径与方案、考核方法等内容写进手册，并在班级心理委员选拔后下发学习。二要建立班级心理委员考核制度，分为培训考核和工作考核。培训考核即岗前培训后进行笔试评分、课堂表现评分和提交一份个人成长报告；工作考核即对平时的工作职责进行考核，比如每月汇报班级心理健康动态、及时参加培训会议、每学期开展一次班级团体活动、协助学校心理健康教育中心开展工作等。三要重视班级心理委员的激励。班级心理委员和其他班干部一样参与校园评模选优，每年度进行"十佳心理委员""优秀心灵信使"的评选，搭建"班级心理委员技能大赛""趣味心理知识竞赛""校园心理情景剧大赛""心理情景剧 DV 大赛"等多种平台，为班级心理委员能力提升和展示提供舞台。

班级心理委员队伍作为高校心理健康教育"学校—院系—班级—宿舍"四级工作网络的基础环节，是发挥大学生主体作用和自我教育的积极尝试。高校应结合本校实际，在不断地探索和实践中，使班级心理委员制度建设走上规范化、制度化的道路。

（2）宿舍长（宿舍心理信息员）

宿舍长作为高校心理健康教育体系的"基层防线"和"第一道观察哨"，在心理健康预警与干预中扮演着不可替代的角色。他们既是学生日常生活的直接参与者，也是心理健康信息传递的关键节点，在学校四级心理防护网络（校级心理健康中心—院系心理辅导员—班级心理委员—宿舍长）中承担着"末梢神经"的职能。

宿舍长起着日常观察与信息收集的核心作用。宿舍长身处学生生活最前沿，对室友的作息规律、情绪波动、社交行为等细节具有天然观察优势。例如，某高校调研显示，70%以上的心理危机事件在发生前1~2周内会出现睡眠质量下降、人际冲突激化等宿舍场景中的异常表现，而这些信息往往最先被宿舍长捕捉。通过定期记录宿舍成员的心理状态（如是否出现长时间沉默、物品丢失、社交退缩等），宿舍长能够为后续干预提供关键线索。

宿舍长也是危机预警与初步干预的执行者。除日常观察外，宿舍长还需掌握基础心理危机识别技能。许多高校通过"心理委员＋宿舍长"联动培训，教授其识别抑郁倾向、自伤行为等高危信号，并明确"发现异常—24小时内上报—协助专业介入"的标准化流程，显著缩短危机干预响应时间，成功避免恶性事件。

宿舍长是心理健康教育体系的"神经末梢"。宿舍长不仅是信息传递者，更是心理健康理念的传播者。他们通过组织宿舍夜谈、分发心理知识手册等方式，在生活场景中渗透心理互助意识，充分发挥宿舍长在营造支持性环境中的作用。

宿舍长也是协同机制中的关键纽带。宿舍长需与班级心理委员、院系辅导员形成三级联动：每日向心理委员汇总宿舍动态；参与心理委员主导的月度排查；同时，将全国心理危机援助热线12356、学校心理健康中心的资源（如24小时热线、心理咨询预约通道、心理健康微信公众号）传递给室友。这种"网格化"管理模式，使心理健康服务从"被动等待求助"转向"主动前置干预"。

然而，当前宿舍长履职仍面临困境，比如部分学生因担心人际关系回避上报，或因缺乏培训而误判风险。对此，高校需强化宿舍长的"双重身份认同"——既是学生干部，也是心理健康协作的专业伙伴，通过颁发聘书、纳入志愿服务学分、提供《宿舍心理危机应对手册》等举措提升其责任感与能力。

宿舍长作为校园心理健康生态的"神经末梢"，其定位已从简单的信息上报者升级为"预防—预警—干预"全链条的重要参与者。未来需进一步通过制度保障（如明确岗位职责、纳入综合测评）、资源倾斜（如拨给专项培训经费）和技术赋能（如开发匿名上报 App），筑牢这一基层防线，真正实现"早发现、早干预"的心理健康教育目标。

（3）社团骨干

社团骨干作为校园心理健康教育体系的重要组成部分，构建起心理危机预防的第二道防线。他们依托社团活动的强互动性和成员归属感，既能敏锐捕捉心理动态，又能通过兴趣纽带化解潜在矛盾，成为学校心理健康中心、班级心理委员与学生群体之间的"活性催化剂"。

社团骨干活跃于学生兴趣社群（如动漫社、辩论队、志愿者协会等），这一角色天然具有场景渗透力和情感联结度。相较于班级和宿舍场景，社团活动中的成员互动更强调平等性与自愿性，心理戒备更弱。在日常的社团活动中，社长更容易捕捉到异常的情绪信号或异常表现；而且 60% 的社团成员更愿意向社长或者社员倾诉人际矛盾或自我认同困惑，而非寻求班级同学或宿舍成员的帮助。社团骨干凭借对成员兴趣偏好、行为模式的长期观察，能识别传统渠道易遗漏的"非典型"心理问题（如由创作挫败引发的自我否定、因团队竞争产生的过度压抑）。

社团骨干可以通过创新社团活动形式和内容渗透心理支持功能。一是通过主题嵌入，在辩论赛、戏剧社等活动中融入压力管理、情绪表达等心理健康教育主题。二是建立同伴支持网络，成立社团内部"心理观察员"小组，由骨干培训成员掌握倾听技巧与危机信号识别方法。

当然，社团骨干参与大学生心理健康教育的预防与干预，也存在一定的局限性。一是角色冲突，部分社团骨干因担心"过度干预影响社团凝聚力"，存在瞒报、迟报现象；二是专业能力欠缺，绝大部分社团骨干未接受过系统心理培训，对心理问题的识别不够敏感或专业，容易将心理问题简单归因为"态度不积极"或"性格问题"；三是社团心理信息独立于校级心理健康管理系统，持续追踪比较困难。

对于以上局限性，学校可以考虑通过以下策略进行改进。一是通过双轨认证机制将社团骨干纳入学校心理健康志愿者体系，颁发资质证书并与评优挂钩；二是加强心理技能培训，如进行《社团心理危机识别七步法》《兴趣活动中的心理赋能技巧》等实用课程内容的开发与培训；三是建立数据互通平台，打通社团管理系统与校心理健康中心数据库，实现高风险成员动态标签共享。

社团骨干是校园心理健康教育中不可忽视的"跨界枢纽"，其作用从单一的信息传递升级为"兴趣场景干预 + 群体心理共建"的复合功能。学校需利用好社团骨干队伍，及时掌握学生的心理健康动态，做到早发现、早干预，有效预防心理危机事件的发生。

2."学长学姐说"经验共享平台

"学长学姐说"经验共享平台是一个集考研心理调适、留学生跨文化适应等多种内容于一体的学生自主交流平台。在这个平台上，学长学姐们会分享自己在学习、生活和实践中积累的宝贵经验和心得体会，为学弟学妹们提供有益的参考和借鉴。

在考研心理调适板块，已经成功考研的学长学姐们会分享自己在备考过程中的心理变化和应对方法，如如何缓解备考压力、如何调整心态等。他们的经验分享能够帮助正在备考的学生更好地应对考研带来的心理挑战，增强信心和动力。

留学生跨文化适应板块则为即将出国留学或已经出国留学的学生提供了一个交流的空间。学长学姐们会分享自己在国外学习和生活中的文化适应经验，如如何与当地人交流、如何融入当地文化等。这些经验能够帮助留学生更好地适应国外的生活环境，减少文化冲击带来的负面影响。

此外，平台还鼓励学生发布自己的经验和故事，形成一个开放、共享的学习社区。通过这种方式，学生们可以从他人的经验中获得启发，同时也能够锻炼自己的表达能力和沟通能力。

（三）文化浸润策略

文化浸润策略是将心理健康教育融入校园文化建设中，通过丰富多彩的文化活动，营造积极向上的校园文化氛围，潜移默化地影响学生的心理状态和行为方式。

1."5·25心理健康周"或心理健康宣传月

2000年，北京师范大学心理系团学组织首倡设立大学生心理健康日，获北京市团委、学联批复。2004年，团中央学校部与全国学联联合倡议将5月25日定为全国大中学生心理健康节。"5·25"取"我爱我"谐音，寓意通过"认识自我、接纳自我"实现"关爱自我、成就自我"的育人目标。这一日期设定兼顾了文化寓意与传播便利性，现已成为全国高校心理健康教育的标志性活动和心理健康教育的标志性文化符号。

"5·25心理健康周"或心理健康宣传月是学校一年一度的心理健康教育特色活动，通过多元化、沉浸式的活动设计，将心理健康从"知识灌输"转化为"体验成长"，不仅提升了学生的心理韧性，更推动了心理健康文化的校园普及。每年围绕特定心理健康议题展开，如"拥抱情绪，悦纳自我""心向阳光，健康成长"等，呼应社会热点与学生需求。主要强调"预防优于干预"，通过趣味性、参与性强的活动，将心理健康知识转化为可体验的实践，降低学生对心理问题的病耻感。

在心理健康周或心理健康宣传月期间，学校可推出各种特色活动，如沉浸式体验的心理游园会（设置"情绪解压站""心理魔法屋"等主题摊位，结合 VR 技术模拟焦虑场景、开展 OH 卡牌自我探索），叙事疗愈的心理情景剧大赛（以班级或社团为单位，围绕校园欺凌、学业压力等主题创作心理剧，结合空椅子技术、雕塑技术等表达内心冲突），专家赋能的心理健康讲座（邀请心理学家、精神科医生开展专题讲座，内容涵盖时间管理、人际关系、职业规划等实用技能），互动共创的心理市集（搭建"心理手作坊""情绪涂鸦墙"等互动区，学生通过制作"情绪瓶""压力释放球"等手工艺品表达情感），压力宣泄涂鸦墙，解压舞蹈快闪等多种形式。

压力宣泄涂鸦墙为学生提供了一个释放压力、表达情感的平台。学生们可以在涂鸦墙上自由地挥洒自己的情绪，用色彩和线条表达内心的感受。这种非语言的表达方式能够帮助学生释放内心的压力，缓解紧张情绪。同时，涂鸦墙也成为学生们交流和互动的场所，他们可以欣赏彼此的作品，分享自己的心情，增强彼此之间的联系和沟通。

解压舞蹈快闪则是一种充满活力和创意的心理健康活动。在校园的各个角落，突然会出现一群充满活力的舞者，他们伴随着欢快的音乐，跳起富有节奏感的舞蹈。这种突如其来的表演能够吸引学生们的注意力，让他们暂时从繁忙的学习和生活中解脱出来，感受到快乐和轻松。同时，舞蹈快闪也传递了一种积极向上的生活态度，鼓励学生们勇敢面对生活中的挑战，保持乐观的心态。

通过将心理教育融入校园文化节等活动，学校能够在轻松愉快的氛围中传播心理健康知识，提高学生的心理健康意识。这种文化浸润的方式不仅能够让学生更容易接受心理健康教育，还能够培养他们积极向上的生活态度和健康的心理品质。

2. 大学生校园心理情景剧比赛

（1）校园心理情景剧介绍

心理剧最早由维也纳的精神科医生莫雷诺创建，是让来访者把自己的焦虑或困惑用情景剧的方式表现出来，心理咨询师在一旁进行点评，并借此对来访者的心理问题进行指导治疗，而来访者在咨询师指导以后继续表演情景剧，直到最终对自己的问题解决有所帮助。在心理治疗中，心理剧是现场即兴的演出，没有事先准备好的剧本。

校园心理情景剧是受莫雷诺创立心理剧的启发而在校园里应运而生的一种心理健康教育手段。它集戏剧、小品、心理问题于一体。它以特殊的戏剧化形式，以学生在成长中遇到和关心的问题为内容，通过角色扮演现实生活中的人与事，演绎生活中的复杂矛盾与心理困惑，让参加者通过演出角色，体验到一些以前没有意识到的情感和态度，并达到宣泄情绪、减轻压力的目的，同时给观众提供一种发现、思考及解决问题的思维方式，促进个体或集体的自我觉察，使之重新审视自己的生活，关注自我的心灵健康。

（2）校园心理情景剧的作用

校园心理情景剧避免了枯燥的灌输式教育，是一种参与性、互动性强的有效的心理健康教育活动。它必须来自同学们真实的生活，主要包含心理问题和解决方式两个方面，两者缺一不可。它浓缩了大学生的日常生活，通过心理情景剧表演，学生可把平时压抑的情绪释放出来，得以解脱。校园心理情景剧能够提高学生的共情能力；能够为参演同学和观众提供一种发现、思考及解决自身问题的思维方式；能够激发学生对身边生活的体验，使学生更加了解心理学，并关注自我心灵的健康。

（3）校园心理情景剧的流程和结构

校园心理情景剧的组织一般包括以下流程：收集具有代表性的学生心理问题与症状，成立心理剧小组，创作剧本，排演，分享演出感受，修改剧本，演出。

校园心理情景剧探讨和解决心理问题，以问题为主线展开剧情，其结构包括提出问题、分析问题、解决问题、分享感受四部分。

提出问题（开端部分）：开端的任务是交代故事发生的时间、地点、背景、时代特点等，交代人物之间的关系，引出全剧的主要矛盾和问题。开端的形式一般为旁白（可以录音，也可以学生现场完成）。情节引出可以通过演员一连串的动作来暗示时间、地点和事件的起因。

分析问题：问题提出以后，就要分析造成这些问题的原因和各个事件的影响程度及相互关系。通过对造成心理问题的相关事件和人物关系的精心演绎，使问题层层展开，不断深化，从而探讨这些问题对个人心理产生的影响程度以及他人如何看待这些问题。这部分情节讲究曲折有致，起伏跌宕。

解决问题：解决问题是指当事人状况有所减轻或有所领悟，找到了问题的原因和解决问题的方法。心理剧的结局要有深意，能够引起观众的回味与反思，要通过内心冲突与斗争，使观众有所体验和领悟，改变一些不恰当的行为。

分享感受：全体成员分享演出所体验的感受、想法以及对自我的启发。导演常常会提醒团体成员注意三个原则：不分析、不建议、不发问，即不对主角提出进一步的问题。

（4）校园心理情景剧的常用技术

替身技术（表现心理冲突的很好方式，特别是多重替身）：当主角发现难以表达思想、感情，或是感到需要得到支持才能进入场景时，导演会建议他们选择某人来当他们的替身。替身的工作包括复现主角的非言语表达，并以此为线索找出那些尚未被说出的话。替身能够表达主角在心理剧中自我压抑或自我监视的思想和感情。

镜照技术：当主角过分密切地涉入剧情以至于不能形成对自己或他人行为的批判性看法时，导演可能要求主角走出场景，观察团体中的另一位成员扮演主角的角色。镜照技术让主角可以在观众及导演的角色间转换，并在旁观看由他人来扮演自己的过程。这就像录像重播一样，感觉有一点"距离"，像在观看他人的故事。而在这种观看下，主角看到了拒绝面对的另一面，从新的角度重新诠释生活。

独白技术：独白技术是校园心理剧的核心技术之一，它通过角色直接向观众倾诉内心世界的方式，将潜意识层面的情感、冲突和思考外显化，成为促进学生自我觉察与情感共鸣的重要工具。独白技术基于格式塔心理学的"此时此地"原则，要求表演者跳出剧情框架，以第一人称视角直接向观众袒露角色未言明的心理活动。独白一般可用于创伤修复场景、自我认同探索、人际冲突调解等案例或场景中。

独白技术的主要作用，一是情感具象化，将抽象的内心体验转化为可感知的语言，如《破碎与完整》中主角面对父亲时的矛盾心理："我既恨你的冷漠，又害怕失去你最后的关注。"二是认知重构，通过语言化表达，帮助表演者梳理混乱情绪，让观众在倾听中完成自我投射。三是关系可视化。独白能揭示角色间未被言说的互动模式，如师生矛盾中"我努力考好，却总怕你失望"的独白，暴露出过度期待背后的情感隔阂。

空椅子技术：空椅子技术源于格式塔疗法，其核心在于通过象征性的角色扮演，将内在心理过程外显化。在校园心理剧中，通常设置两把椅子，学生轮换坐在不同椅子上，分别扮演"自我"与"另一个角色"（如他人、内心冲突面或已离世的亲人）。通过这种对话，学生能够将未表达的情绪（如愤怒、愧疚）通过角色对话释放，能够通过不同视角的碰撞，找到内在需求的平衡点，整合内在冲突，处理未完成事件，如与逝者的告别、对未表达歉意的弥补。空椅子技术通常用于情绪管理（学生因同学矛盾未及时沟通而内疚，通过空椅子技术向"对方"倾诉，释放压抑情绪）、自我认知整合（面临学业与兴趣选择的学生，通过自我对话式技术，权衡利弊后明确价值观）、人际关系改善（恐惧社交的学生通过模拟与他人对话，练习表达技巧，增强共情能力）、生命教育（学生向"逝去的亲人"告别，完成未尽事宜，缓解哀伤）。

雕塑技术：它通过身体姿态的定格与重组，将抽象的心理状态转化为可视化的空间语言。在大学生校园心理情景剧中，该技术尤其适用于探索群体动力、家庭关系及社会认同等复杂议题。雕塑技术基于格式塔心理学的"身体—心理"同构理论，认为身体姿态是内在情绪的外化载体。其主要作用，一是群体潜意识可视化，通过多人共同塑造雕塑，呈现集体无意识中的冲突模式，如《内卷旋涡》中学生们前倾弯腰的姿态群像，隐喻学业压力下的身心扭曲。二是关系动力具象化，利用身体距离、朝向等非言语信息，揭示人际互动中的权力结构，如《宿舍夜谈》中通过三人位置变化展现从"对抗"到"和解"的过程。三是认知重构触发器，通过改变雕塑造型，促使参与者体验不同视角，如将"指责姿态"调整为"倾听姿态"，引发行为模式反思。

旁白技术：旁白技术是心理情景剧中独特的叙事工具，它通过超越剧情框架的解说或评论，构建起"表演者—观众"之间的隐性对话通道。在大学生校园心理情景剧中，旁白尤其适用于揭示潜意识动机、串联碎片化场景及强化主题隐喻。这一技术的主要作用，一是潜意识外显化，将角色未言明的心理活动转化为语言，如《面具之下》中旁白揭示："他笑得越大声，越害怕被人看见颤抖的手。"二是场景黏合剂，通过旁白串联跳跃的时空片段，如《时光碎片》中用"十年前""现在"的旁白标注，构建非线性叙事结构。三是主题强化器，在关键情节插入象征性旁白，如《荆棘鸟》中反复出现的"疼痛是飞翔的代价"，深化剧目隐喻。

个体与群体心理健康教育的协同推进，通过主题化团体辅导、朋辈互助网络和文化浸润策略等多种方式，为学生的心理健康提供了全方位的支持和保障。在未来的工作中，我们将继续探索和创新心理健康教育模式，不断完善协同推进机制，为学生的成长和发展创造更加良好的环境。

五、个性化心理健康教育的实施策略

在当今教育领域，随着对学生个体差异重视程度的不断提高，个性化服务的深度渗透已成为提升学生综合素质与促进其全面发展的关键所在。这种深度渗透体现在针对不同学生群体的精准帮扶、对学生隐性需求的敏锐挖掘以及跨领域资源的有效整合等多个方面，旨在为每一位学生提供更贴合自身需求的支持与服务。

（一）高危群体精准干预

学生群体中存在着一些面临特殊困难与挑战的高危群体，如经济困难生、就业困难生、留学生以及延毕学生。他们由于各自不同的处境，往往承受着更大的心理压力，更需要学校给予针对性的关怀与帮助。为了实现对这些高危群体的精准帮扶，学校应建立起一套完善的专属档案系统，并精心设计"$1+1+N$"帮扶计划。

1. 经济困难生

对于经济困难生而言，经济上的压力可能影响他们的学习状态、社交活动以及心理健康。通过建立专属档案，学校可详细记录每一位经济困难生的家庭经济状况、个人学习成绩、日常消费习惯以及心理状态等多方面信息。基于这些档案，学校为他们量身定制"$1+1+N$"帮扶计划。其中，"1 名心理咨询师"负责为经济困难生提供专业的心理支持。心理咨询师会定期与学生进行一对一的沟通交流，深入了解他们在面对经济压力时内心的困惑与焦虑，运用专业的心理辅导技巧，帮助他们树立积极的心态，增强应对困难的信心。"1 名学业导师"则为学生在学业方面提供精准指导。学业导师会根据学生的专业特点和个人学习能力，制订个性化的学习计划，帮助他们合理安排课程学习、科研项目以及实践活动，确保在学业上稳步前进。而"N 个朋辈支持小组"则发挥着营造互助氛围的重要作用。朋辈支持小组由与经济困难生同年级、同专业的同学组成，他们有着相似的经历和感受，能够更好地理解彼此的处境。在小组活动中，成员们可以分享学习经验、生活趣事，互相鼓励、互相支持，形成一个温暖的互助团体。

2. 就业困难生

对于就业困难生而言，职业方向模糊、技能短板突出、求职信心不足等多重挑战可能影响其职业竞争力。通过建立动态就业档案，学校可系统记录学生的专业能力、实习经历、就业意向、求职进展及心理状态等数据。基于档案分析，学校可为其量身定制"1+1+N"护航计划。"1名职业规划导师"负责全程职业导航。导师通过职业测评（如 MBTI 性格测试、霍兰德兴趣测验）帮助学生明确"务实型＋社会型"等职业特质，并制订分阶段目标，例如，大一定向行业探访、大二强化技能认证、大三开展简历工坊、大四冲刺岗位匹配。可以通过"求职加油站"系列活动，帮助学生提升面试技巧与职业认知。"1名企业实践导师"提供岗位直通支持，导师整合校企资源，为学生精准推荐与其专业匹配的实习岗位（如会计学专业对接审计、财务分析岗），并通过模拟职场任务（如企业财报分析、项目策划）强化实操能力。"N个朋辈互助小组"即构建经验共享网络，小组由已就业学长、同届求职伙伴组成，定期开展"求职故事会""模拟群面工坊"等活动。例如，跨专业学生可通过小组分享转行经验，学习如何将原有技能（如航海数据分析）迁移至新领域（如会计信息系统）。也可通过"家校联动"机制，邀请家长参与职业观引导，共同化解"留大城市""考编制"等观念冲突。除此之外，还可以通过其他措施提供就业支持。比如，通过心理韧性赋能，设立就业心理咨询专区，针对"挫折心理""攀比焦虑"等情绪，通过团体辅导（如压力释放工作坊）和个体咨询（如"相约星期四"谈心机制）帮助学生重建自信；依托数字化平台（如"团团微就业"小程序或微信公众号）推送"就业帮扶礼包"，涵盖岗位信息、政策解读、线上课程等资源，确保学生日均接收 3~5 条定向岗位信息。

3. 留学生

留学生群体远离家乡，在适应新的文化环境、学习模式以及生活节奏等方面面临着诸多挑战。学校也应为他们建立专属档案，全面记录留学生的学习成绩、语言水平、文化适应情况以及心理状态等信息。在"1＋1＋N"帮扶计划中，心理咨询师着重关注留学生的跨文化适应问题，帮助他们缓解由文化差异带来的心理压力；学业导师则针对留学生在专业学习上的困难，提供个性化的学习建议和指导，助力他们克服学业障碍；朋辈支持小组由本国学生和国际学生共同组成，通过组织文化交流活动、学习互助小组等形式，帮助留学生更快地融入当地生活，结交新朋友，增强归属感。

4.延毕学生

延毕学生由于毕业进程滞后,往往承受着来自学业、家庭和社会的多重压力,容易产生焦虑、自卑等负面情绪。学校为延毕学生建立的专属档案详细记录了他们延毕的原因、目前的学业进展、心理状态以及未来的规划等信息。在帮扶计划中,心理咨询师帮助延毕学生调整心态,正确认识延毕问题,减轻心理负担;学业导师根据学生的具体情况,制订针对性的学业补救方案,协助他们尽快完成学业要求;朋辈支持小组则由已经顺利毕业的学长学姐组成,他们分享自己的经验和心得,为延毕学生提供实际的建议和帮助,鼓励他们积极面对困难,努力完成学业。

(二)隐性需求挖掘

在学生的日常生活中,许多潜在的需求并未被明确表达出来,但真实地影响着他们的学习和生活质量。为了深入挖掘这些隐性需求,学校积极探索创新的收集方式,借助现代信息技术手段,搭建起与学生沟通的桥梁。

学校在食堂餐桌张贴二维码,这一小小的举措蕴含着大大的智慧。食堂作为学生们日常聚集的场所,人流量大且学生们用餐时相对放松,更容易表达内心的真实想法。学生们只需轻扫餐桌上的二维码,即可进入匿名提问页面,将自己内心的心理困惑毫无保留地说出来。这种方式既保护了学生的隐私,又让他们能够畅所欲言。

收集到的学生反馈信息纷繁复杂,为了从中发现有价值的信息,学校可以运用先进的数据分析技术——聚类分析。通过对大量匿名心理困惑数据进行聚类分析,学校能够将相似的问题归为一类,从而发现群体性议题。例如,某高校在对一段时间内的数据进行分析后,发现经管学院的毕业生普遍存在实习焦虑问题。进一步深入分析发现,经管学院的课程设置与实际实习需求存在一定差距,学生们对实习单位的了解有限,担心自己在实习中表现不佳,影响未来的职业发展。基于这一发现,学校及时调整了经管学院的课程设置,增加了实践教学环节,邀请企业界人士为学生举办实习经验分享会,帮助学生更好地了解实习流程和要求,缓解他们的实习焦虑。

除了实习焦虑,通过对其他数据的聚类分析,学校还发现了就业压力、人际关系困扰等多个群体性议题。针对这些议题,学校制定了一系列相应的解决方案,如开展就业指导讲座、组织人际关系培训活动等,以满足学生的隐性需求,促进学生的全面发展。

（三）跨部门协同联动

为了给学生提供更加全面、专业的服务，学校积极打破学科和部门之间的壁垒，加强跨部门协同联动，整合各方优势资源，形成教育合力。

在助力学生职业发展方面，学校可以联合就业指导中心，充分发挥双方的专业优势，共同开发"职业性格匹配系统"。就业指导中心拥有丰富的就业市场信息和职业规划经验，而学校的心理学专业教师则具备扎实的心理学理论基础和研究方法。双方团队紧密合作，可以共同研究和开发"职业性格匹配系统"，通过对学生的性格特点、兴趣爱好、职业倾向等多方面进行综合评估，为学生提供个性化的职业规划建议。学生只需在系统中填写相关信息，系统就能快速生成一份详细的职业性格分析报告，并根据学生的特点推荐适合的职业方向和发展路径，从而帮助学生更好地了解自己的优势和劣势，明确职业目标，提高就业竞争力。

在关注学生身心健康方面，学校可协同校医院开设"睡眠障碍联合门诊"。随着学习压力的增大和生活节奏的加快，越来越多的学生面临着睡眠障碍问题。睡眠障碍不仅影响学生的学习效率和生活质量，还可能引发一系列心理健康问题。为了更好地解决这一问题，学校与校医院携手合作，整合双方资源。学校的心理健康教育中心派出专业的心理咨询师，负责对学生进行心理评估和辅导，帮助学生缓解由心理压力导致的睡眠障碍；校医院则派出经验丰富的医生，为学生进行身体检查和诊断，提供专业的医疗建议。在"睡眠障碍联合门诊"中，心理咨询师和医生共同为学生制订个性化的治疗方案，从心理和生理两个方面入手，帮助学生改善睡眠质量。通过这种跨界合作的方式，学校为学生的健康成长提供了更加全面、有效的保障。

（四）AI 赋能学生精准画像构建

在数字化快速发展的时代，个性化心理健康教育正面临着新的机遇与挑战。借助先进的技术手段，我们能够更加精准地了解学生的心理状态，从而制订出更具针对性的教育策略。其中，AI 赋能的精准画像构建成为实现这一目标的关键环节。

1. 多源数据整合

为了全面、深入地了解学生的心理状况，应整合多方面的数据资源，构建一个丰富且立体的学生信息数据库。其中，教务系统的数据非常重要。学生的成绩波动情况能够从侧面反映出他们在学习过程中面临的压力和心理状态。例如，某学生原本成绩稳定，但近期突然出现明显下滑，这可能暗示着他正承受着某种心理困扰，如学习焦虑、家庭问题或人际关系矛盾等。通过对成绩波动的细致分析，我们可以初步捕捉到学生学习状态和心理状态的变化趋势。

一卡通数据同样蕴含着丰富的信息。学生的社交频率在很大程度上影响着他们的心理健康。通过分析一卡通的消费记录，我们可以了解学生在食堂、超市、图书馆等不同场所的消费时间和频率，进而推断出他们的社交活动情况。比如，一个原本社交活动较为频繁的学生，近期一卡通数据显示其消费地点和消费时间变得单一且规律，可能意味着他逐渐减少了与他人的交往，这或许是社交退缩或内心孤独等心理问题的信号。

Wi-Fi 连接记录也为我们提供了独特的视角。学生在校园内的网络行为能够反映出他们的兴趣爱好、学习习惯以及心理需求。通过分析学生连接的 Wi-Fi 热点位置和上网时间，我们可以了解他们在不同时间段的活动情况。例如，有些学生经常在深夜连接校园 Wi-Fi 上网，浏览特定的网站或参与线上活动，这可能暗示着他们存在睡眠问题或过度依赖网络的现象，而这些都可能与心理状态息息相关。

将教务系统数据（成绩波动）、一卡通数据（社交频率）、Wi-Fi 连接记录（网络行为）等多源数据进行整合，并非简单地堆砌数据。我们运用先进的数据挖掘和分析技术，对这些数据进行深度处理，从中提取有价值的信息。通过建立复杂的数据模型，分析各个数据维度之间的关联，探索潜在模式，从而生成动态心理画像。这个动态心理画像能够实时反映学生的心理状态变化，为我们及时发现学生可能存在的心理问题提供有力支持。

2. "心理健康数字孪生"系统开发

在构建精准心理画像的基础上，可以进一步开发"心理健康数字孪生"系统，为学生创建一个虚拟的心理模型，通过对现实中学生心理特征和行为模式的精确模拟，实现对不同干预方案效果的预测。

"心理健康数字孪生"系统以学生的精准心理画像为基础，将学生的各种心理特征、行为习惯以及过往经历等信息进行数字化建模。在这个虚拟模型中，每一个参数和变量都对应着学生在现实生活中的具体表现。例如，模型会考虑到学生的性格特点、家庭背景、学习压力、社交关系等多个因素，这些因素相互作用，共同影响着学生的心理状态。

在实际应用中，我们可以针对特定学生的问题，设计多种不同的干预方案，并将其输入到"心理健康数字孪生"系统中进行模拟。以 CBT 为例，系统会根据学生的虚拟心理模型，模拟该疗法在学生身上的实施过程。它会考虑到学生对治疗的接受程度、治疗过程中的各种反应以及可能出现的各种情况，从而预测 CBT 对特定学生的适用性。

通过这种模拟实验，我们可以在不实际对学生实施干预的情况下，提前了解各种方案可能产生的效果。这不仅有助于我们筛选出最适合学生的干预方案，提高心理健康教育的针对性和有效性，还能避免一些不必要的干预措施对学生可能造成的负面影响。同时，"心理健康数字孪生"系统还可以根据模拟结果，为我们提供详细的反馈和建议，指导我们在实际的心理健康教育工作中做出更加科学、合理的决策。

AI 赋能的精准画像构建，通过多源数据整合和"心理健康数字孪生"系统的开发，为个性化心理健康教育提供了强大的技术支持和有力工具。它使我们能够更加精准地把握学生的心理状态，为每一位学生量身定制最适合的心理健康教育方案，推动个性化心理健康教育迈向新的高度。

（五）定制化服务方案设计

在当今多元化的教育与社会发展环境下，学生面临着各种各样的挑战与需求。为了更好地满足不同学生在学业、心理以及社会适应等多方面的个性化需求，定制化服务方案的设计显得尤为重要。以下将从学业心理融合、分众化内容推送以及家校社协同机制三个关键维度展开详细阐述。

1. 学业心理融合

在学生的成长过程中，学业与心理状态紧密相连。为了帮助学生更好地应对学业压力，培养坚韧的心理品质，我们致力于将心理韧性训练深度融入各类课程之中。

（1）创新创业课程中的心理韧性训练模块

创新创业课程旨在培养学生的创新思维、创业能力以及面对不确定性和风险时的应对能力。然而，在实际的创新创业过程中，学生往往会遭遇诸多挫折与困难，这就需要他们具备强大的心理韧性。因此，我们在创新创业课程中特意嵌入了心理韧性训练模块。

该模块通过多样化的教学方法，帮助学生建立积极的思维模式和应对策略。

课程伊始，教师会引导学生进行自我认知探索，了解自己在面对压力和挫折时的心理反应模式。通过一系列的案例分析和小组讨论，学生们可以学习到成功创业者在面对困境时所展现出的坚韧品质和应对技巧。

在实际操作环节，教师会设置各种具有挑战性的创业项目模拟任务。学生们需要分组合作，利用有限的资源和时间完成项目策划、市场调研、产品开发等一系列任务。在这个过程中，他们必然会遇到各种问题和困难，如团队成员意见分歧、资金短缺、市场变化等。此时，教师会适时引导学生运用所学的心理韧性技巧，如积极的自我对话、情绪调节方法以及问题解决策略，来克服困难，完成任务。通过这样的实践训练，学生们不仅能够提升自己的创新创业能力，还能在面对挫折时保持积极乐观的心态，增强心理韧性。

（2）实验课中的"失败情景模拟"抗压教学

实验课是培养学生实践操作能力和科学思维的重要环节，但在实验过程中，学生可能会因为操作失误、实验结果不理想等原因而产生挫败感。为了帮助学生正确面对失败，提高他们的抗压能力，我们在实验课中开展了"失败情景模拟"抗压教学。

在"失败情景模拟"教学中，教师会提前设计一系列可能导致实验失败的情景，并在课堂上真实地呈现给学生。例如，在化学实验中，故意设置一些操作步骤的错误引导，让学生在实验过程中遭遇失败。当学生实验失败时，教师会引导他们冷静分析失败的原因，鼓励他们从失败中吸取教训，尝试不同的解决方案。

同时，教师还可以组织学生进行小组讨论，分享自己在面对失败时的感受和想法。通过交流，学生们会发现每个人在实验过程中都可能会遇到失败，关键是要学会如何调整心态，积极应对。此外，教师还会为学生提供一些心理调适的方法和技巧，如深呼吸放松法、积极的自我暗示等，帮助他们在面对失败时能够迅速恢复信心，保持良好的心理状态。这种"失败情景模拟"抗压教学方式，让学生在安全的环境中体验失败，学习应对挫折的方法，从而提高他们的心理韧性和抗压能力。

2. 分众化内容推送

不同学生群体由于面临的问题和需求各不相同，因此需要个性化的内容支持。我们根据学生的不同特征和需求，开展了分众化内容推送服务。

（1）为考研群体自动推送正念冥想音频

考研是许多学生追求更高学术成就和个人发展的重要途径，但备考过程中的压力和焦虑常常让学生疲惫不堪。为了帮助考研学生缓解压力，提高专注力和心理调适能力，我们为考研群体自动推送正念冥想音频。

正念冥想是一种通过有意识地觉察当下，并对每时每刻所觉察的体验不加评判，从而产生的一种觉察力。对于考研学生来说，正念冥想可以帮助他们放松身心，减轻焦虑情绪，提高注意力和记忆力。我们精心挑选了一系列适合考研学生的正念冥想音频，这些音频涵盖了不同的主题和时长，如睡前放松冥想、学习前专注力提升冥想等。

每天，系统会根据学生的个性化设置，在合适的时间自动推送相应的正念冥想音频。学生可以在课间休息、学习间隙或睡前聆听这些音频，跟随引导语进行冥想练习。通过长期的坚持，学生们能够逐渐掌握正念冥想的技巧，将这种专注和平静的心态带到学习和生活中，更好地应对考研带来的压力。

（2）为社恐学生推荐阶梯式社交任务挑战

社交恐惧是许多学生在人际交往中面临的困扰，为了帮助社恐学生逐步克服社交恐惧，提升社交能力，我们为他们推荐阶梯式社交任务挑战。

阶梯式社交任务挑战根据社恐学生的实际情况，将社交任务按照难度从低到高进行分级。对于轻度社恐的学生，初始任务可能包括主动与同桌打招呼、在小组讨论中发表简短的观点等；而对于重度社恐的学生，初始任务则可能是微笑回应陌生人的问候、在校园里与同学进行简单的眼神交流等。

每个阶梯的任务都有明确的目标和要求，学生在完成当前阶梯的任务后，会获得相应的反馈和鼓励，同时也会解锁下一个更具挑战性的任务。在这个过程中，教师和专业心理咨询师会为学生提供必要的指导和支持，帮助他们逐步克服社交恐惧，建立自信。

通过这种阶梯式社交任务挑战的方式，社恐学生可以在自己能够承受的范围内逐步拓展社交圈子，提高社交技能，最终实现从害怕社交到享受社交的转变。

3. 家校社协同机制

学生的成长离不开家庭、学校和社会的共同支持与配合。为了形成教育合力，为学生提供更加全面、系统的心理健康服务，学校应该积极构建家校社协同机制。

在学生的成长过程中，家庭环境和家长的教育方式对学生的心理健康有着深远的影响。然而，许多家长在面对成年子女时，往往会因为沟通方式不当、观念差异等，而与子女关系紧张。为了帮助家长更好地与成年子女沟通，高校应通过多种形式加强家校联系，共画家校共育同心圆。比如建立家长线上学堂，并推出"如何与成年子女沟通"等系列课程。该系列课程可邀请家庭教育专家、心理学家以及具有丰富实践经验的家长担任讲师，通过线上视频授课的方式，为家长们传授与成年子女沟通的技巧和方法。家长课堂既可以由高校大学生心理健康教育与咨询中心的教师团队进行设计录制，也可以由政府牵头，遴选全省心理健康教育系统优秀骨干教师进行录制。例如，湖北省教育厅组建湖北省高校心理健康专家服务队，进行心理微课录制，课程内容涵盖大学新生篇、学生篇、家长篇、教师篇等多个篇章。家长篇包括"孩子有心事不跟我们说该怎么办""怎样帮孩子处理好寝室人际关系""父母离婚怎么处理让孩子不受伤""孩子得了抑郁症如何陪伴""孩子对专业不感兴趣缺乏动力，该怎么帮他""孩子对自己期望过高总是很焦虑　该怎么帮他""进入大学孩子觉得自己没那么优秀了，很失落怎么办""孩子去上大学了，家长如何调适自己的生活""家长的建议如何让孩子听得进去""如何帮孩子处理恋爱与情感，面对失恋"，有效帮助家长了解成年子女的心理特点、建立平等尊重的沟通模式、处理亲子间的矛盾和冲突等。除了心理微课的录制和推广，学校也可以设置互动平台，家长们可以在讨论区分享自己的经验和困惑，与其他家长进行交流和互动。同时，安排专业心理咨询教师及时回复家长们的问题，给予专业的指导和建议。通过参加这个系列课程，家长们能够不断学习和提升自己的沟通能力，改善亲子关系，为成年子女的心理健康提供有力的家庭支持。

引入企业资源，开发职场心理适应实训。随着社会的发展，学生毕业后面临的职场环境日益复杂多变，职场心理适应问题成为许多学生关注的焦点。为了帮助学生提前了解职场环境，提升职场心理适应能力，高校应积极引入企业资源，开发职场心理适应实训项目。比如可以与知名企业建立合作关系，邀请企业的人力资源专家、职业导师以及优秀员工参与实训项目的设计和实施。实训项目能够模拟真实的职场场景，涵盖面试技巧、团队协作、职业规划、压力管理等多个方面。在实训过程中，学生们将有机会亲身体验职场的各种挑战和压力，学习如何与同事、上级进行有效的沟通和协作，掌握应对职场挫折和压力的方法和技巧。企业导师会为学生提供专业的点评和指导，帮助他们了解自己在职场中的优势和不足，制订个性化的职业发展规划。通过引入企业资源开发职场心理适应实训，学生们能够在校园内提前接触和了解职场环境，为未来的职业发展做好充分的准备。同时，这种校企合作的模式也为学生提供了更多的就业机会和实践平台，促进了学校教育与社会需求的紧密对接。

定制化服务方案的设计充分考虑了学生在学业、心理以及社会适应等方面的个性化需求,通过学业心理融合、分众化内容推送以及家校社协同机制三个方面的协同作用,为学生提供全方位、多层次的支持与服务,助力学生健康成长和全面发展。

(六)闭环式质量提升体系

在当今追求高质量教育与心理健康服务的时代背景下,构建一套科学、高效且全面的闭环式质量提升体系对于学生的成长与发展至关重要。这一体系犹如一个精密运转的机器,各个环节紧密相连、相互促进,旨在为学生提供更优质、更贴合需求的服务。高校要着力构建"智能诊断—方案生成—效果追踪—算法优化"全链条,力求在学生心理健康服务领域实现精准干预与持续提升。

1. 智能诊断

智能诊断是整个闭环式质量提升体系的起点,它借助先进的技术手段与专业的理论知识,对学生的心理状态进行全面、深入的洞察。通过大数据分析、人工智能算法等前沿技术,收集学生在学习、生活、社交等多方面的数据信息。这些数据涵盖了学生的学习成绩波动、日常行为表现、线上互动频率以及参与各类活动的积极性等多个维度。通过对这些海量数据的深度挖掘与分析,系统能够精准识别学生可能存在的心理问题或潜在的发展需求。

例如,利用机器学习算法对学生的课程作业完成情况、考试成绩变化趋势进行分析,如果发现学生在某一学科上连续出现成绩下滑,且作业完成质量明显下降,系统会结合该学生在课堂上的参与度、与同学的交流互动情况等数据,综合判断其是否可能面临学习压力过大、学习动力不足或其他心理困扰。同时,借助 NLP 技术对学生在校园论坛、社交平台上的发言进行分析,了解他们的情感倾向和内心想法,进一步丰富智能诊断的依据。这种全方位、多层次的智能诊断方式,能够为后续的方案生成提供坚实而准确的数据支持。

2. 方案生成

基于智能诊断所获取的详细信息,系统会为每个学生量身定制个性化的干预方案。这一过程充分融合了心理学专业知识、教育学原理以及大数据分析结果,确保方案的科学性与有效性。

针对不同类型的问题和学生的个体差异,方案需涵盖多种形式的支持与引导。对于存在学习焦虑的学生，方案可能包括提供专门的学习方法指导课程，帮助他们掌握更高效的学习技巧；安排学习伙伴或导师进行一对一的辅导，给予及时的鼓励与反馈；同时，还会推荐一些缓解焦虑情绪的心理调适方法，如冥想练习、放松训练等。对于在人际交往方面存在困扰的学生，方案则侧重于组织社交技能培训活动，如沟通技巧工作坊、团队合作拓展训练等；安排专业的心理咨询师进行个别辅导，帮助他们理解人际交往的本质和规律，提升人际交往能力；还会鼓励学生参加各类兴趣小组或社团活动，拓展社交圈子，增加与他人交流互动的机会。

此外，方案生成过程中还要充分考虑学生的个人兴趣爱好、家庭背景、文化差异等因素，确保方案能够真正贴合学生的实际情况，提高干预的针对性和可接受性。例如，对于热爱艺术的学生，可以在方案中融入艺术创作、音乐欣赏等元素，通过他们熟悉和喜爱的方式来促进心理调适和个人成长。

3. 效果追踪

为了确保干预方案能够切实发挥作用，效果追踪环节在整个闭环式质量提升体系中起着至关重要的作用。这一环节通过多种方式对干预效果进行实时、动态的监测与评估。

一方面，利用线上平台收集学生的反馈信息。学生可以在专门的应用程序或网页端定期填写心理状态自评量表，分享自己在接受干预过程中的感受、变化以及遇到的问题。这些自评量表涵盖了情绪状态、学习动力、人际关系等多个方面，能够直观地反映学生的心理变化情况。同时，系统还会记录学生在平台上的学习行为数据，如观看心理健康教育视频的时长、参与线上讨论的频率等，从侧面了解学生对干预方案的参与度和接受程度。

另一方面，通过线下渠道获取多维度的评估数据。专业的心理咨询师会定期与学生进行面对面的访谈，深入了解他们在实际生活中的心理状态和行为表现。此外，还会与学生的辅导员、任课教师以及家长进行沟通交流，从不同角度获取关于学生心理变化的信息。例如，辅导员可以观察学生在宿舍生活中的人际关系和日常行为表现，任课教师能够了解学生在课堂上的学习状态和参与度，家长则可以反馈学生在家中的情绪变化和生活习惯。综合线上线下的多源数据，运用专业的数据分析方法，对干预效果进行全面、客观的评估。

4. 算法优化

基于效果追踪所获得的数据反馈，算法优化环节成为推动整个闭环式质量提升体系不断进步的核心动力。通过对大量数据的深入分析和挖掘，我们能够发现干预方案中存在的问题和不足之处，进而对算法模型进行针对性的调整和优化。

在算法优化过程中，运用先进的机器学习和深度学习技术，对不同干预方案的效果进行对比分析。例如，通过设置实验组和对照组来对比线上自助课程与线下团辅效果，将学生随机分为两组，一组接受线上自助课程干预，另一组接受线下团辅干预。在实验过程中，严格记录两组学生在各个评估指标上的变化情况，如心理症状改善程度、学习动力提升幅度、社交能力发展水平等。通过对实验数据的严谨分析，我们能够清晰地了解线上自助课程和线下团辅各自的优势和劣势，为后续优化干预方案提供有力依据。

同时，利用区块链技术实现跨部门数据安全共享，为算法优化提供更全面、准确的数据支持。在学生心理健康服务工作中，心理咨询中心需要与院系辅导员等不同部门进行密切协作。然而，由于数据安全和隐私保护等问题，数据共享往往面临诸多困难。区块链技术凭借其去中心化、不可篡改、加密安全等特性，能够有效解决这些问题。通过建立基于区块链的数据共享平台，心理咨询中心与院系辅导员可以在确保数据安全的前提下，实现学生信息的实时共享。

此外，每学期生成《学生心理发展白皮书》也是算法优化的重要环节。《学生心理发展白皮书》可以全面总结本学期学生的心理发展状况、干预措施的实施效果以及存在的问题和挑战。通过对大量数据的综合分析和深入研究，学校能够清晰地把握学生心理发展的规律和趋势，发现不同年级、不同专业学生在心理健康方面的共性问题和差异。这些宝贵的信息为算法优化提供了宏观层面的指导，使学校能够从整体上调整和完善干预策略，确保闭环式质量提升体系始终朝着更加科学、高效的方向发展。

通过构建"智能诊断—方案生成—效果追踪—算法优化"全链条的闭环式质量提升体系，学校能够为学生提供更加精准、个性化的心理健康服务。同时，不断优化和完善这一体系，使其更好地适应学生日益多样化的需求，为学生的全面发展和健康成长保驾护航。

六、应对挑战与可持续发展

在大学生心理健康教育领域，随着各项工作的深入推进，不可避免地会遇到诸多挑战。为了确保心理健康教育工作的稳定、有效开展，并实现可持续发展，需要从伦理风险防控、资源均衡配置以及长效机制建设等多个关键方面采取切实可行的措施。

（一）伦理风险防控

在大数据时代，心理预警算法的应用虽然为大学生心理健康教育带来了诸多便利，但也潜藏着一定的伦理风险，尤其是可能存在的歧视问题。为了有效防控这些伦理风险，保障学生的合法权益，一系列举措应运而生。

1. 建立数据使用伦理审查委员会，对心理预警算法进行反歧视检测

学校应高度重视数据使用过程中的伦理问题，专门成立数据使用伦理审查委员会，由多领域的专业人士组成，包括心理学家、伦理学家、法律专业人士以及信息技术专家等。这些专业人士可以凭借各自的专业知识和丰富经验，共同对心理预警算法进行全面、深入的审查。

在算法开发与应用过程中，委员会需要制订严格的审查标准和流程。首先，要求算法开发团队详细阐述算法的设计思路、数据来源以及数据处理方式，确保每一个环节都清晰透明。其次，委员会运用专业的技术手段和方法，对算法进行反歧视检测。这不仅包括对算法所使用的数据集进行检查，查看是否存在因性别、种族、地域等因素导致的数据偏差，还包括模拟不同的输入情况，检测算法的输出结果是否存在不公平对待某一群体的现象。

一旦发现问题，委员会须及时要求开发团队进行整改，确保算法在运行过程中不会对学生产生任何形式的歧视。这种严谨的审查机制，从源头上保障了心理预警算法的公正性和客观性，使其能够真正为学生的心理健康服务，而不会因为技术缺陷对学生造成伤害。

2. 开发"数据透明化"功能，允许学生查看并修正自身心理画像标签

为了增强学生对自身心理健康数据的知情权和控制权，学校积极开发"数据透明化"功能。通过这一功能，学生可以方便地查看系统为自己生成的心理画像标签。心理画像标签是基于学生在各种心理健康评估、日常行为数据等多方面信息综合分析得出的，它能够反映学生在一定时期内的心理状态和特征。

学生登录专门的平台后，能够清晰地看到每个标签的具体含义、所依据的数据以及这些数据如何影响标签的形成。同时，为了确保数据的准确性和可靠性，学校赋予学生修正自身心理画像标签的权利。如果学生认为某个标签与自己的实际情况不符，或者提供了新的信息能够证明标签需要调整，他们可以通过平台提

交申请。

专业的心理健康教师在收到学生的申请后，会结合学生的实际情况进行重新评估。如果确实存在偏差，会及时对心理画像标签进行修正。这种"数据透明化"功能不仅让学生对自己的心理健康状况有更深入的了解，也提高了心理健康教育工作的精准性和有效性，促进了师生之间的信任与合作。

（二）资源均衡配置

由于地域、经济等因素的影响，不同地区、不同院校之间在心理健康教育资源上存在着较大的差距。为了缩小这种差距，实现资源的均衡配置，学校采取了一系列创新举措。

1. 推行"双师云课堂"模式，由 985 高校心理咨询师远程指导地方院校干预个案

"双师云课堂"模式是一种充分利用现代信息技术实现优质资源共享的创新教学模式。在这种模式下，985 高校凭借其丰富的心理健康教育资源和专业的师资队伍，与地方院校建立起紧密的合作关系。

当地方院校遇到较为复杂的心理干预个案时，985 高校的心理咨询师可以通过远程视频会议系统，实时参与案例讨论和指导工作。在"双师云课堂"中，985 高校心理咨询师凭借其深厚的专业知识和丰富的实践经验，为地方院校的心理健康教育工作者提供专业的建议和指导。他们可以从不同的视角分析案例，分享先进的干预理念和方法，帮助地方院校的教师更好地应对各种复杂的心理问题。

同时，这种模式也为地方院校的学生提供了更优质的心理咨询服务。学生可以通过线上平台，与 985 高校的心理咨询师进行面对面的交流，获得更专业、更个性化的心理支持。"双师云课堂"模式的推行，有效地打破了地域限制，让更多的学生受益于优质的心理健康教育资源。

2. 建设"心理健康教育资源共享联盟"，开放校本化课程源代码与干预方案模板

为了进一步促进心理健康教育资源的均衡配置，学校积极发起并建设"心理健康教育资源共享联盟"。该联盟汇聚了众多高校的力量，旨在打破校际壁垒，实现心理健康教育资源的共建共享。

联盟成员之间相互开放校本化课程源代码与干预方案模板。这些校本化课程是各高校根据自身的办学特色和学生需求，精心开发的具有针对性和实用性的心

理健康教育课程。通过开放课程源代码，其他成员高校可以根据自身实际情况进行二次开发和优化，快速提升本校的心理健康教育课程质量。

干预方案模板则是各高校在长期的心理健康教育实践中积累的宝贵经验。这些模板涵盖了各种常见的心理问题及相应的干预措施，具有很强的指导性和可操作性。联盟成员可以借鉴这些模板，结合本校学生的特点，制订出更加符合实际需求的心理干预方案。通过建设"心理健康教育资源共享联盟"，实现优质资源的广泛传播和有效利用，为提升各高校的心理健康教育水平提供有力支持。

（三）长效机制建设

为了确保大学生心理健康教育工作能够持续、稳定地开展，建立健全长效机制至关重要。学校从绩效考核、激励机制以及产学研协同创新等多个方面入手，构建了一套完善的长效机制。

1. 将心理健康教育纳入教师绩效考核，设立"心理育人优秀案例"专项奖励

学校充分认识到心理健康教育工作在学生成长成才过程中的重要性，将心理健康教育纳入教师绩效考核体系。这一举措旨在引导全体教师关注学生的心理健康状况，将心理健康教育融入日常教学和管理工作中。

绩效考核指标明确规定了教师在心理健康教育方面的具体职责和工作要求。例如，教师需要定期与学生进行谈心谈话，关注学生的心理动态；积极参与心理健康教育宣传活动，为学生提供必要的心理支持；及时发现并报告学生存在的心理问题等。通过将这些指标纳入绩效考核，激励教师积极主动地开展心理健康教育工作。

同时，为了鼓励教师在心理健康教育工作中积极探索创新，学校设立了"心理育人优秀案例"专项奖励。该奖励旨在表彰那些在心理健康教育工作中取得突出成绩的教师团队和个人。评选出的优秀案例涵盖了心理咨询、心理课程教学、心理健康活动组织等多个方面，这些案例不仅为其他教师提供了宝贵的经验借鉴，也进一步推动了学校心理健康教育工作的深入开展。

2. 推动成立"高校心理健康大数据研究院"，促进产学研协同创新

随着信息技术的飞速发展，大数据在大学生心理健康教育领域发挥着越来越重要的作用。为了充分挖掘和利用大数据资源，提升心理健康教育的科学性和精准性，学校也应积极推动成立"高校心理健康大数据研究院"。研究院可邀请心理学、计算机科学、统计学等多个学科领域的专家学者，共同开展关于大学生心

理健康大数据的研究工作。通过收集、整理和分析大量的学生心理健康数据，致力于探索大学生心理发展的规律和特点，建立更加科学、准确的心理预警模型和干预机制。

同时，研究院应注重产学研协同创新，积极与企业、科研机构开展合作。一方面，将研究成果应用于实际的心理健康教育工作中，为学校和社会提供更加优质、高效的心理健康服务；另一方面，通过与企业合作，开展相关产品的研发和推广，推动心理健康教育产业的发展。通过成立"高校心理健康大数据研究院"，为大学生心理健康教育工作注入新的活力，促进学科交叉融合和创新发展。

在应对挑战、实现可持续发展的道路上，学校通过伦理风险防控、资源均衡配置以及长效机制建设等多方面的努力，不断探索创新，致力于为大学生提供更加优质、全面的心理健康教育服务，助力他们健康成长、全面发展。

第十二章 大学生心理健康教育的危机干预与应急处置机制

一、危机预警机制的构建与完善

（一）多维度预警网络建设

1. "学校—院系—班级—宿舍"四级联动体系

上海师范大学构建的"六位一体"心理危机干预体系，从多方面保障学生心理健康。其以"学校—院系—班级—宿舍"四级联动体系为基础，通过心理委员、宿舍长、辅导员等多层级协同监测，全面收集学生心理状态信息。同时，结合"一生一策"心理健康档案动态追踪学生心理状态，及时发现潜在危机并采取干预措施。例如，在新生入学时，心理中心会对新生进行心理普测，对筛查出的重点关注学生逐一约谈，并持续追踪。

2. 智能化监测工具

武汉职业技术大学开发了"五色心理健康档案"，创新性地用"绿、蓝、黄、橙、红"分级标识学生心理风险。结合 AI 技术分析学业数据、社交动态等多维度信息，精准识别高危群体。该档案会综合学生的学习成绩波动、课堂出勤情况、线上社交言论等因素，当某学生的这些数据达到预警阈值时，系统会自动将其归入相应风险等级，以便学校及时介入。凭借此系统，学校将高危学生干预响应时间缩短至 24 小时，案例还入选了 2025 年度高校学生心理健康教育指导典型案例。

3. 家校社协同

河南某高校建立的五级网格化管理机制，实现了家校社协同干预。其整合家长反馈、社区观察与学校数据，全方位监测学生心理状态，实现危机早期识别。比如，社区工作人员会留意学生在社区的表现和情绪状态，并及时与学校沟通；家长也会向学校反馈学生在家的情况，共同为学生的心理健康保驾护航。

（二）科学化预警指标体系

1. 动态评估量表

上海师范大学设计的"心理危机动态评估表"，包含自杀意念、社会支持度等 20 余项指标，从多个维度全面评估学生的心理危机程度。同时，通过区块链技术实现多部门数据共享，确保评估的客观性和准确性。例如，在对学生进行心理评估时，心理中心会将学生的学业成绩、生活事件、心理测试结果等数据录入系统，各相关部门可实时共享和查看这些数据，从而为学生提供更精准的心理支持。

2.行为信号识别标准

湖北城市建设职业技术学院总结的"四步识别法"，从语言表达、行为异常、情绪变化及人群特征四个维度设定预警阈值。例如，在语言表达方面，若学生频繁出现消极言论，如"活着没意思""不想再坚持了"等，就会被视为潜在的危机信号；在行为异常方面，学生出现自伤行为或生活作息严重紊乱等情况，也会被纳入预警范围。通过这种方式，学校能够及时发现有心理危机倾向的学生并采取干预措施。

二、危机干预流程与策略的优化

（一）标准化应急处置流程

1."快速响应—分级干预—多方联动"机制

上海师范大学的"1+X动态系统护航工作法"体现了标准化应急处置流程的优势。"1"代表高危学生，"X"为动态调整的帮扶系统。通过心理中心、医疗团队、家庭等多方会谈制订个性化方案，该方法已成功干预了多起复杂案例。例如，当发现一名有自杀倾向的学生后，学校立即启动该工作法，心理中心专职教师、校医院精神科医生、学生家长等迅速组成帮扶团队，共同为该学生制订治疗和康复方案。通过多次心理辅导、药物治疗和家庭支持，该学生最终走出困境。

2.危机分级响应

湖北某高校建立的"四级响应机制"，针对不同风险等级采取差异化管理，提高了危机干预的针对性和有效性。如橙色预警需启动24小时监护，红色预警立即转介医疗机构。当学生出现较为严重的情绪问题或行为异常时，学校会根据具体情况将其列为橙色预警，安排专人对其进行24小时监护，防止其做出危险行为；而当学生有明显的自杀意图或尝试时，学校会立即将其列为红色预警，并迅速将其转介至专业医疗机构进行治疗。

（二）个性化干预策略

1. 心理技术整合

安徽机电职业技术学院结合"非遗疗心"课程，如淮剧、剪纸等，为学生提供独特的心理疗愈体验。学生在艺术创作过程中宣泄情绪，降低危机复发率。例如，学生在学习剪纸时，可将自己的烦恼和焦虑融入作品中，通过剪纸这一艺术形式表达自我，释放内心压力，同时也能在学习传统文化的过程中获得成就感和自信心。

2. 医疗资源协同

上海师范大学与精神卫生中心合作，开通绿色就诊通道，医师驻校提供专业支持，提升干预效率。例如，学校会定期邀请精神卫生中心的专家到校为学生进行心理健康讲座和义诊活动。同时，有需要的学生可直接通过绿色就诊通道到精神卫生中心接受专业治疗，得到及时、有效的医疗帮助。

三、后危机干预与心理康复工作

（一）持续心理支持网络

1. "三级防护—跟踪服务"模式

罗山县南街小学的班主任培训提出"三级防护网络"，对危机学生进行长期随访，联合心理咨询师定期开展团体辅导，如正念冥想、CBT。例如，对于经历过心理危机的学生，学校会安排班主任、心理教师和专职心理咨询师分别从不同层面对其进行跟踪服务，同时定期组织团体辅导活动，帮助学生恢复心理健康，提高心理韧性。

2. 康复性活动设计

上海师范大学通过"星光同行·五育润心"系列活动，如航天精神分享会、艺术疗愈工作坊等，帮助学生重建心理韧性。在航天精神分享会中，学生可从航天人的事迹中汲取力量，学习他们面对困难时的坚韧不拔精神；在艺术疗愈工作坊中，学生通过绘画、音乐等艺术形式表达自己，释放情绪，促进心理康复。

（二）经验总结与能力提升

1. 案例复盘机制

华北水利水电大学定期召开心理安全研判会，分析典型案例并优化干预策略。例如，学校会选取一些具有代表性的心理危机案例，组织心理教师、辅导员和相关专家进行深入研讨，分析案例中的成功经验和不足之处，从而不断完善干预策略，提高应对心理危机的能力。

2. 数据驱动的改进

电子科技大学利用"心育雷达"系统分析危机事件数据，生成干预效果评估报告，指导后续工作调整。该系统会收集和分析学生在心理危机干预过程中的各项数据，如干预前后的情绪变化、行为表现等，根据这些数据生成的评估报告能够为学校的心理健康教育工作提供科学依据，帮助学校及时调整和改进危机干预工作。

四、危机干预队伍建设与培训

（一）多元化团队组建

1. 专业人才配置

上海师范大学心理中心专职师生比达 1∶3000。足够数量的专职心理咨询师，能够为学生提供及时、专业的心理咨询服务。同时，心理中心与医疗、安保、后勤等部门密切合作，形成协同团队，共同应对心理危机事件。例如，在处理一名有暴力倾向的学生时，安保人员会首先到场进行控制，医疗人员提供急救支持，心理教师进行心理疏导，后勤人员保障现场物资供应等。

2. 辅导员能力强化

湖南外国语职业学院开展专题培训，教授"七种识别方法"和"三原则评估法"，提升辅导员危机预判与沟通技能。培训内容包括如何识别学生的心理危机信号、如何与学生进行有效沟通以及如何评估学生的危机风险程度等。通过这些培训，辅导员能够更早地发现学生的心理问题，并采取合适的干预措施。

（二）系统化培训体系

1. 分层培训模式

阜阳师范大学邀请专家开展"询问—倾听—评估—转介"四步法培训，结合角色扮演与案例研讨，强化实操能力。培训中，专家会通过实际案例讲解每个步骤的具体操作方法和注意事项，然后让参训人员进行角色扮演，模拟面对有心理危机的学生时的场景，锻炼他们的实际操作能力。

2. 国际认证项目

北京师范大学与美国心理学会（APA）合作推出"高校心理课程设计师"认证，提升教师专业化水平。该认证项目注重培养教师的心理课程设计能力和专业素养，通过系统的学习和培训，使教师能够设计出更具针对性和实效性的心理健康教育课程，为学生的心理健康保驾护航。

上海师范大学通过"1+X 动态系统护航工作法"成功降低危机复发率，2024年心理测评异常率同比下降 13.6%。武汉职业技术大学的"五色心理健康档案"使高危学生干预响应时间缩短至 24 小时内，案例入选 2025 年度高校学生心理健康教育指导典型案例。焦作师范高等专科学校通过构建家校社协同干预体系使90% 以上危机学生实现心理康复，两例干预报告获评省级优秀案例。

第十三章　心理健康教育的评价与反馈机制

随着社会对心理健康的关注度持续提升，构建科学系统的心理健康教育质量保障体系成为教育现代化的重要课题。本章通过建立"三维动态评价模型"、创新"双循环反馈系统"、开发"智能评估分析平台"，形成具有持续改进功能的闭环管理体系。

一、评价体系的构建与实施

（一）分层递进式评价指标体系

在心理健康教育领域，精准的评价指标是衡量教育质量的基石。可采用"基础层—过程层—效果层"三级架构，全面且深入地对心理健康教育资源与成效进行评估。

1. 基础层

资源配置是心理健康教育顺利开展的保障。其中，学校严格按照师生比1∶4000的比例配备心理健康教师，确保学生的心理状态能够得到充分关注，为学生提供及时有效的心理支持。咨询室面积在 250 ㎡ 以上，则保障了心理咨询与辅导的空间需求。良好的咨询环境有助于学生放松身心，更积极地投入到心理辅导过程中。

2. 过程层

课程实施是心理健康教育的核心环节。课程标准吻合度确保教学内容与既定的教育目标相一致，使学生能够系统地学习心理健康知识和技能。学生参与度反映了学生对心理健康教育课程的接受程度和主动投入情况，高参与度往往意味着学生对课程内容有浓厚兴趣，更有利于教育目标的达成。教学创新指数鼓励教师在教学方法和手段上不断探索创新，以适应不同学生的心理特点和学习需求，提高心理健康教育的实效性。

3. 效果层

心理素养提升是心理健康教育的最终目标。利用心理量表可以评估学生的心理健康状况变化。例如，SCL-90 涵盖多个心理症状维度，能够全面、客观地反映学生的心理问题改善情况。危机事件下降幅度则直接体现了心理健康教育在预防和干预心理危机方面的成效，是衡量教育效果的重要指标。

（二）评价指标的确定

心理健康教育评价体系的构建，首先需要确定科学合理的评价指标。这些指标应全面涵盖心理健康教育的各个方面，以准确反映教育效果和学生的心理状态。

1. 知识层面

在知识层面，可设置学生对心理健康基础知识的掌握程度指标。例如，通过定期开展心理健康知识测试，考查学生对常见心理问题（如焦虑、抑郁、人际关系困扰等）的症状表现、成因及应对方法的了解程度。测试题目可以包括选择题、判断题、简答题等多种形式，以全面评估学生的知识储备。

除了常规的测试形式，还可以采用知识竞赛的方式，激发学生学习心理健康知识的兴趣。学校可以组织心理健康知识竞赛，设置必答题、抢答题、风险题等环节，让学生在竞赛中巩固所学知识。同时，竞赛的题目可以结合实际案例，让学生运用所学知识进行分析和解答，提高他们解决实际问题的能力。

此外，还可以通过在线学习平台进行知识测试和学习跟踪。学生可以在平台上完成心理健康知识的学习和测试，平台会自动记录学生的学习进度和测试成绩，教师可以随时查看学生的学习情况，为学生提供个性化的学习建议。

2. 技能层面

着重考查学生运用心理健康知识和技巧解决实际问题的能力。比如，设置情景模拟测试，让学生在模拟的人际冲突、学习压力等场景中，展示他们的情绪管理、沟通协调和问题解决能力。观察学生在面对压力时的情绪反应、应对策略以及与他人的互动方式，以此评估其心理调适技能。

情景模拟测试可以更加贴近学生的实际生活，提高测试的有效性。例如，在模拟人际冲突场景时，可以设置不同的冲突类型，如宿舍矛盾、同学之间的误会等，让学生在真实的情境中锻炼自己的沟通和解决问题的能力。同时，教师可以在测试过程中进行观察和记录，为学生提供及时的反馈和指导。

还可以开展心理健康实践项目，让学生在实际项目中运用所学的心理健康知识和技能。例如，组织学生开展心理健康宣传活动，让他们策划和组织活动，提高自己的组织能力和沟通能力；或者开展心理健康调研项目，让学生通过调查和研究，了解大学生的心理健康状况，提出相应的建议和措施。

3. 情感态度层面

关注学生对心理健康教育的重视程度和积极态度。可以通过问卷调查的方式，了解学生对心理健康课程、活动的参与意愿，以及在日常生活中主动关注自身和他人心理健康的意识。例如，询问学生是否经常反思自己的情绪状态、是否愿意寻求心理帮助等。

问卷调查的设计要科学合理，问题要具有针对性。可以采用李克特量表等形式，让学生对每个问题进行评分，以便更准确地了解学生的情感态度。同时，还可以通过访谈的方式，深入了解学生对心理健康教育的看法和感受，为评价提供更丰富的信息。

除了问卷调查和访谈，还可以通过观察学生的行为来评估他们的情感态度。例如，观察学生在课堂上是否积极参与讨论、是否主动寻求帮助等；在日常生活中，观察学生是否关注自己和他人的情绪变化、是否能够积极应对压力等。

（三）评价主体的多元化

为了确保评价结果的全面性和客观性，应采用多元化的评价主体。除了传统的教师评价，还应纳入学生自评、互评以及家长评价。

1. 学生自评

学生自评能够促使他们对自己的心理状态和学习情况进行深度反思。例如，在学习完心理健康课程的某个单元后，让学生对自己的知识应用情况、心理状态变化进行评价。这有助于培养学生的自我认知和自我管理能力。

学生自评可以采用多种形式，如撰写学习心得、填写自评表格等。在学习心得中，学生可以详细记录自己在学习过程中的收获、遇到的问题和解决方法；自评表格可以设计一些具体的问题，让学生对自己的学习态度、知识掌握程度、技能应用能力等方面进行评价。

教师可以定期组织学生进行自评交流活动，让学生分享自己的自评结果和反思，促进学生的相互学习和共同成长。同时，教师可以根据学生的自评结果，了解学生的学习情况和需求，为教学调整提供依据。

2. 学生互评

互评有助于学生从同伴的角度了解自己的优点和不足。可以组织学生进行小组互评，让他们在合作学习和互动交流中，相互评价彼此在团队活动中的表现、沟通协作能力以及对心理健康知识的理解和应用。

小组互评可以按照一定的标准进行，如团队合作、沟通能力、知识应用等方面。每个学生可以对小组内的其他成员进行评价，评价结果以分数或等级的形式呈现。同时，教师可以引导学生进行客观、公正的评价，避免出现恶意评价或不认真评价的情况。

在互评过程中，教师可以组织学生进行讨论和交流，让学生分享自己的评价理由和感受，促进学生之间的相互理解和信任。同时，教师可以根据互评结果，了解学生在团队合作和沟通协作方面的表现，为教学调整提供依据。

3. 家长评价

家长可以从家庭环境的角度提供有关学生心理健康的重要信息。家长通过观察学生在家庭生活中的情绪变化、行为表现以及与家人的相处情况，将这些信息反馈给学校，使学校能够更全面地了解学生的心理状态。

学校可以通过家长会、家长问卷调查、家长微信群等渠道，收集家长评价。家长问卷调查涉及一些具体的问题，如学生在家庭中的情绪状态、与家人的沟通情况、是否经常出现情绪问题等；家长微信群可以方便家长与学校和教师进行实时沟通，及时反馈学生的情况。

教师可以根据家长的评价信息，了解学生在家庭环境中的心理状态和行为表现，为教学调整提供依据。同时，教师可以与家长进行沟通和合作，共同关注学生的心理健康，为学生提供更好的支持和帮助。

（四）评价过程的规范化

评价过程的规范化是保证评价结果科学和可信的关键。在评价实施前，应制订详细的评价方案，明确评价的目的、内容、方法、步骤以及时间安排等。评价方案应具有可操作性和指导性，确保评价工作有序进行。

评价方案的设计要充分考虑心理健康教育的特点和学生的实际情况，确保评价指标的科学性和合理性。同时，要明确评价的责任人和分工，确保评价工作的顺利进行。

在评价过程中，要严格按照既定的方案进行操作，保证评价标准的一致性和稳定性。例如，在进行心理健康知识测试时，要统一测试时间、测试环境和评分标准，避免人为因素导致评价结果的偏差。同时，要注重评价数据的收集和整理，确保数据的真实性和完整性。

可以采用问卷调查、心理测试、访谈、观察等多种方法收集数据，并运用统计学方法对数据进行分析和处理，得出客观、准确的评价结果。在数据收集过程中，要确保数据的真实性和完整性，避免出现数据造假或遗漏的情况。在数据处理过程中，要采用科学的统计方法，确保分析结果的准确性和可靠性。

（五）评价结果的应用

评价结果不能仅仅停留在纸面上，而应充分发挥其应有的作用。一方面，评价结果可以为心理健康教育工作者提供反馈，帮助他们了解教育教学的效果，发现存在的问题和不足，从而有针对性地调整教学内容和方法，优化心理健康教育方案。例如，如果评价结果显示学生对情绪管理知识的掌握程度较低，教师可以增加相关内容的教学时间，采用更生动有趣的教学方法进行讲解。同时，教师可以根据评价结果，调整教学进度和教学重点，确保学生能够更好地掌握心理健康知识和技能。

另一方面，评价结果可以为学生提供个性化的学习建议。根据学生的评价结果，教师可以了解每个学生的优势和不足，为他们制订个性化的学习计划，帮助他们明确努力的方向，促进自我成长和发展。

教师可以与学生进行一对一的沟通，根据学生的评价结果和个性特点，为学生提供个性化的学习建议和指导。同时，教师可以鼓励学生根据自己的评价结果，制订自己的学习目标和计划，提高学习的主动性和积极性。

此外，评价结果还可以为学校制定心理健康教育政策提供依据，推动学校心理健康教育工作的持续改进和发展。学校可以根据评价结果，了解学生的心理健康状况和需求，制订相应的规划，如增加心理健康教育课程的课时、开展更多的心理健康活动等。

学校还可以根据评价结果，对心理健康教育工作进行评估和考核，激励教师积极参与心理健康教育工作，提高心理健康教育的质量和效果。同时，学校可以与社会各界合作，共同推进心理健康教育工作的开展，为学生提供更好的心理健康服务。

二、反馈机制的创新设计

（一）即时反馈通道

及时的反馈对于心理健康教育的改进至关重要。开发大学生心理健康教育系统移动终端，为学生、教师和家长提供一个便捷、高效的沟通平台。学生可以通过该终端随时预约心理咨询，及时获得专业帮助；在出现心理危机时，平台能够迅速发出预警信号，确保学校和教师在第一时间知晓并采取干预措施；同时，学生还可以对心理健康教育课程和活动的效果进行评价，使教师能够及时了解学生的需求和反馈，以便对教学内容和方法进行调整和优化。通过这一移动终端，实现咨询预约、危机预警、效果评价的闭环，提高心理健康教育的响应速度和灵活性。

建立"48 小时响应承诺制"，明确不同类型反馈信息的响应时间标准。对于常规反馈信息，要求在 72 小时内给予回应，确保学生的日常心理需求和建议得到及时关注；对于紧急情况，响应时间缩短至 24 小时，迅速采取措施，防止心理问题的进一步恶化；而对于心理危机，则要求即时响应，彰显对危机干预的高度重视，体现反馈机制的时效性和有效性。

（二）数据可视化反馈系统

数据可视化技术能够将复杂的数据以直观、易懂的方式呈现出来，为心理健康教育决策提供有力支持。

运用 Tableau 构建动态仪表盘，集合多种功能模块。其中，区域心理健康地图通过热力图直观显示各二级学院心理危机发生率的分布情况，使学校的大学生心理健康教育中心负责人能够清晰地了解区域内不同学校的心理健康教育需求和问题严重程度，为教育资源的合理分配提供依据；个体发展轨迹追踪功能为每位学生生成个性化的心理成长曲线，记录学生在心理健康教育过程中的各项指标变化，如情绪状态、心理韧性、社交能力等，帮助教师和家长全面了解学生的心理发展动态，及时发现异常情况并进行干预；教育资源匹配指数则通过可视化方式呈现学校在心理健康教育方面的资源配置缺口，如师资力量不足、心理咨询设备缺乏等，以便学校及时采取措施，优化资源配置，提高心理健康教育资源的利用效率。

（三）多向反馈网络

构建"学生—教师—家长—社区"四维反馈网络，实现心理健康教育相关主体之间的全方位互动和信息共享。

学生端每月进行心理状态自评与课程满意度调查，为学校和教师提供来自学生自身的第一手反馈信息，使教师能够从学生的视角了解心理健康教育课程的适宜性和有效性，以及学生当前的心理状态和需求，从而有针对性地调整教学内容和方法，优化心理健康教育方案。

教师端的嵌入式课堂观察反馈系统，使教师能够在日常教学过程中随时记录学生的课堂表现、情绪变化、同伴互动等情况，共同探讨学生心理问题的解决方案，形成教育教学合力，提高心理健康教育的质量和效果。

家长端定制化家庭教育建议推送功能，根据学生的心理评估结果和学校心理健康教育的进展，为家长提供个性化的家庭教育指导建议，帮助家长更好地理解孩子心理，掌握科学的教育方法，营造良好的家庭心理环境，促进学生心理健康的发展。

社区端建立"学校—医院—社区服务中心"数据共享平台，打破心理健康教育的校际壁垒，实现学校与专业医疗机构、社区服务组织之间的信息流通和协作。通过共享学生心理健康数据，学校可以及时获取专业的心理诊断和治疗建议，医疗机构能够更好地开展心理治疗和康复工作，社区服务中心也可以有针对性地为学生和家庭提供心理支持和拓展服务，共同构建全方位、多层次的心理健康教育支持体系。

（四）多样化的反馈渠道

传统的反馈渠道往往局限于书面报告和面对面交流，形式较为单一。这不仅难以满足学生和家长多样化的需求，还可能导致反馈信息的传递不及时、不准确，影响心理健康教育工作的效果。为了提高反馈的及时性和有效性，应拓展多样化的反馈渠道。

1. 线上反馈平台

线上反馈平台是一种重要的创新渠道。学校可以搭建专门的心理健康教育App或网站，学生可以通过手机或电脑随时随地登录平台，查看评价结果和相关建议。这种便捷的访问方式打破了时间和空间的限制，使学生能够在第一时间获取反馈信息。

平台还可以提供在线咨询、心理测试、学习资源下载等功能，方便学生获取更多的心理健康知识和帮助。在线咨询功能允许学生与专业的心理咨询师进行实时沟通，及时解决他们在学习和生活中遇到的心理问题。心理测试功能可以帮助学生了解自己的心理健康状况，发现潜在的心理问题，并获得相应的建议和指导。学习资源下载功能则为学生提供丰富的心理健康学习资料，如心理调适技巧、情绪管理方法等，帮助他们提升心理素质。

例如，学生可以在平台上提交自己在学习和生活中的心理困惑，教师可以及时给予回复和指导。平台可以设置智能客服，针对常见的问题进行自动回复，提高反馈效率。智能客服能够快速识别学生的问题，并给出相应的解答，对于一些常见问题，如"如何缓解考试焦虑""怎样提高学习效率"等，能够提供准确、实用的建议。同时，平台还可以根据学生的提问记录，为学生提供个性化的学习资源和推荐。如果一个学生经常询问关于情绪管理的问题，平台可以为他推荐相关的书籍、在线课程或心理测试，帮助他更好地学习和掌握情绪管理技巧。

此外，平台可以设置社区功能，让学生和家长在社区中分享自己的心理健康经验和心得，倾诉自己遇到的困难和挑战，促进平台使用者的相互学习和交流。学校可以定期在社区中发布心理健康教育资讯和活动信息，提高学生和家长对心理健康教育的关注度。

2. 社交媒体平台

社交媒体平台也是反馈的重要途径。学校可以利用微信公众号、班级群等社交媒体平台，定期推送心理健康教育资讯和个性化的反馈信息。通过社交媒体的互动功能，学生和家长可以更方便地与学校和教师进行沟通和交流，及时反馈自己的意见和建议。

学校可以在微信公众号上设置心理健康教育专栏，定期发布心理健康知识、心理调适技巧、心理健康活动信息等内容。这些内容以文字、图片、视频等多种形式呈现，满足不同用户的需求。同时，学校可以通过公众号的留言功能，收集学生和家长的反馈信息，并及时进行回复和处理。留言功能为学生和家长提供了一个便捷的反馈渠道，使学校及时了解他们的需求和期望，对心理健康教育工作进行调整和改进。

班级群可以作为即时沟通的平台，教师定期在群里发布心理健康教育的小贴士、心理测试等内容，及时解答学生和家长的疑问。同时，学生和家长可以在群里分享自己的学习和生活情况，促进彼此的了解；也可以在群里分享自己在学习和生活中遇到的问题和感受，大家共同讨论、互相支持，营造良好的心理健康教育氛围。

3. 线下反馈箱与座谈会

学校设置线下的反馈箱或定期组织反馈座谈会，让学生和家长有机会以匿名的方式表达自己的想法和感受，确保反馈信息的真实性和可靠性。

线下反馈箱可以设置在学校的心理咨询室、图书馆、教学楼等公共场所，方便学生和家长随时投递反馈信息。学校定期收集反馈箱中的信息，并进行整理和分析，及时了解学生和家长的需求和意见。反馈箱的设置为学生和家长提供了一个安全、匿名的反馈渠道，他们可以放心地表达自己的真实想法和感受，不用担心被他人知晓。学校对反馈信息的及时收集和分析能够让他们更好地了解学生和家长的需求，为心理健康教育工作的改进提供依据。

学校定期组织反馈座谈会，邀请学生和家长代表参加。在座谈会上，学生和家长可以面对面地与教师进行沟通和交流，提出自己的意见和建议。教师认真听取学生和家长的意见，并及时进行反馈和处理。座谈会为学生和家长提供了一个与校方直接交流的机会，他们可以更加深入地表达自己的想法和感受，学校也可以更加全面地了解他们的需求和期望，从而有针对性地改进心理健康教育工作。

（五）个性化的反馈内容

每个学生的心理特点和发展需求都是不同的，因此反馈内容也是个性化的。在反馈过程中，应根据学生的个体差异，提供针对性的评价结果和建议。

1. 情绪管理方面

对于在情绪管理方面存在困难的学生，可以提供具体的情绪调节方法和技巧，并推荐相关的学习资源。例如，建议学生通过冥想、深呼吸等方式缓解焦虑，推荐一些情绪管理的书籍或在线课程。

学校可以组织情绪管理培训课程，邀请专业的心理咨询师为学生进行授课，教授学生情绪调节的方法和技巧。这些课程可以采用理论讲解、案例分析、实践操作等多种教学方法，让学生更好地理解和掌握情绪管理的技巧。同时，可以设置情绪管理辅导小组，让学生在小组中进行交流和分享，互相学习和支持。在辅导小组中，学生可以分享自己在情绪管理方面的经验和困惑，其他成员可以给予建议和鼓励，共同提高情绪管理能力。

2. 人际关系方面

对于在人际关系方面有待提高的学生，可以给予一些沟通技巧和人际交往策略的指导，帮助他们改善与他人的关系。

学校可以开展人际关系培训课程，教授学生沟通技巧、团队合作、冲突解决等方面的知识和技能。这些课程可以通过角色扮演、小组讨论、案例分析等方式进行教学，让学生在实践中提高自己的人际交往能力。同时，学校可以组织人际关系拓展活动，让学生在活动中锻炼自己的人际交往能力，提高自己的人际关系质量。人际关系拓展活动包括团队建设活动、社交聚会、志愿者活动等，学生在不同的情境中与他人进行交流和合作，可以增强他们的自信心和沟通能力。

3.学业压力方面

学校可以开展学业压力管理课程，教授学生时间管理、学习方法、压力调节等方面的知识和技能。这些课程可以帮助学生合理安排学习时间，掌握有效的学习方法，提高学习效率，学会如何应对学业压力，保持良好的心理状态。同时，学校可以组织学业压力辅导小组，让学生在小组中分享自己的学习经验和压力感受，互相支持和鼓励。在辅导小组中，学生可以分享自己在学习过程中遇到的问题和解决方法，其他成员可以给予建议和帮助，共同克服学业压力。

个性化的反馈内容能够让反馈更加贴近学生的实际需求，提高反馈的针对性和实用性，使学生能够更好地理解和应用反馈信息，促进自身的心理成长和发展。

（六）互动式的反馈方式

反馈不仅是单向的信息传递，更应该是双向的互动交流。为了增强反馈的效果，应采用互动式的反馈方式，鼓励学生和家长积极参与反馈过程。

1.反馈交流会

学校组织线上或线下的反馈交流会，让学生和家长有机会与心理健康教育工作者进行面对面的沟通和交流，提出自己的疑问和建议。

在交流会上，教师详细介绍评价结果的含义和依据，解答学生和家长的疑惑，并根据他们的反馈意见调整教育教学策略。通过具体的案例和数据，教师向学生解释评价结果的含义和依据，让他们更好地理解自己的心理状态和学习情况。在此过程中，教师要认真听取学生和家长的意见和建议，对教育教学策略进行调整和改进，以提高教育教学质量。

交流会设置互动环节，让学生和家长可以自由提问和发言，促进双方的沟通和交流。在互动环节中，学生和家长提出自己在学习和生活中遇到的问题和困惑，教师和其他学生、家长给予帮助和建议。这种互动式的交流方式能够让学生和家长更加积极地参与到反馈过程中，提高反馈的效果。

2.在线留言板与问卷调查

通过设置在线留言板或进行问卷调查，学校可以收集学生和家长对心理健康教育工作的意见和建议，及时了解学生和家长的需求和期望，从而不断改进心理健康教育工作，提高服务质量和满意度。

在线留言板可以设置在学校的官方网站或心理健康教育平台上，学生和家长可以随时在留言板上发表自己的意见和建议。学校定期查看留言板上的信息，对于学生和家长提出的问题和建议，学校要认真对待，及时给予回复和处理，让学生和家长感受到学校对他们的关注和重视。

问卷调查可以定期开展，设计一些针对性的问题，了解学生和家长对心理健康教育工作的满意度、需求和建议。问卷调查可以采用线上或线下的方式进行，确保调查结果的准确性和可靠性。学校要对问卷调查结果进行分析和总结，以此为依据，对心理健康教育工作进行调整和改进，以满足学生和家长的需求。

（七）及时有效的跟进措施

反馈是为了促进学生的成长和发展，因此及时有效的跟进措施至关重要。在反馈后，心理健康教育工作者应根据学生的具体情况，制订个性化的跟进计划，并对学生的进展情况进行跟踪和定期评估。

1. 个性化辅导与支持

对于需要进一步帮助的学生，可以提供个性化的辅导和支持。例如，对于存在严重心理问题的学生，可以安排专业的心理咨询师进行一对一的心理辅导；对于在学习或生活中遇到困难的学生，可以提供学习指导、生活帮助等支持性服务。

学校可以建立心理健康辅导档案，对需要辅导的学生进行跟踪和记录，及时了解学生的心理状态和辅导效果。心理健康辅导档案记录学生的基本信息、心理问题、辅导过程和辅导效果等信息，为心理健康教育工作者提供参考和依据。同时，可以组织心理健康辅导小组，让学生在小组中互相支持和鼓励，共同提高心理健康水平。心理健康辅导小组可以定期开展活动，如心理分享会、心理训练等，让学生在小组中交流和分享自己的心理感受和经验，互相支持和鼓励，共同提高心理健康水平。

2. 跟进情况反馈

同时，要将跟进措施的执行情况及时反馈给学生和家长，让他们了解学生的进步和变化，增强他们对心理健康教育工作的信心。

学校可以通过家长会、电话、短信等方式，向学生和家长反馈跟进措施的执行情况和学生的进展情况。在家长会上，学校可以向家长介绍学生的心理健康状况和跟进措施的执行情况，让家长了解学生在学校的学习和生活情况。电话和短信可以及时向家长和学生反馈学生的进展情况，让他们感受到学校对他们的关注和重视。同时，学校可以定期组织学生和家长参加心理健康教育讲座和活动，提高他们对心理健康教育的认识和重视程度。心理健康教育讲座和活动可以邀请专业的心理咨询师或专家进行授课，为学生和家长提供更多的心理健康知识和指导，帮助他们更好地了解和关注学生的心理健康。

及时有效的跟进措施，能够确保反馈信息真正转化为促进学生发展的实际行动。学校要不断优化反馈机制和跟进措施，提高心理健康教育工作的质量和效果，为学生的健康成长和发展提供有力保障。

三、数据驱动的教育效果评估

教育大数据中心建设：在数字化时代，数据是教育决策的重要依据。整合教务系统、心理咨询记录、校园行为数据等 12 类数据源，构建包含超 300 个特征变量的心理教育数据库，为心理健康教育效果评估提供了海量、多维度的数据支持。这些数据涵盖了学生的学业成绩、出勤情况、违纪行为等校园生活各个方面，以及心理咨询的次数、内容、时长等详细信息，通过对这些数据的综合分析，可以全面、深入地了解学生的心理健康状况和心理健康教育的影响因素。

采用区块链技术确保数据安全。区块链的加密特性和去中心化存储方式有效防止了数据泄露和篡改，保障了学生的个人隐私和数据安全。同时，通过联邦学习实现跨机构数据协同，在保护各机构数据隐私的前提下，实现了数据的共享和联合分析，打破了数据孤岛，充分发挥了数据的潜在价值，为心理健康教育效果评估提供了更全面、准确的数据基础。

智能分析模型构建：借助先进的数据分析技术，深入挖掘数据中的潜在规律和价值。开发长短期记忆（LSTM）神经网络预测模型，利用其对时间序列数据的强大处理能力，提前 6 个月预警心理危机。通过对学生历史心理数据和行为数据的分析学习，模型能够捕捉到心理危机发生的早期迹象和趋势，为学校和教师提供充足的预警时间，及时采取干预措施，预防心理危机事件的发生。

应用 R 语言构建多层线性模型（HLM），量化不同干预措施的效应值。HLM能够处理具有层次结构的数据，如学生嵌套在班级中、班级嵌套在学校中等，从而准确评估不同层次上的干预措施对学生心理健康的影响效果，为教育决策者选择和优化干预方案提供科学依据。

创建结构方程模型（SEM），解析家庭、学校、个人因素在心理健康教育中的作用路径。SEM 能够同时分析多个变量之间的复杂关系，揭示家庭环境、学校教育质量、个人性格特征等因素如何相互作用，影响学生的心理健康状况，为制订综合性的心理健康教育策略提供理论支持。

循证决策支持系统：基于证据的决策能够提高心理健康教育的科学性和有效性。基于证据分级标准（GRADE 体系），建立包含超 5000 个研究证据的知识库，涵盖国内外心理健康教育领域的大量研究成果、实践案例和专家经验。通过对这些证据的系统整理和分级评价，为决策支持系统提供了可靠的证据来源。

开发智能决策支持模块，系统能够根据用户输入的实际情况和问题，自动在知识库中检索相关的研究证据，并结合智能分析模型的结果，自动生成包含成本效益分析、风险矩阵的优化方案。成本效益分析帮助教育决策者在有限的资源条件下选择最具成本效益的心理健康教育项目和措施；风险矩阵则清晰地展示了不同方案可能面临的风险及其程度，使决策者能够全面权衡利弊，做出科学合理的决策，为心理健康教育的发展提供有力的量化依据。

具体来讲，我们可以从以下方面开展：

（一）数据收集与整合

数据驱动的心理健康教育效果评估，首先需要全面、准确地收集相关数据。这些数据来源广泛，包括学生的心理健康测评数据、学习行为数据、社交网络数据、日常表现数据等，多维度的数据收集能够为后续的评估提供坚实基础。

1. 心理健康测评数据

心理健康测评数据是评估的重要依据，它能够科学、客观地反映学生的心理健康状况。学校可以定期组织学生进行专业心理测试，运用 SCL-90、抑郁自评量表（SDS）、焦虑自评量表（SAS）等权威工具。这些量表经过大量研究和实践验证，具有较高的信度和效度。

在测试过程中，要确保测试环境安静、舒适，让学生能够放松心情，真实地表达自己的感受。测试结束后，专业人员对测评数据进行详细记录和分析。同时，为了保证数据的准确性和可靠性，还可以采用多次测评、交叉验证等方式，去除由学生一时情绪波动或其他因素导致的误差。

2. 学习行为数据

学习行为数据可以从学校的教学管理系统中获取，这些数据能够反映学生的学习态度、学习能力和学习效果，与心理健康状况可能存在一定的关联。例如，学生的课堂表现可以体现出他们对学习的专注程度和参与度；作业完成情况可以反映他们的学习态度和自律能力；考试成绩则能在一定程度上反映他们的学习能力和知识掌握程度。

学校可以建立完善的学习行为数据监测系统，对学生的各项学习行为数据进行实时记录和分析。通过对学习行为数据的深入挖掘，可以发现学生在学习过程中存在的问题和困难，进而推测其可能存在的心理压力和心理问题。例如，如果一个学生的成绩突然下降，同时课堂表现也变得消极，这可能暗示他正在面临较大的心理压力，需要进一步关注和评估。

3. 社交网络数据

通过分析学生在社交媒体平台上的互动信息，可以了解他们的社交关系和情感状态。随着互联网的发展，社交媒体已经成为学生生活中不可或缺的一部分，他们在社交平台上分享自己的生活、表达自己的情感。

学校可以借助专业的数据分析工具，对学生社交平台上的发言内容、点赞、评论等行为进行分析。例如，学生频繁使用消极词语、表达负面情绪，可能反映出他们当前的心理状态不佳；而积极的社交互动和正面的情感表达则可能表示他们的心理状态较为良好。通过对社交网络数据的分析，可以及时发现学生存在的心理问题，并采取相应的干预措施。

4. 日常表现数据

教师和家长通过观察记录获得日常表现数据，如学生的情绪变化、行为习惯等。教师在日常教学过程中，能够直接观察到学生的课堂表现、与同学的相处情况等；家长则可以在家庭环境中观察到学生的情绪状态、生活习惯等。

教师和家长要及时、准确地记录学生的日常表现，为心理健康评估提供丰富的信息。例如，教师发现某个学生在课堂上经常走神、情绪低落，家长发现孩子在家中经常失眠、缺乏食欲，这些信息都提示学生可能存在心理问题，需要进一步评估和关注。

收集到的数据需要进行整合和预处理，去除噪声和异常值，确保数据的质量和一致性。由于数据来源广泛，可能存在数据格式不一致，数据重复、错误等问题。

对于一些明显不符合实际情况的测评数据，要进行核实和修正。例如，如果学生的测评结果与教师和家长的日常观察严重不符，就需要进一步了解情况，判断数据的真实性。对于缺失的数据，可以采用合适的方法进行补充，如根据学生的历史数据、相似学生群体的数据进行估算，或者通过再次调查、测试等方式获取。

（二）数据分析与挖掘

在数据收集与整合的基础上，运用先进的数据分析技术和方法，对数据进行深入分析和挖掘，以揭示数据背后隐藏的信息和规律。

1. 描述性统计分析

描述性统计分析可以对学生的心理健康状况进行总体描述，如计算平均分、标准差、频数分布等统计指标，展示学生心理健康的整体水平和分布情况。通过计算学生心理健康测评量表的平均分，可以了解学生在某个时间段内的心理健康状况的总体水平；标准差则可以反映出学生之间心理健康水平的差异程度；频数分布能够直观地展示不同心理健康水平的学生人数比例。

例如，在分析学生的焦虑水平时，通过描述性统计分析可以了解到有多少学生处于轻度、中度或重度焦虑状态，以及不同焦虑水平学生在班级或年级中的分布情况。这有助于学校和教师对学生的心理健康状况有一个宏观的认识，为后续的干预提供依据。

2. 相关性分析

相关性分析可以探究不同变量之间的关系，如心理健康水平与学习成绩、社交活动等之间的相关性。通过分析这些关系，可以发现影响学生心理健康的因素，为制订针对性的干预措施提供依据。

例如，研究发现学生的学习成绩与焦虑水平呈负相关，即学习成绩越好的学生，焦虑水平可能越低。这可能是因为学习成绩好的学生在学习过程中更有信心，面临的压力相对较小。那么学校可以采取措施减轻学生的学习压力，如优化教学方法、合理安排作业量等，以提高他们的心理健康水平。同时，学校还可以鼓励学生积极参与社交活动，因为研究发现社交活动与心理健康水平呈正相关，丰富的社交生活有助于学生保持良好的心理状态。

3. 回归分析

回归分析可以建立预测模型，预测学生的心理健康发展趋势。例如，根据学生的心理健康测评数据、学习行为数据和社交网络数据等，建立回归模型，预测学生在未来一段时间内的心理健康状况，以便及时采取干预措施。

通过回归分析，可以确定哪些因素对学生的心理健康影响较大，以及这些因素的影响程度。例如，如果回归分析结果显示学习压力、家庭环境和社交支持是影响学生心理健康的主要因素，那么学校可以针对这些因素制订相应的干预措施，如开展心理健康教育课程，帮助学生应对学习压力；加强与家长的沟通与合作，改善学生的家庭环境；组织丰富多彩的社交活动，增强学生的社交支持。

4. 聚类分析

聚类分析可以将学生按照心理特征进行分类，为个性化教育提供依据。例如，根据学生的心理健康测评结果和行为表现，将学生分为不同的心理特征群体，针对每个群体的特点制订个性化的教育方案。

比如，通过聚类分析可以将学生分为高焦虑–低社交群体、低焦虑–高社交群体、中等焦虑–中等社交群体等。对于高焦虑–低社交群体，学校可以安排专业的心理咨询师进行一对一的心理辅导，同时组织专门的社交技能培训活动，帮助他们提高社交能力和缓解焦虑情绪；对于低焦虑–高社交群体，可以鼓励他们发挥社交优势，参与更多的团队活动，进一步提升自己的综合素质。

（三）可视化展示与决策支持

为了使数据分析结果更加直观易懂，便于教育工作者和学生、家长理解和应用，需要对分析结果进行可视化展示。可视化展示是指采用图表、图形、地图等形式，将复杂的数据信息转化为直观的视觉元素。

1. 可视化展示的形式

例如，通过绘制折线图展示学生心理健康水平随时间的变化趋势，让学生和家长能够直观地看到学生的心理状态是如何变化的。折线图可以清晰地反映出学生心理健康水平在不同时间点的数值变化，以及变化的幅度和趋势。如果折线图显示学生的心理健康水平在某个时间段内持续下降，就需要及时采取措施进行干预。

通过柱状图对比不同班级或年级学生的心理健康状况，帮助学校了解不同群体的心理健康差异。柱状图可以直观地展示不同班级或年级学生在心理健康测评中的平均分、得分率等指标的差异，让学校能够快速了解各个群体的心理健康状况，为有针对性地开展心理健康教育工作提供依据。

通过热力图呈现学生在不同心理维度上的分布情况，为学校开展心理健康教育工作提供重点关注区域。热力图可以用颜色的深浅来表示学生在不同心理维度上的得分高低，颜色越深表示得分越高，反之则越低。学校可以根据热力图的结果，确定哪些心理维度是学生普遍存在的问题，从而有针对性地开展相关的心理健康教育活动。

2. 对教育决策的支持

可视化展示不仅能够提高信息的传播效率，还能够为教育决策提供有力支持。教育工作者可以根据可视化展示的结果，及时调整教学策略和干预措施。

例如，如果可视化结果显示某个班级的学生焦虑水平普遍较高，教师可以增加相关内容的教学时间，采用更生动有趣的教学方法进行讲解，以缓解学生的学习压力和焦虑情绪。同时，学校还可以组织心理健康讲座、团体辅导等活动，帮助学生更好地应对焦虑问题。此外，学校还可以根据可视化结果调整课程设置和教学计划，增加心理健康教育课程的比重，提高学生的心理健康水平。

（四）持续监测与动态评估

心理健康是一个动态变化的过程，因此数据驱动的心理健康教育效果评估应是一个持续监测和动态评估的过程。通过建立长期的数据监测机制，定期收集和分析学生的心理健康数据，能够及时发现学生心理状态的变化趋势，提前采取干预措施，预防心理问题的发生。

1. 定期测评与数据收集

学校可以每月或每学期对学生进行一次心理健康测评，跟踪学生的心理健康状况变化情况。同时，结合学生在学习、生活中的表现，如课堂参与度、人际关系等，综合评估学生的心理状态。

在测评过程中，要确保测评的科学性和规范性，采用统一的测评工具和标准，保证测评结果的准确性和可比性。同时，要及时收集学生的相关数据，包括学习行为数据、社交网络数据、日常表现数据等，为动态评估提供全面的信息支持。

2. 异常情况及时干预

如果发现学生的心理健康状况出现异常变化，如焦虑、抑郁等情绪症状加重，学校可以及时安排专业的心理咨询师进行干预，帮助学生恢复心理健康。

学校可以建立心理健康预警机制，当学生的心理健康测评结果或日常表现出现异常时，及时发出预警信号。心理咨询师可以根据预警信息，对学生进行全面的评估和诊断，制订个性化的干预方案。干预措施可以包括个体心理咨询、团体心理辅导、家庭治疗等，根据学生的具体情况选择合适的方法。

3. 方案调整与优化

此外，学校可以对心理健康教育工作的效果进行持续监测和动态评估。根据评估结果，学校可以及时调整心理健康教育方案，优化教育资源配置，提高心理健康教育的质量和效果。

学校可以定期对心理健康教育方案进行评估和反思，分析方案实施过程中存在的问题和不足。根据评估结果，调整教育内容、教学方法和干预措施，使其更加符合学生的实际需求。同时，学校要合理配置教育资源，确保心理健康教育工作的顺利开展。例如，如果发现某个心理健康教育课程的效果不佳，可以对该课程的内容和教学方法进行调整；如果发现心理咨询师的数量不足，可以增加心理咨询师的配备。

通过持续监测与动态评估，学校能够及时掌握学生的心理健康状况，采取有效的干预措施，提高心理健康教育的质量和效果，为学生的健康成长提供有力保障。

四、质量改进闭环管理

通过 PDCA 循环实现持续改进，形成一个动态的、不断优化的心理健康教育质量管理体系。

计划（Plan）：基于评估结果制订年度提升方案。评估结果详细分析了心理健康教育的优势与不足，明确了改进方向和目标。在制订提升方案时，充分考虑学校的实际情况和资源条件，结合学生的需求和特点，制订具体、可操作的年度工作计划，包括师资培训计划、课程优化方案、心理咨询室升级改造计划等，为心理健康教育质量的提升提供了明确的行动指南。

执行（Do）：实施精准干预项目包。根据年度提升方案，将各项任务分解为具体的干预项目，并针对不同的心理问题和教育需求，设计个性化的干预措施。例如，对于存在焦虑情绪的学生群体，开展放松训练工作坊；对于人际交往困难的学生，组织社交技能训练小组等。通过精准的干预项目包，确保心理健康教育工作有的放矢，切实提高学生的心理健康水平。

检查（Check）：运用过程控制图监控关键指标。过程控制图直观地展示了心理健康教育各项关键指标在实施过程中的变化趋势，如学生心理健康素养提升率、心理危机事件发生率、教师专业培训完成率等。通过定期检查这些关键指标，及时发现实施过程中出现的偏差和问题，为后续的调整和改进提供依据。

处理（Act）：召开质量改进听证会，形成新的标准操作流程（SOP）。质量改进听证会汇聚了学校管理者、教师、学生、家长等各方面的代表，共同对检查结果进行分析讨论。在听证会上，各方代表充分发表意见和建议，共同探讨改进措施和方法。根据听证会的讨论结果，对现有的心理健康教育 SOP 进行修订和完善，形成新的 SOP，为下一个 PDCA 循环提供更科学、合理的规范和指导，推动心理健康教育质量的持续提升。

第十四章　未来大学生心理健康教育的发展趋势

一、教育科技对心理健康教育的推动作用

（一）AI 与大数据驱动的精准干预

AI 与大数据技术的飞速发展正深刻地改变着大学生心理健康教育的模式与效果，引领心理健康服务从传统的"经验导向"向"数据驱动"转变。以甘肃省教育部门推出的"AI+沙盘游戏"系统为例，其依托中国科学院心理研究所的技术支持，借助百万级数据模型，能够精准分析学生在沙盘游戏中的沙具选择、空间布局等非语言行为，进而生成个性化心理评估报告，精准识别抑郁、焦虑等 20余项心理维度，为教师提供翔实参考，使其可以迅速锁定需干预的学生群体。该系统在试点学校中已使约 8% 的学生触发轻度及以上预警，有效解决了传统心理筛查中的诸多难题。

大数据技术为精准干预提供了丰富的数据基础。高校可以收集学生在校期间的各种数据，包括图书馆借阅记录、校园卡消费记录、宿舍门禁记录等。通过对这些数据的整合和分析，校方能够全面了解学生的生活习惯、社交情况和心理状态。例如，如果某学生的校园卡消费记录显示其近期在餐饮方面的支出大幅减少，且宿舍门禁记录显示其经常独自在宿舍，这可能暗示该学生存在情绪低落或社交退缩等问题。

通过 AI 技术分析学生的在线学习时长、课程完成率、作业正确率等数据，教师可以了解学生的学习压力和心理状态。如果一个学生连续多日学习时长大幅缩短，作业正确率显著下降，AI 系统会提示该学生可能存在学习焦虑或其他心理问题。南京财经大学创新构建的"AI 辅助 + 人工守护"双轨心理健康服务体系，运用 NLP 技术，对学生的线上留言等数据进行语义分析与情感识别，能精准捕捉抑郁、焦虑等高危信号并生成风险报告。学校某专业学生因失恋在深夜留言，次日上午便接到心理中心的加急预约电话，这体现了平台的高效性。自启用以来，该平台已成功干预了 30 余起潜在心理危机事件，充分展现了 AI 技术在心理健康教育领域的强大助力。

基于 AI 和大数据技术的分析结果，心理健康教育工作者可以为学生提供个

性化的干预方案。对于存在学习焦虑的学生，可以为其推荐适合的学习方法和时间管理技巧，安排专业的心理咨询师进行一对一的辅导；对于情绪低落的学生，可以组织社交活动，鼓励其参与社团活动，增加与他人的交流和互动。这种精准干预能够提高心理健康教育的针对性和有效性，更好地满足学生的个性化需求。

（二）虚拟现实（VR）与增强现实（AR）技术的应用

VR 和 AR 技术将为大学生心理健康教育带来全新的模式和体验。在心理健康教育方面，VR 技术可以创建高度逼真的虚拟环境，辅助学生克服心理障碍。沉浸式治疗则是 VR 技术在心理健康领域的进一步应用。沉浸式治疗强调将患者完全置于虚拟环境中，使其身临其境地感受治疗场景，从而提高治疗效果。例如，在治疗焦虑症时，可以创建一个宁静、舒适的虚拟环境，如森林、海滩等，患者在虚拟环境中放松身心，缓解焦虑情绪。同时，治疗师可以通过 VR 设备与患者实时互动，引导患者进行心理调适和情绪管理。南京财经大学的学生通过 VR 创建虚拟的社交环境，通过反复练习沟通技巧，逐渐降低焦虑指数。

对于患有 PTSD 的学生，VR 技术可以模拟出引发其创伤记忆的场景，如自然灾害、交通事故等，学生在安全的环境中逐步面对和处理这些创伤经历，有助于减轻症状，促进心理康复。研究表明，VRET 能够得到有效缓解患者的焦虑和恐惧情绪，使患者的心理状态逐渐恢复正常。对于患有特定恐怖症（如恐高、恐封闭空间）的学生，VR 技术也可以发挥重要作用。系统可以模拟相应的场景，让学生在虚拟环境中逐渐适应和克服恐惧。例如，对于恐高症患者，可以模拟高空场景，让学生在虚拟的高空环境中行走、跳跃等，帮助他们逐渐适应高度，减轻恐惧情绪。

VR 和 AR 技术还可以用于开展心理健康教育课程和团体辅导活动。在心理健康教育课程中，AR 技术可以增强教学的趣味性和互动性。例如，在讲解人体神经系统时，学生可以通过 AR 设备看到虚拟的神经系统模型，并进行交互操作，深入了解神经系统的结构和功能。这种直观的教学方式能够帮助学生更好地理解和掌握心理健康知识，提高学习效果。在开展团体心理辅导活动时，组织学生进行虚拟团队建设活动，让学生在虚拟环境中共同完成各种任务，培养学生的团队合作精神和沟通能力。这种虚拟的团体辅导活动可以突破时间和空间的限制，让更多的学生参与其中，提高心理健康教育的覆盖面和影响力。

（三）多学科融合与全生命周期覆盖

1. 多学科融合：心理健康教育发展的必然走向

多学科融合是心理健康教育发展的必然趋势，这一趋势的形成是由心理健康问题本身的复杂性所决定的。心理健康问题并非孤立存在，而是与多个学科领域紧密相连，如心理学、社会学、生物学、医学等。每个学科都有其独特的研究方法和理论，这些方法和理论为心理健康教育提供了丰富多样的视角和思路。

心理学作为研究人类心理现象及其影响下的精神功能和行为活动的科学，在心理健康教育中发挥着核心作用。它能够提供专业的心理评估和干预方法和技术。例如，通过各种心理测评量表，如 SCL-90、SDS、SAS 等，我们能够准确评估学生的心理健康状况。同时，心理学还拥有一系列成熟的心理治疗方法，如 CBT、人本主义疗法、精神分析疗法等，能够针对不同的心理问题进行有效的干预。

社会学则侧重于研究社会环境对学生心理健康的影响。社会环境包括家庭、学校、社区等多个层面，这些层面的因素相互作用，共同影响着学生的心理状态。例如，家庭环境中的亲子关系、教育方式，学校环境中的师生关系、同学关系，社区环境中的文化氛围、社会支持系统等，都可能对学生的心理健康产生积极或消极的影响。社会学的研究可以帮助心理健康教育工作者了解学生所处的社会背景，从而制订更加符合实际情况的教育方案。

生物学主要探讨心理问题的生理机制。现代研究表明，许多心理问题都与大脑的生理结构和功能异常有关。例如，抑郁症患者的大脑中神经递质的水平往往失衡。生物学的研究可以为心理健康教育提供生理层面的解释，帮助教育工作者更好地理解心理问题的本质。同时，生物学的发展也为心理健康治疗提供了新的手段，如药物治疗、神经调节技术等。

医学在心理健康教育中也扮演着重要的角色。医学可以提供药物治疗和身体调理的方法。对于一些严重的心理疾病，如精神分裂症、双相情感障碍等，药物治疗是必不可少的手段。同时，医学还可以通过身体调理来改善学生的心理状态。例如，合理的饮食、充足的睡眠、适当的运动等，都有助于维持身心健康。

综合运用各学科的优势，能够为大学生心理健康教育提供更加科学、有效的方案。例如，在处理学生的心理问题时，可以先通过心理学的评估方法确定学生的心理状态和问题类型，然后结合社会学的研究了解学生所处的社会环境，再借助生物学的技术探究心理问题的生理机制，最后根据医学的建议进行药物治疗或身体调理。这种多学科的综合干预能够更全面地解决学生的心理问题，提高心理健康教育的质量和效果。

在课程设置方面，高校可以将心理学、社会学、生物学等学科的知识融入心理健康教育课程中，让学生了解心理健康问题的多方面因素和解决方法。例如，在心理健康教育的基础课程中，可以介绍心理学的基本概念和理论，让学生了解心理现象的本质和规律；同时，融入社会学的相关知识，让学生了解社会环境对心理健康的影响；还可以介绍生物学的研究成果，让学生了解心理问题的生理机制。此外，高校还可以开设跨学科的选修课程，如心理社会学、生物心理学等，培养学生的跨学科思维和综合素养。心理社会学课程可以深入探讨社会环境与心理现象之间的关系，帮助学生理解社会因素如何影响个体的心理状态；生物心理学课程则可以让学生了解大脑的结构和功能与心理现象之间的联系，为学生提供更加深入的心理学知识。

2. 全生命周期覆盖：贯穿始终的心理健康呵护

全生命周期覆盖是指心理健康教育要贯穿大学生从入学到毕业的整个过程，以及毕业后的一定时期。这一理念强调了心理健康教育的连续性和系统性，能够更好地满足学生在不同人生阶段的心理健康需求。

在大学入学阶段，心理健康教育可以帮助学生适应新的学习和生活环境，缓解入学焦虑和压力。对于许多新生来说，进入大学意味着离开熟悉的环境，面对新的学习任务、社交关系和生活方式。这种转变可能会给他们带来心理上的不适应和压力。心理健康教育可以通过开展入学适应讲座、团体辅导等活动，帮助学生了解大学生活的特点和要求，掌握应对压力和焦虑的方法，使他们能够更快地适应新的环境。

大学生心理健康教育应关注学生的学习、生活和人际关系等方面的问题，为学生提供及时的心理支持和辅导。学习是大学生的主要任务，但学习过程中可能会遇到各种困难和挫折，如学习成绩不理想、学习动力不足等。心理健康教育可以帮助学生调整学习心态，掌握有效的学习方法，提高学习效率。同时，大学生还面临着人际关系的挑战，如宿舍矛盾、同学之间的竞争等。学校可以开展人际关系培训课程，帮助学生提高人际交往能力，建立良好的人际关系。此外，心理健康教育还可以关注学生的情绪状态，及时发现和处理学生的情绪问题，如焦虑、抑郁等。

在毕业阶段，心理健康教育可以帮助学生应对就业压力和职业选择问题，提高学生的职业适应能力和心理素质。就业是大学生面临的重要人生转折点，就业压力可能会导致学生出现焦虑、迷茫等心理问题。学校可以开展就业指导讲座、职业规划课程等，帮助学生了解就业市场的需求和趋势，掌握求职技巧和职业规划方法，提高学生的就业竞争力。同时，心理健康教育还可以帮助学生调整就业心态，正确对待就业过程中的挫折和失败，增强学生的心理韧性。

毕业后，高校还可以通过校友网络和在线平台，继续为学生提供心理健康服务和支持。例如，定期组织校友心理健康讲座和培训活动，为学生提供职业发展指导和心理调适建议。校友在毕业后可能会面临新的职业挑战和生活压力，高校可以通过这些活动帮助他们保持良好的心理状态。同时，高校还可以建立校友心理健康档案，跟踪学生的心理健康状况，及时发现和解决学生可能出现的心理问题。通过这种方式，高校能够将心理健康教育延伸到学生的整个职业生涯，为学生的终身发展提供支持。

多学科融合与全生命周期覆盖的大学生心理健康教育模式能够更好地满足学生的多样化需求，提高心理健康教育的质量和效果，促进大学生的全面发展和健康成长。这种模式不仅关注学生的心理问题本身，还考虑到学生所处的社会环境、生理因素以及不同人生阶段的需求，为学生提供全方位、多层次的心理健康服务。它有助于培养学生的心理素质和社会适应能力，使学生在面对各种挑战和压力时能够保持良好的心理状态，实现自身的价值和目标。

二、智能化与个性化心理健康服务的未来

（一）智能化心理健康服务的技术支撑与发展方向

1.AI 技术的深度应用

AI 技术在心理健康服务领域的应用正不断拓展和深化。NLP 技术使智能聊天机器人能够与学生进行流畅的对话，理解他们的心理困扰并提供初步的疏导建议。例如，学生可以向聊天机器人倾诉自己在学习、生活中遇到的问题和感受到的压力和负面情绪，聊天机器人能够根据预设的算法和大量的心理知识数据进行回应，给予学生情感上的支持和一些简单的应对策略。

机器学习算法可以对学生的心理健康数据进行深度挖掘和分析。通过收集和分析学生在心理健康测评、在线咨询、日常行为等多方面的数据，模型能够识别

出学生心理状态的变化趋势和潜在的心理危机。比如，通过分析学生在一段时间内的学习时长、社交互动频率、情绪表达等数据，模型能够预测学生是否可能出现抑郁、焦虑等心理问题，以便及时进行干预。

计算机视觉技术也在心理健康服务中崭露头角。通过面部表情识别、姿态分析等技术，计算机能够实时监测学生的情绪状态。在学校的一些公共场所，如图书馆、教室等安装摄像头（需遵循严格的隐私保护原则），利用计算机视觉技术捕捉学生的面部表情和肢体动作，当发现学生出现异常的情绪表现时，系统可以及时提醒相关的心理健康教育工作者进行关注和干预。

2. 大数据与云计算的协同助力

大数据为智能化心理健康服务提供了丰富的数据资源。高校可以整合学生在校园内的各种数据，包括学习成绩、考勤记录、社团活动参与情况、心理咨询记录等，构建全面的学生心理健康数据库。通过对这些大数据的分析，校方能够发现不同学生群体的心理特点和需求差异，为制订个性化的心理健康服务方案提供依据。

云计算则为数据的存储、处理和分析提供了强大的计算能力。大量的心理健康数据需要高效的存储和管理，云计算平台能够提供灵活的存储解决方案，确保数据的安全性和可扩展性。同时，云计算的分布式计算能力可以快速处理复杂的数据分析任务，如对学生心理健康数据的聚类分析、关联规则挖掘等，帮助心理健康教育工作者更深入地了解学生的心理状况。

3. 智能硬件设备的创新应用

智能手环、智能手表等可穿戴设备在心理健康监测方面具有重要的应用价值。这些设备可以实时监测学生的心率、睡眠质量、运动步数等生理指标，通过与心理健康数据的关联分析，能够间接反映学生的心理状态。例如，长期睡眠质量不佳、心率异常等情况可能与学生的心理压力过大有关。当设备检测到这些异常指标时，可以向学生和心理健康教育工作者发送提醒信息，以便及时采取措施进行干预。

VR 和 AR 设备也为智能化心理健康服务带来了新的可能性。VR 技术可以创建沉浸式的心理治疗环境，让学生在虚拟场景中面对和处理自己的心理问题。比如，对于患有社交焦虑障碍的学生，可以通过 VR 技术模拟各种社交场景，让学生在安全的环境中逐渐适应和克服恐惧。AR 技术则可以将虚拟的心理健康教育内容与现实场景相结合，增强学生的学习体验和参与度。

（二）个性化心理健康服务的精准实施与优化

1. 基于大数据的个性化评估

通过对学生多维度数据的分析，包括心理测评结果、学习行为数据、社交网络数据等，能够为每个学生构建个性化的心理健康画像。大数据分析可以揭示学生的心理特点、优劣势以及潜在的心理问题风险，为个性化心理健康服务的开展提供精准的依据。例如，对于一个在学习上表现优秀但社交互动较少、情绪波动较大的学生，系统可以评估其可能存在社交焦虑和情绪管理方面的问题，并为其制订相应的干预计划。

2. 个性化干预方案的制订与实施

根据学生的个性化心理健康画像，心理健康教育工作者可以为学生量身定制干预方案。干预方案可以包括个性化的心理咨询、心理训练、学习指导等多种形式。例如，对于有焦虑情绪的学生，可以为其安排 CBT 咨询，结合放松训练和情绪调节技巧的课程；对于有学习压力的学生，可以提供时间管理技巧的培训和个性化的学习计划制订服务。

在实施个性化干预方案的过程中，要充分利用智能化技术进行跟踪和评估。通过智能化的心理健康服务平台，实时监测学生的心理状态变化和干预效果，根据评估结果及时调整干预方案，确保干预的有效性和针对性。

3. 个性化心理健康服务的持续优化

个性化心理健康服务需要不断地优化和改进。通过收集和分析学生反馈数据，了解学生对服务的满意度和改进建议，及时调整服务内容和方式。同时，利用 AI 和大数据技术，对个性化干预方案的效果进行预测和评估，不断优化干预策略，提高服务的质量和效果。

例如，当学生对某种心理训练方法反馈效果不佳时，系统可以分析学生的特点和需求，为其推荐其他更适合的训练方法；当某种干预方案在大多数学生中取得了良好的效果时，可以进一步优化和推广该方案，使其更好地服务于更多的学生。

（三）智能化与个性化心理健康服务的融合与创新

1. 智能化技术助力个性化服务的精准匹配

智能化技术能够实现心理健康服务资源与学生个性化需求的精准匹配。根据学生的心理健康画像和需求特点，智能化系统为其推荐合适的心理咨询师、心理课程、心理训练项目等。例如，对于一个有抑郁倾向的学生，系统可以推荐具有丰富抑郁症治疗经验的心理咨询师，并为其推荐相关的心理课程和康复训练项目。

同时，智能化技术还可以实现心理健康服务时间和地点的精准匹配。根据学生的日程安排和地理位置信息，为其推荐合适的咨询时间段和咨询地点，提高服务的便捷性和可及性。

2. 个性化需求驱动智能化技术的创新发展

学生的个性化需求是智能化心理健康服务不断创新发展的动力源泉。随着学生对心理健康服务的要求越来越高，智能化技术需要不断升级和改进，以满足学生的多样化需求。例如，学生希望能够更加便捷地获取心理健康服务，智能化技术就可以植入移动应用，提供在线咨询、心理测评、心理训练等多种功能；学生希望能够获得更加个性化的服务体验，智能化技术就可以进一步优化个性化评估和干预方案制订的算法，提高服务的精准度和有效性。

3. 融合创新带来心理健康服务新模式

智能化与个性化心理健康服务的融合将催生新的服务模式。例如，基于 AR 和 AI 技术的沉浸式心理治疗模式，学生可以在虚拟场景中接受个性化的心理治疗；基于大数据和云计算的远程心理健康监测与干预模式，学生可以获得及时的心理干预。

这些新的服务模式将打破传统心理健康服务的时空限制，为学生提供更加便捷、高效、个性化的心理健康服务，推动大学生心理健康教育向更高水平发展。

未来，智能化与个性化心理健康服务将紧密结合，充分利用先进的技术手段，为学生提供更加精准、高效、个性化的心理健康服务，促进大学生的心理健康发展。

三、全球化背景下的心理健康教育新机遇

（一）国际交流合作带来的知识与资源共享

1. 跨国学术研究与经验借鉴

在全球化的大背景下，跨国学术研究合作为大学生心理健康教育带来了前所未有的机遇。不同国家和地区的高校、科研机构之间可以开展联合研究项目，共

同探索大学生心理健康问题的成因、发展规律和干预措施。例如，欧美国家在心理健康教育领域有着悠久的历史和丰富的经验，他们在心理治疗方法、课程体系建设等方面取得了许多重要的成果。通过与这些国家的学术机构合作，我国高校可以引进先进的心理健康教育理念和方法，如 CBT、正念疗法等，并结合我国的国情和文化背景进行本土化改造和应用。

同时，跨国学术研究还可以促进不同文化背景下心理健康问题的比较研究。不同国家和地区的学生在价值观、信仰、生活方式等方面存在差异，这些差异可能导致不同的心理健康问题表现形式和应对方式。通过开展跨国比较研究，我们可以深入了解不同文化背景下大学生心理健康问题的特点和规律，为制订更加个性化的心理健康教育方案提供依据。例如，研究发现，在集体主义文化背景下，一些学生可能更关注人际关系和社会评价对其心理健康的影响；而在个人主义文化背景下，学生可能更注重自我实现和个人成就对其心理健康的影响。了解这些差异有助于我们在心理健康教育中更加精准地满足学生的需求。

2. 国际培训与交流项目促进专业成长

国际培训和交流项目为心理健康教育工作者提供了广阔的学习和发展空间。高校可以选派教师参加国际心理健康教育研讨会、培训班和学术交流活动，让他们接触到国际前沿的心理健康教育理念和方法，拓宽国际视野。例如，参加国际心理治疗大会可以让教师了解到最新的心理治疗方法和技术，如 VRET、眼动脱敏再处理疗法等；参加国际心理健康教育课程设计研讨会可以学习到先进的课程设计理念和方法，如基于问题的学习、项目式学习等。

此外，国际交流项目还可以促进心理健康教育工作者之间的经验分享和合作。不同国家和地区的心理健康教育工作者可以交流各自在工作中的实践经验和案例，共同探讨解决心理健康问题的有效策略。例如，我国的高校心理健康教育工作者可以与国外的同行分享我国在心理健康教育课程体系建设、心理咨询与辅导等方面的经验，同时也可以学习国外在心理健康教育宣传推广、危机干预等方面的先进做法。通过这种国际交流与合作，心理健康教育工作者可以不断提升自己的专业素养和业务能力，为大学生提供更加优质的心理健康教育服务。

（二）多元文化融合对心理健康教育的启发

1. 尊重文化差异，提供个性化心理健康服务

全球化促进了多元文化的融合，不同文化背景的学生在高校中共同学习和生

活的机会越来越多。这种多元文化的环境要求我们在心理健康教育中尊重学生的文化差异，提供个性化的心理健康服务。不同文化背景的学生在价值观、信仰、生活方式等方面存在差异，这些差异可能会影响他们的心理状态和应对方式。例如，来自东方文化背景的学生可能更注重家庭和集体的意见，在面对心理问题时可能会倾向于向家人和朋友寻求帮助；而来自西方文化背景的学生可能更注重个人的独立和自主，在面对心理问题时可能会更倾向于寻求专业的心理咨询和帮助。

因此，心理健康教育工作者需要了解不同文化背景下学生的心理特点和需求，采用多样化的教育方法和手段，为他们提供个性化的心理健康服务。例如，对于来自东方文化背景的学生，可以加强与其家庭和社区的合作，共同关注学生的心理健康；对于来自西方文化背景的学生，可以提供更多的个人咨询和辅导服务，帮助他们更好地应对心理问题。同时，在心理健康教育课程和活动中，也可以融入多元文化的元素，让学生了解不同文化背景下的心理健康观念和应对方式，培养他们的跨文化交流能力和心理适应能力。

2. 跨文化心理调适能力的培养

在全球化的时代，大学生面临着越来越多的跨文化交流和合作机会，培养跨文化心理调适能力具有重要的现实意义。跨文化心理调适能力是指个体在跨文化环境中能够保持良好的心理状态，有效地应对文化差异和挑战。通过心理健康教育，我们可以帮助学生了解不同文化之间的差异和共性，提高他们的文化敏感性和包容性，增强他们的跨文化沟通和理解能力。

例如，高校可以开设跨文化心理学课程，让学生系统地学习跨文化心理学的基本理论和知识，了解不同文化背景下的心理现象和行为特点；可以组织跨文化交流活动，让学生有机会与来自不同文化背景的人进行交流和互动，提高他们的跨文化沟通能力和适应能力；还可以开展跨文化心理辅导和咨询，帮助学生在跨文化环境中遇到心理问题时能够及时得到支持和帮助。通过这些措施，我们可以培养学生的跨文化心理调适能力，使他们能够在全球化的背景下更好地适应和发展。

（三）国际心理健康教育资源的整合与利用

1. 在线教育平台的全球化应用

随着信息技术的飞速发展，在线教育平台已经成为心理健康教育的重要资源。在全球化的背景下，在线教育平台可以实现全球范围内的资源共享和应用。

许多国际知名的心理健康教育机构和专家通过在线教育平台提供心理健康课程、培训讲座、心理咨询等服务，这些资源可以为我国高校的大学生心理健康教育提供有益的补充。

例如，一些国际在线教育平台提供丰富的心理健康课程，涵盖心理健康的各个方面，如情绪管理、压力应对、人际关系等。我国高校可以引进这些课程，让学生通过网络学习到国际先进的心理健康知识和技能。同时，在线教育平台还可以提供在线心理咨询和辅导服务，学生通过网络与国外的心理咨询师进行交流和沟通，获得专业的心理支持。此外，在线教育平台还可以为心理健康教育工作者提供培训和交流的机会，让他们了解国际前沿的心理健康教育理念和方法，提高自己的专业素养和业务能力。

2. 国际心理健康教育项目的合作与推广

国际心理健康教育项目的合作与推广可以为大学生心理健康教育带来新的机遇。一些国际组织和机构开展了许多心理健康教育项目，如 WHO 的心理健康促进项目、联合国教科文组织的心理健康教育计划等。这些项目通常具有较高的专业性和权威性，可以为我国高校的大学生心理健康教育提供参考和借鉴。

我国高校可以积极参与国际心理健康教育项目的合作与推广，与国际组织和机构共同开展心理健康教育活动。例如，岭南大学与中山大学等联合举办的国际会议，搭建了粤港澳大湾区在 AI 与心理健康融合领域的跨区域协作平台，促进了各方的交流与合作，推动了该领域的共同发展，这种跨国、跨区域的合作模式，无疑将为心理健康教育注入新的活力。

我国高校可以与 WHO 合作，开展心理健康促进项目，提高学生的心理健康意识和心理素质；可以与联合国教科文组织合作，开展心理健康教育计划，推广心理健康教育的理念和方法。通过参与国际心理健康教育项目的合作与推广，我们可以学习到国际先进的心理健康教育经验和方法，提高我国大学生心理健康教育的水平。

全球化背景为大学生心理健康教育带来了新的机遇，包括国际交流合作带来的知识与资源共享、多元文化融合对心理健康教育的启发，以及国际心理健康教育资源的整合与利用。我们应该充分利用这些机遇，不断提升大学生心理健康教育的质量和水平，为大学生的成长和发展提供更加有力的支持。

展望未来，大学生心理健康教育将呈现出三大发展趋势：技术赋能个性化、数据驱动精准化、全球协作常态化。一方面，AI、VR 等前沿技术的应用，不仅极大地提升了心理健康服务的效率，更为学生提供了动态监测与家校协同的全场景支持网络，让心理健康教育更加贴心、精准。另一方面，全球化合作的不断深化，将为解决复杂心理健康问题提供全新的思路与方法。

然而，在拥抱技术的同时，我们也必须时刻警惕技术应用中的伦理边界与数据安全问题。只有持续探索并建立完善的伦理规范与安全保障体系，才能确保心理健康教育在智慧化发展的进程中，始终坚守以人为本的初心，真正成为促进学生身心健康成长的重要力量。

参考文献

[1] 陈彦如. 新时代大学生积极心理品质培育研究 [D]. 桂林：桂林理工大学，2024.

[2] 邓玲. 习近平新质生产力重要论述的理论内蕴及时代意义 [J]. 学术探索，2024（5）：1-8.

[3] 季海菊. 大数据时代高校网络心理健康教育研究 [M]. 北京：人民出版社，2024.

[4] 赖俐诺. 新时期高校大学生心理健康教育问题及创新路径研究 [M]. 长春：吉林出版集团，2022.

[5] 李建耀. 大学生心理健康教育 [M]. 北京：中国传媒大学出版社，2021.

[6] 申妍瑞，胡纵宇. 新质生产力与产教深度融合双向赋能：现实困境与实践路径 [J]. 中国高校科技，2024（5）：89-93.

[7] 徐迎利. 生命化教育视阈下大学生心理健康教育实践路径探析 [M]. 北京：北京工业大学出版社，2019.

[8] 杨鑫悦. 网络时代高校心理健康教育的探索与实现 [M]. 沈阳：辽宁大学出版社，2019.

[9] 俞国良. 大学生心理健康 [M]. 北京：北京师范大学出版社，2018.

[10] 岳明蕾，寇雪莹，郑猛. 新质生产力视域下大学生积极心理品质培育路径研究 [J]. 商情，2024（39）：97-100.

[11] 岳明蕾. 高校班级心理委员制度建设中的问题与思考 [J]. 文化创新比较研究，2018，2（1）：12-13.

[12] 张永金. "一带一路" 背景下学生跨文化交际能力培养研究 [J]. 哈尔滨职业技术学院学报，2024（1）：72-74.

[13] 周烨. 产学研协同创新 共促新质生产力发展——2024 年各地政府工作报告热点摘编 [J]. 中国科技产业，2024（3）：26-32.

[14] 周源. 以高质量技能人才供给推动新质生产力快速发展 [J]. 中国科技产业，2024（3）：23.